印度
会崛起吗？

王红生　著

北京大学出版社

PEKING UNIVERSITY PRESS

图书在版编目（CIP）数据

印度会崛起吗？/王红生著. —北京：北京大学出版社，2023.5
ISBN 978-7-301-33876-6

Ⅰ.①印… Ⅱ.①王… Ⅲ.①印度-研究 Ⅳ.①K935.1

中国版本图书馆CIP数据核字（2023）第057686号

书　　名	印度会崛起吗？
	YINDU HUI JUEQI MA？
著作责任者	王红生　著
责 任 编 辑	闵艳芸
标 准 书 号	ISBN 978-7-301-33876-6
出 版 发 行	北京大学出版社
地　　址	北京市海淀区成府路205号　　100871
网　　址	http：//www.pup.cn　　新浪微博：@北京大学出版社
电 子 信 箱	minyanyun@163.com
电　　话	邮购部 010-62752015　发行部 010-62750672
	编辑部 010-62752824
印 刷 者	大厂回族自治县彩虹印刷有限公司
经 销 者	新华书店
	650毫米×980毫米　16开本　18.25印张　205千字
	2023年5月第1版　2023年5月第1次印刷
定　　价	79.00元

代序：一生志业如火红——回忆王红生教授

董正华

王红生教授与我大学本科同班，又是同在历史系共事几十年的同事。他多年来坚持每日健步数千米，却在71周岁生日即将到来之际因突发病情遽然去世，实在让人心痛！

北大历史系78级世界史专业半数以上同学是"老三届"。红生是其中一员。年近而立而有幸入读北大，大家都有一种紧迫感，所以拼命地读书，每天的生活就是宿舍—食堂—教室或者图书馆三点一线，节假日亦如此，排队打饭时眼睛也不舍得离开书本。除了学习刻苦认真，红生较早就表现出独立思考的特点。记得欧洲中世纪史的一次课堂讨论。讨论题目是14世纪的一次农民起义。很多人还在为看到的资料有限而犯难，红生已经在细论起义者的组织形态，这让我大为敬佩。

当时正值中国启动改革开放，多数人都把注意力放在欧美国家和日本的历史，想知道它们是如何崛起的，红生却偏偏对南亚文明古国、后来的英国殖民地印度产生了浓厚的兴趣。记得我偶尔旁听了一次印度史小班课，授课人是精通印度语言文字的李开物先生。红生是我在课堂上见到的唯一一位历史系本科生，其他同学都来自东语系。

四年以后，红生顺理成章地考入当时设在静园四院、由中国社科院和北京大学合办的南亚研究所，师从享誉中外的陈翰笙先生，毕业后回到二院历史系任教。陈翰老学贯东西，既是兼通南亚、北美的历史学家、社会学家、经济学家和政治学家，又是研究当代中国农村的领路人。红生几十年的研究和教学横跨印度史与农民学且兼顾历史与现实，这些都酷似乃师。

红生的学术视野和治学方法还跟"阿姆斯特丹学派"有关。1990 年，他赴荷兰阿姆斯特丹大学亚洲研究中心（CASA）访学，后师从社会人类学阿姆斯特丹学派的代表人物、长期研究亚洲农村变迁的荷兰皇家科学院院士扬·布雷曼（Jan Breman）教授深造，1995 年获社会科学博士学位。此前，在取得博士候选人资格以后，红生便回到北大历史系，一边上课一边写作、修改论文。布瑞曼教授强调田野工作、走出研究室实地调查收集资料，写史学论文也不例外。红生在自己的研究和对研究生的指导当中都贯彻了这一点。

红生和我都隶属于历史系亚非拉教研室，又都积极参加了罗荣渠先生组建的世界现代化进程研究中心的各种学术活动，在罗先生身后一度共同主持中心的工作。无论是一起写书、编教材，一起组织或参加研讨会，还是一起参加研究生论文开题、答辩，他对工作的认真负责、对学术论文的一丝不苟，都给我和其他同事留下深刻的印象。

红生担任教授和博士生导师以后，仍然长期给本科同学讲授基础大课"世界通史"的现代部分。他讲课条理清晰，系统性强，一直深受欢迎，曾不止一次获教学优秀奖。他参与了多种教材（如《世界通史·现代卷》《世界文明史》等）、著作（如《各国现代化比较研究》）的编写和译著（如《全球分裂》《现代化：理论与历史经验的再探讨》）的翻译任务，都能高质量完成，个人的研究成果则厚积薄发。他的博士论文《乡场·市场·官场：徐村精英与变动中的世界》经过反复修改后才付梓。2011 年，年届六旬的他一连推出了四部专著。其中，《论印度的民主》得到我们的老师马克垚先生的高度评价。

世界史或外国史专业曾经被戏称为"编译局"，我们也以此自嘲。一般认为"外字号"属于西学，国学素养会欠缺一些。但我看过红生写的一篇讨论中国古代人物的文章，文字典雅，古文知识丰富，不了解的还会以为出自哪位中古史甚或古典文献专家之手。

红生的主攻方向是印度史。他以印度史研究的开拓、继承和延续为志业，毕生投入。他的一生，既清澈明净又红红火火。他指导的十几位博士、硕士毕业生，现在不少人已经成为高校的教学科研骨干，在其他岗位工作的也都干得有声有色。我在网络公众号上看到他们写的多篇怀念导师的文章，感情真挚，文字清丽而朴实，颇有老师之风。红生在天有灵可以笑慰了，您的事业和风范均后继有人！

红生早慧，5 岁自备桌凳入泮，11 岁只身前往离家 45 公里的南平三中读书。1965 年，刚满 14 岁的他便以优异成绩被保送到南平一中高中部，但读了不到一年，就因"文革"爆发而中断了学业，还因为"隐瞒资产阶级（小商人）家庭出身"，被打入另册；1969 年下乡插队，1978 年以所在福建建阳地区文史和英语最高分被北京大学录取——这些均由红生的弟弟告知，他自己绝少提起。

在同学记忆里，红生平时生活简朴，人淡如菊、处世宁静，从来不被名利牵挂。他心胸开阔，待人宽厚、诚恳，这一切似乎都是出于天性的自然流露。他乐于助人，我就是受惠者之一。1991年我作为联合培养博士生赴荷兰，一年里从初到至离开都没少找他帮忙，没少给先到的他添乱，他却从来没有嫌过麻烦。

王红生教授的确"文如其人，人如其名，毕生志业红如火"（告别仪式上78级世界史专业全体同学敬上的挽联上联），假以时日，他一定能做出更大的成就。可惜岁月无情，天不假年。人的生命是短暂的，但只要活得有意义，那就虽死犹生、虽死犹荣。王红生教授的一生无愧于时代。他的研究和教学无愧于北大。

（作者为北京大学历史系教授）

编者前言

一千多年前，玄奘法师曾遥望过一片名叫"印度"的土地，并立誓西行求法；一千多年后，这本书或许会引起你我对那片土地的再次遥望。

印度与中国同属文明古国，印度河、恒河像黄河、长江一样，滋养了源远流长的灿烂文明。尽管中国和印度远隔重山，但沟通的热望却让两大文明之间交往不绝，商人、僧侣和使者的万里行走促进了物品、信仰和技术的远距离传播，进而丰富了彼此的物质和精神生活。印度文化曾经如此深刻地影响了华夏大地，例如，"世界""智慧""平等"，这些早已融入汉语的词汇便来自喜马拉雅山那边的哲思，可以说，显示着两大文明的心心相印。

近代以来，中印两国又遭遇了相似的命运，先是沦为西方资本主义国家的半殖民地或殖民地；后又掀起波澜壮阔的民族解放运动，再度自立于世界民族之林。而发展，成为中印两国共同面对的问题。我国经过曲折探索，坚持改革开放，取得了举世瞩目的发展奇迹。

印度也不断寻求适合自己的发展道路，其成果亦可圈可点。两个文明古国的崛起吸引了世界的眼光，"龙象之争"也一时成为人们讨论的热点。

观彼可知己，鉴往以知来，作为中国最重要的邻国之一，印度的发展历程能给我们提供诸多的借鉴和启发。王红生教授的这一本《印度会崛起吗?》就以历史学的思维，为我们厘清印度发展诸方面的源流脉络，如清光之镜，其辉光也能明朗我们的思考空间。

王红生教授是北京大学历史学系资深教授，他先后就读于北京大学、中国社会科学院和荷兰阿姆斯特丹大学，广受东西学术之滋养，又兼具历史学和社会学背景，并且，他还曾在印度进行田野工作，是少数能将书斋里的学问和脚踏实地的调查结合起来的历史学者。

王红生教授专研印度问题 40 多年，而这 40 多年，也正是中印两国进入发展快车道的时期，可以说他既是研究者，也是目睹者，他的思考始终与时代同频共振。

40 多年的所闻所见、所思所想，凝结为琳琅珠玉，串起珠玉，便有了这本书。本书收录了王红生教授学术生涯中的代表性论文 15 篇，编者将其厘为四个篇章："从土地出发"聚焦于印度的农业和农村；"精英与大众"反思印度发展的主体；"民族之重构"关注多民族国家的整合；"发展之探索"则细察印度经济、社会诸方面的变化历程。四个篇章如四根柱石，有助于我们构建对现当代印度的宏观印象，而"印度会崛起吗"这个疑问，也当在阅读之后，引发我们的思考。

因王红生教授的诸篇文章是在各个时期陆续成文，故本书也有了年轮般的意义，从中我们可以见到一个国家的崛起和一位学者的思考是如何在时空间互动。而这些思考的理论生命力将在更辽远处依然蓬勃。

印度，玄奘以为即梵文"月"之音译，并称这片土地"圣贤继轨，导凡御物，如月照临"。而文明起伏，亦如月之阴晴，中印文明皆历数千载之演进，虽曾有衰微，终必复振。那么，站在中华民族复兴的历史节点上，观照另一个文明的演进，便有了别样的意义。

目　录

第一章　从土地出发

"耕者有其田"？——20世纪印度的土地改革和农村发展

印度是世界上农村人口最多的国家，农业和农村发展问题对印度具有极其重要的意义。尽管学者们在许多问题的观点上存在分歧，但大多把印度农业和农村的发展分为四个时期，即1947年以前英国统治时期，1947—1967年绿色革命发生前时期，1967—1980年代末的绿色革命时期，以及1990年代以来的印度经济自由化和市场化时期。本文通过分析这四个时期印度农业和农村发展的基本特点、存在的主要问题以及体现出的阶段性发展趋势，力图勾画20世纪印度农业和农村发展的轨迹和大致轮廓，并试图对影响20世纪印度农业和农村发展进程的基本因素作一番初步的探讨。

一、殖民统治时期印度农业的基本情况（1947年以前）

回顾20世纪印度农业的发展，得先从殖民地时期谈起。印度在1947年摆脱英国人的殖民统治获得独立，在此之前，英国统治印度将近200年。印度的独立基本是一场和平的政治权力交接，没有发生过重大的社会革命。近200年的殖民统治已经无可挽回地改变了传统印度社会，形成殖民地社会的特征，成为殖民统治的历史遗产。这些遗产继续影响独立后的印度发展。

英国统治印度对印度农业带来的最初也是最重要的影响是英国人在印度确立了一套土地税收制度。从1793年起，英国人先后实行柴明达尔、莱特瓦尔以及马哈瓦尔地税制。这些名目不同的地税制目的是相同的，即保证英国人对印度的榨取。柴明达尔原是指田赋的征收者，莱特瓦尔和马哈瓦尔分别指土地的拥有者和耕种者。"柴明达尔"（Zamindar）一词原是波斯文的复合词，Zamin 指土地，dar 指持有者，合起来意为"土地持有者"。柴明达尔因而也就成了地主的代名词。但柴明达尔地主还具有一般概念中的地主没有的特殊含义。一般概念的地主指占有土地，自己不劳动而剥削农民，以收租为生的人。而柴明达尔最初是指承包地方土地税收的人，他将所承包的土地税的大部分（最初是10/11）上交给国家，余下的留给自己作报酬。柴明达尔因而成了国家政权与农村社会之间的中间人，故被称为中间人地主，中间人显示其政治身份，地主标识其在社会经济生活中所处的地位。利用中间人收地方国税是进入现代社会之前一般国家的通例，不像中国，许多国家直到近现代时期才有从上到下的一整套完善的官僚体制，才有可能由地方官员而不是由中间人来收税。英国人统治印度前，印度已存在柴明达尔。小国寡民的英国要统治地域辽阔人口众多的南亚次大陆，英国人认为利用柴明达尔为其统治工具是必要和明智的，所以继续沿用柴明达尔制度。但不同于以往的封建统治者，英国人不仅要求柴明达尔充当包税人，还希望柴明达尔用资本主义方式来经营自己承包的土地。为达此目的，英国人让柴明达尔拥有所承包土地的所有权，同时又规定，柴明达尔如不能如期上交国税，政府有权拍卖和转让其土地。这种做法实际上是让柴明达尔同时扮演收税人和收租人的双重角色。英国人这样做的动机并不是为了在印度发展农业，而是为了提高土地的产量，从而获取高额土地税收。因此，英国人实际上并没有想让柴明达尔成为英国式的农场主，马克思因而批评英国统治下的印度柴明达尔制是"对英国大地主占有制的拙劣摹仿"[1]。然而，英国人不得不吞下自己种下的苦果。在柴明达尔制下，柴明达尔不关心土地上的投入和经营，而是只满足于收取土地上的租税，更为严重的是，许多柴明达尔将一部分权利转包他人，层层转包的结果，形成一个庞大的重重叠叠的中间人阶层，他们同英国人一道分享农民们的劳动果实。其结果是，土地的所有者不愿对土地加大投入，而耕种者既无兴趣也无能力进行投资。印度的农业生产条件逐年恶化，粮食产量长期停滞不前，甚至减少。从 20 世纪初到 1947 年独立前夕的将近五十年中，印度的农业生产仅仅增加了 6.1%，其中粮食作物甚至减少了 4.3%，而同一时期印度的人口却增加了 37%。印度农业的破败与英国人想将印度变成英国资本的原料供应地与产品市场的总体目标相违背，但英国人出于统治的需要，又不敢废除这种"中间人制度"。柴明达尔因此成为英国统治印度的"鸡肋"，食之无味，弃之可惜。

但地税整理在客观上给印度农业带来了某些资本主义因素。在英国人统治印度前，土地尚未成为商品，土地上的权力是印度社会

---

1 ［德］马克思：《战争问题。——议会动态。——印度》（1853 年 7 月 19 日），《马克思恩格斯全集》第 9 卷，人民出版社 1961 年版，第 242 页。

各种政治、经济、文化权力的综合折射。土地的占有者和生产者是农民，但土地上的产品却不完全归农民。王朝政府凭借政治权力通过税收夺走一份、婆罗门凭借印度教的权威占有一份、各种手工业非务农种姓根据种姓制度规定的权利与义务分得一份，留给土地占有者和耕种者的只是其中的一小部分。在此意义上讲，英国统治印度前印度不存在土地私有制，土地所有权被分割了。英国人的地税整理改变了这种状况。英国人赋予柴明达尔、莱特瓦尔和马哈瓦尔们以土地所有权，只要他们及时足额缴纳地税，就可自由地处置土地，可以进行买卖、分割、抵押。土地成为商品，英国人将土地私有制从上到下移植到了印度。土地私有制是资本主义发展的必要条件，只有明晰了产权制度，土地所有者才有可能对土地加大投资，进行扩大再生产，资本主义生产关系才能建立和发展起来。因此，从理论上讲，英国人的地税整理本应促使印度农业向资本主义方式转化。

然而，近200年的殖民统治并没有完成这种转化。土地私有化、商品化只是农业资本主义发展的前提条件之一，并不是全部条件。印度大大小小的地主和土地所有者们并没有向资本主义农场主方向转化，相反，他们发现采用非资本主义剥削方式比资本主义式的经营对自己有利得多。对此怪异现象，学者们有过大量的研究。大致说来，有内外两种因素。第一种也可以说是印度社会自身的历史文化因素，地主们许多来自高种姓，种姓传统使他们视耕种务农为低贱，因而满足于收租，不愿自己经营。第二种是外部因素，英国统治下的印度农业的内部与外部环境和西方资本主义发展时期大不相同。在西方，农业的资本主义发展受整个现代化进程的极大推动。工业化和城市化需要农业提供更多的农产品，为农产品提供了广大市场，促使土地所有者们采用资本主义经营方式，增加产量，谋取更多利润。而土地所有者们为增加产量使用机器耕作、以化肥取代农家肥、改善灌溉条件等做法又极大地增加了对工业品的需求，扩大了工业品市场。工业化和农业的资本主义现代化相互推动、相得益彰。在印度，农业与手工业原是统一整合在村社经济中的。英国人用英国本土的机器生产的价廉物美的产品彻底打败了印度的手工制品，印度手工业被摧毁了。从此，英国工业、印度农业的经济格局取代了印度农业与手工业相结合的原有格局。

这种殖民地型的农业与工业分工模式给印度农业带来了灾难性的后果。"在殖民地农业经济中产生出来的剩余（以及殖民地工业中产生出来的剩余），其绝大部分都被帝国主义的资产阶级掠取去了，投入了扩大再生产，但不是直接投入殖民地经济中来，而是投入到帝国主义中心中去。"[1]因手工业破产而失业的手工业者本应进入新兴工业部门，但在英国工业支配印度的条件下，印度工业发展迟缓，无法吸纳失业的多余的农村劳动力。这些富余的劳动力只好继续留在农村，形成人口对土地的高度压力。人多地少的状况使地主收取高额地租成为可能，佃户们不得不以高额地租从地主手中租地耕种。

此外，英国人对增加印度土地上的粮食产量没有多大兴趣。英国远离印度，粮食粗重并且价格低，从印度运粮食到英国在经济上是不划算的，英国可以从欧洲和美洲买到价廉质优的粮食。英国要的是印度的钱。而交钱的负担最终落在印度农民的身上。贫困的印

---

[1] Alice Thorner, "Semi-Federalism or Capitalism, Contemporary Debate on Classes and Modes of Production in India", *Economic and Political Weekly*, Vol. 17, No. 50, Dec. 11, 1982, pp. 51-53.

度农民只好求助于高利贷者，他们以很高的利息从高利贷者那里借到钱，用来交租、交税以及维持水平极低的家庭消费，他们抵押的往往是土地或土地上的产品。粮食一上市，放高利贷者就以低于市场的价格拿走了。地主、放高利贷者、商人往往三位一体，他们用这种方式从农民身上榨取血汗。地主们操心的不是如何改善土地耕作条件、提高单产和总产，而是担心一旦提高了产量，农民们的境况得到改善，他们不再借高利贷，地主将失去对农民们的控制，无法使用旧办法剥削下去。这种剥削方式不仅为印度地主们所采用，绝大多数欧洲的种植园主也"利用非市场性的强制手段剥削劳工和农民。比如，许多（事实上是绝大多数）糖厂发现，在自己的土地上使用大规模的'科学'方法经营甘蔗，比之把土地租给农户，花费更大"[1]。

从以上分析中，我们可以看出殖民地时期印度农业中存在着十分矛盾的现象：土地已私有化，但地主们不愿投资于土地，宁愿采取前资本主义的方式坐收地租；农产品的商品化程度在不断提高，甘蔗、棉花、黄麻、茶叶、靛青等经济作物自然依靠市场，粮食作物也进入市场，但农民们不是有了剩余才卖，而是为了交租税不得不卖。农民们卖完农产品后得到的钱立即进入地主、放高利贷者、商人的腰包，根本没有剩余再投资于农业生产；农村人口已经有了很高程度的分化，70%的土地集中在仅占人口2%的地主手中，而占人口1/3的农民失去了土地，成为农村中的无产者或半无产者。他们已摆脱了村社的束缚，本可以成为资本主义

1　"Semi-Federalism or Capitalism, Contemporary Debate on Classes and Modes of Production in India", pp. 51-53.

的自由雇佣劳动力，但缺乏受雇佣的机会。总之，20世纪上半叶，英国统治下的印度，已经有了一些资本主义发展的因素，但整个生产关系仍然是前资本主义性质的。究竟如何定性，学者们众说纷纭，有半封建说，有边缘资本主义说，有半封建半殖民地说，有殖民地说，等等。

这种经济结构导致印度农业成为世界上最落后的农业经济之一。据有关材料，在1900—1946年之间，印度人口增长38%，土地面积增加13%，而粮食作物仅提高1%，人口增长大大超过了粮食生产的增长。[1]农业生产停滞不前，印度次大陆成为"饥饿"的代名词，仅1943年孟加拉大饥荒，就有数百万人饿死。殖民主义留给印度一个落后的农业，其所造成的后果影响了独立后印度的发展。正如印度学者所指出的："殖民主义一面改变前资本主义关系以适应自己的目的，一面又保存前资本主义。这正是殖民主义留给独立后印度的有害遗产。"[2]

二、土地改革与资本主义土地关系的发展（1947—1967）

1947年从英国人手中接管政权的是印度国大党政府。早在独立前，国大党人就印度的农业问题已经有过讨论。19世纪末，当时的国大党重要人物伦纳德就提出解决印度农业问题的关键是土地关系方面的变革。他反对柴明达尔制，称之为半封建制度，主张应将旧柴明达尔地主改造为资本主义农场主，并实行耕者有其田的政策。

1　参见［印］鲁达尔·达特等：《印度经济》下册，雷启淮等译，四川大学出版社1994年版，第5页。

2　"Semi-Federalism or Capitalism, Contemporary Debate on Classes and Modes of Production in India", p. 54.

他认为："土地耕种者和所有者的分离是国家的大敌，但让一个死气沉沉的小农阶层广泛存在于印度农业中也同样是毫无希望的。一个具有较高生产力的大中小农的混合体对国家的稳定和进步是必要的。"[1]

进入20世纪后，国大党日益重视争取农民大众加入民族解放运动，对农村和农民问题的讨论更加广泛和深入。对独立后印度的发展道路的思考与讨论，形成了分别以甘地和尼赫鲁为代表的两种不同意见。两种意见相互妥协，并在独立到来前达成如下共识。

1. 工业化，无论其多么激进，都不能吸纳广大农村失业者和就业不足者，他们不得不留在农村。资本主义式的耕种也不可能吸收这些劳动力，甚至相反，它可能导致更多的农民失业。

2. 农产品必须增长以产生足够的剩余来供应城市的需要。小生产者无法承担这一任务，只有资本主义农场才能完成这一任务。

3. 在一个像印度这样人口过剩的国家不能允许资本主义农场主剥夺农民的土地，因为一个庞大的失业的无产阶级将会给印度社会和政治带来极大的危险。[2]

也就是说，国大党人相信只有资本主义才能解决印度的经济发展问题，但印度不能走西方那种工业化和消灭小农的道路，印度应该有适合自己国情的资本主义发展道路。在此认识的基础上，国大党制定了土地改革的方针。

国大党的土改方针最初表述在1935年通过的一份决议中。该

1　Mahadev Govind Ranade, "Prussian Agricultural Reform and Bengal Tenancy Act", in *Political Thought of Modern India*, Vol. 3, New Delhi, 1990, p. 446.

2　M. B. Chandra, *Nationalism and Colonialism in Modern India*, Orient Longman, 1979, p. 337.

决议宣称："改善乡村生活的基本方法之一，即采取一种耕者有其田的农民所有权的土地制度，在没有柴明达尔或塔卢克达尔的干预下，农民直接向政府交纳税收。"[1] 在此前后的十余年间国大党先后提出了多项土改的具体方案：1931 年提出实行"公平地租"和调整租佃关系；1936 年提出兴办农业合作社；1940 年提出废除"中间人"制度；1945 年提出规定土地占有最高限额。

国大党政府上台后不久，就将土改提上了议事日程。1948 年，在计划委员会下设立了土改工作委员会。当时的计划委员会主席是尼赫鲁，他同时担任印度的总理。他委托土改委员会准备一份土改计划，在这份计划的基础上起草一个土改法令。1949 年，该法令在各邦立法会议中获得通过。1951 年，以废除柴明达尔制为主要内容的第一号土改法令正式颁布。

国大党决心废除柴明达尔中间人地主，有国内的因素，也有国际的因素；有经济上的考虑，也有政治上的考量。20 世纪四五十年代时，印度成了"饥荒的大陆"，1943 年孟加拉大饥荒，数百万人活活饿死。印巴分治后，由于 32% 的水浇地划归巴基斯坦一方，印度水浇地占耕地的比例从分治前的 21.6% 减少到分治后的 17.6%，独立后的印度因而面临严重的粮食短缺，谷物价格上扬，竟高达战前的 421%。[2] 以尼赫鲁为首的大部分国大党领导人都希望印度尽快地富强，摆脱贫困。他们也都认识到，解决印度农业问题的关键是土地问题，废除柴明达尔制、实现耕者有其田是印度农业现代化的

1　《印度经济》下册，第 51 页。

2　M.L. Dantwala ed., *Indian Agricultural Development since Independence, A Collection of Essays*, Oxford & IBH Publication, 1991, p. 2.

必经之路。而用国家官员来取代中间人收取地税，既能增加国库收入，又有利于扩大和加强官僚体制，加速现代国家的建设步伐。印度政府发愁的不是人手不够，而是大批受过教育的年轻人需要安置。英国人为统治需要，没敢舍弃柴明达尔这块"鸡肋"，国大党政府废除柴明达尔则能增强自己统治的合法性，因为柴明达尔长期以来一直充当英国人的统治工具，已在印度民众中信誉扫地。而当时，亚洲一些主要国家和地区的土地改革正搞得如火如荼，一向以进步自居的国大党领导人自然不能落后。

废除中间人的过程是相当平稳的，但这并不说明柴明达尔没有进行抗议，或柴明达尔的力量不够强大。当时印度有 200 多万柴明达尔，作为历史上有地、有钱、有势的阶级，其力量和影响力自然非同小可。事实上，各地的柴明达尔曾召开大会，依据宪法第 31条保障公民私有财产的规定，上诉高等法院，控告政府废除柴明达尔的法令违背宪法宗旨。法院驳回了他们的上诉。印度各地也没有因废除柴明达尔而发生骚乱。之所以如此，一方面是由于政府的决心；另一方面，更重要的是，柴明达尔虽失去了一些东西，但并非变得一无所有。他们仍拥有自己的庄园土地西尔（Sir，可以出租的土地），那是他们地产的精华部分。对于他们失去的拥有收税权的土地，政府给予了足额的赔偿，到 1959 年印度政府宣布废除中间人地主工作完成止，政府共赔付了 67 亿卢比给柴明达尔。许多原柴明达尔地产，经百余年来的地产所有权的转手和分割，产权关系已相当混乱，比如某柴明达尔的地产可能由如下部分组成：自己经营管理的西尔土地、几个村庄的收税权、A 村的 1/5 收税权、B 村的 1/10收税权……乃至 N 村庄的 1/1000 收税权。在独立前，要收取这些村庄的租税已力不从心，独立后，失去政府的支持，要继续收取租税更是困难，政府收回收税权，柴明达尔再也不用为此操心了，等于卸下了一块负担。柴明达尔们可以利用政府的赔偿金，或加大对西尔土地上的投入，进行资本主义式的经营，或投资于工商业。一位西方学者在对柴明达尔的历史作了全面深入的研究后得出结论："总之，废除柴明达尔后，柴明达尔的地产剩下 1/10，但他们的收入增加了不止 10 倍。"[1]

通过废除中间人地主，印度政府得到 1400 万英亩[2]的土地，2000 万农户从中受益。但是废除中间人地主并不等于在印度废除地主制。印度政府认为应该允许土地的转租，这有利于土地朝真正的务农户转移。土地出租既然合法，地主坐收地租不劳而获也就合法。印度的耕地面积是 4 亿多英亩，据 1955 年印度政府组织的第八次全国调查的数字，其中占总数 75% 的农户，仅占有 17% 的土地；而12.5% 的农户却拥有 66.5% 的土地。[3]耕者无其田、有田者坐收地租的现象在印度仍十分普遍。这同印度政府耕者有其田的土改初衷是矛盾的。为此，印度政府试图通过租佃改革和实行土地拥有最高限额法加以解决。但这些政策实施的效果非常不理想。

租佃改革的内容主要有：规定地租额不得超过收成的 20%—25%；保障佃户的租佃权。这项改革的结果是使地主们纷纷收回土地，声称由自己雇工经营，这是印度法律允许的，因而发生了大规模夺佃的现象。所以，实施土地拥有最高限额法律是十分必要的，

1　E. J. Hobsbawm, *Peasants in History*, Oxford University Press, 1980, p. 179.

2　1 英亩约等于 4046.86 平方米。

3　陈翰笙：《印度的土地改革》，《新建设》，1962 年第 7 期，第 37 页。

但这项措施没能在大部分地区得到严格的实行。

租佃改革和土地拥有最高限额法实施受阻的原因是多方面的。第一，这两项改革涉及整个印度地主阶级的利益，他们的人数比柴明达尔大得多，因而改革的阻力十分强大。第二，这两项改革操作难度大，涉及租佃契约、土地登记等，许多佃农依据的是口头契约，这种口头约定不足以保护他们不被地主夺佃；地权记录不够完善，地主究竟占有多少土地难以查明，拥有的土地究竟多少属超额的难以认定。第三，最熟悉情况的是当地农民，可是由于种姓制度的制约，印度的贫苦农民无法打破种姓间的界限，在共同的阶级利益的基础上，同地主展开斗争；相反，一些地主与村庄中一些农民结成恩庇关系，地主利用这种关系来逃避土改。例如，在西孟加拉邦，明明是耕种地主土地的佃农，登记时却说耕种的地是自己的，或说是替地主打工的，宁愿放弃自己的权利，帮助地主逃避租佃改革法和最高土地限额法，造成西孟加拉邦登记在册的佃户数量还不及实际佃户数的一个零头。佃户们说："我们没有登记，我们不干这种缺德事。我们为什么要从土地所有者手里夺走他们的土地呢？如果我们现在干这种没良心的事的话，今后我们需要救助的时候再去找谁呢？"[1]缺乏阶级觉悟的农民无法组织起来，缺乏组织的农民形不成足够的压力，推动土改的进行。第四，政府内部对这两项改革的看法不一。有些人根本否认印度还有大量的超限额土地；有些人信奉土地的规模效益，地块越大越有利印度农业的发展，对大量无地农民的存在及他们的痛苦视而不见；有些人怀疑将土地分给无地农民

1　［印］阿肖克·鲁德拉：《自给自足的农村社会》，陈继峰等译，《南亚与东南亚资料》，1981 年第 3 辑，第 73 页。

究竟能帮他们多大的忙，而得到一小块土地后的农民很快又由于各种原因将土地出卖的现象确实是存在的。当然最主要的原因是印度政府的掌权者中有许多来自地主阶层，他们自己或家里就拥有大量的超限额土地。据1971年一项对352名国大党的中央和邦一级的领导人的调查表明，47.7%的人家庭收入来自土地。因此，有人指出："事实上，构成今日印度政治最大的集团不是律师，也不是工商业资产阶级，而是地主。"[1] 期待这些人去制定并严格实行土改法令，岂不是与虎谋皮？印度政府对土改的漫不经心从下面一个事实反映出来：日本土改曾动员40万工作人员下乡，以收购和转手200万公顷土地，并重写400万件租契。中国台湾土改动用了大约3.3万名工作人员。菲律宾和伊朗曾动用军队以推进土改。但是在1960年初，全印度只有大约6 000名工作人员经办土改事务。[2] 一份有关70年代比哈尔邦土地占有情况的报道反映了印度土地集中的情况，在该邦某一县，有相当多的地主占地在1 000英亩以上，有一个地主占地5 000英亩，另一个地主占地甚至达10 000英亩。[3] 而此时，印度占地不到1英亩的农户有3 600万户，占印度农户总数的51%。印度土改因而招致许多批评。

尽管如此，如果认为经过几十年的土改后印度土地占有情况同独立之初没什么两样，那也是错误的。土地改革改变了印度社会中原有的土地流动模式。土改前，印度土地集中的现象已十分严重，

1　V.E. Sinha, *The Faces of India's Political Celebrities*, Litu Press, p. 124.

2　［美］亨廷顿：《转变中社会的政治秩序》，江炳伦等译，黎明文化事业公司1981年版，第399页。

3　C. H. Rao, "Land Reform in the East Lacks Political Enthusiasm", *Times of India*, Mar. 12, 1973.

土地买卖盛行。由于天灾人祸、婚丧嫁娶、偿还高利贷等的缘故，势单力薄的小农只好出卖土地，买地者多为地主、商人、放高利贷者，土地因而呈现一种由下往上转移的态势。印度的土地改革没能扭转这种态势，但土地改革毕竟产生出一种浓厚的政治气氛，使大土地所有者们认识到时代已经变了，占有大量的土地不再是一种有利而稳定的投资，而是有相当的风险。他们私下积极地卖地，以减轻土地改革的影响，其中的一些人带着自己的资产移往城市从事工商业。这样，原来的单向土地流动模式变成了双向流动模式，小农、边际农继续出卖土地，大地主们也出卖土地。土地从两头向中间汇聚，农村中的中上等农户成为土地改革的最大受益者。通过废除中间人地主，印度政府得到 1 400 万英亩的土地，2 000 万农户也得到了土地，其中主要是中上等农户。破产的小农、边际农的土地也大多到了他们手中。下表将 1970/1971 年度所做的第 26 次全国调查与1960/1961 年度所做的第 17 次调查进行比较，得出下列两组数字，很好地反映了这种土地双向流动态势：

土地占有分组	占有土地户数增减	占有土地面积增减（英亩）
不到 1 英亩	12061000	−152000
1—5 英亩	4947000	12693000
5—15 英亩	562000	2761000
15—50 英亩	−456000	−12396000
50 英亩以上	−87000	−9523000

（资料来源：E. J. 霍布斯鲍姆等主编：《历史上的农民》，第 186 页）

　　上表显示，在 1960/1961—1970/1971 十年间占地 15 英亩以上的大土地所有者的户数和土地数都在减少；无地农户的数量在激增；而占地 1—15 英亩的小农和中农的户数和土地数呈增加趋势。

印度土改还促进了农村雇佣劳动关系的发展。在土改中,印度各地普遍出现地主以"收回土地自耕"为由驱逐佃农的现象。当时的海德拉巴邦政府承认,在1952—1954年有一半以上的佃农丧失了全部租地的59%。在泰米尔纳德邦佃农也丧失了同样多的租地。在北方邦,地主为了把大部分土地作为保留地,伪造土地证书的数目竟高达几千万份。在西孟加拉,丧失土地的佃农达到十万人。[1] 实际上,地主们在驱逐佃农后,要么自己无力耕种土地,要么不愿耕种土地,他们雇佣无地农民耕种,或者采取分成制方式经营。失去土地的原佃户们,变成了无地劳动力,又由于无法在城市工业部门中找到就业机会,只好留在农村,成为以出卖劳动力为生的农业雇佣工人。在土改进行的1950年代和1960年代,农业工人增长的速度远远超过人口增长速度,1951—1961年总人口增长21.5%,农业工人则增长34%。"全国农业工人数,1951年估计有2 000万,1971年人口普查时增至4 780万。"[2] 在农业工人中,有地的户数的比重在逐年减少,无地的户数却越来越多。据印度官方的统计,在1950—1951年度,有少量土地的农业工人的百分比约为50%,1963—1964年度下降为39%。佃户数目的减少,无地农业工人户数的增加,在印度资本主义生产关系较为发达的地区表现得尤为突出。比如在旁遮普邦,无地农业工人的户数从1950年占农户总数的9.3%上升到1966年的29.4%。佃户户数所占的比重却从1950年的9.7%下降到1966年的2.4%。[3] 正如列宁所说:"自由雇佣劳动的使

1　〔苏〕巴拉布舍维奇、季雅科夫主编:《印度现代史》,北京编译社译,生活·读书·新知三联书店1972年版,第914—915页。

2　*Hindustan Times*, Mar. 22, 1979.

3　方谦:《两个旁遮普土改模式的比较分析》,《南亚研究》,1984年第2期,第26页。

用是农业资本主义的主要表现。"[1] 印度农业工人的增加、农业工人中无地户数的增加，反映了独立后印度资本主义农业发展的趋势。

总之，土改后，原有的地主们由于占有土地规模的变小，不得不采取现代经营方式以维持家庭收入；富裕农户增强了经营土地的积极性；农村无产者大军人数在增加，为城乡经济发展提供了劳动力。一句话，土地改革促进了印度农村资本主义因素的发展。

三、绿色革命与农村资产阶级的崛起（1967—1989）

土地改革促进了印度资本主义土地关系的发展，为印度农业资本主义发展提供了必要的条件。但仅有土地改革还不足以保证农业资本主义的充分发展。农业资本主义同工业资本主义一样具有高投资、高土地生产力、高市场取向的特征。这些既是资本主义生产的特征，也是资本主义发展的条件。始于 60 年代中期的绿色革命为印度农业发展提供了这些条件。

在印度的学术界和政治圈里，对印度的农业应如何发展始终存在两种不同的意见。一种意见强调制度性变革对农业发展的重要性，认为制约印度农业发展的最关键因素是印度农村中的封建和半封建生产关系，只有将广大农民从这种落后的生产关系中解放出来，实现耕者有其田，发挥他们的劳动积极性，才能提高印度的农业生产力，解决印度农村的贫困问题。另一种意见强调科学技术在农业发展过程中的作用，认为土地改革虽然重要，但土地不是分得越碎越平均就越好，更重要的是加大对土地的投入，尤其是资本和技术的

1　[苏] 列宁：《俄国资本主义的发展》，《列宁全集》第 3 卷，人民出版社 1984 年版，第 207 页。

投入。前一种意见多为社会主义倾向较强的学者和政治家们所鼓吹，后一种意见在相当长一段时间里被指斥为右翼保守。两种意见的争锋不仅发生在印度，也发生在其他的发展中国家。

在印度独立后的近 20 年时间里，前一种意见在以尼赫鲁为首的国大党和印度政府高层领导中占了上风。尼赫鲁在青年时代就接受了费边社会主义，他曾说过："我相信，解决世界问题和印度问题的唯一途径是社会主义，除此之外，我看不出有任何办法可以消除印度人民的贫困、大量失业、堕落和屈辱。"[1] 对 20 世纪印度政治和发展道路产生重大影响的另一位重要人物圣雄甘地也鼓吹社会主义发展道路，反对西方式的工业化和现代化。甘地的社会主义和尼赫鲁的社会主义虽然存在某种差异，但他们之间的共同点是主要的，即他们都对资本主义抱批判态度，都主张发展不能以牺牲农村、牺牲农民的利益为代价，都反对苏式的暴力革命。这种印度式的社会主义被尼赫鲁称为"第三条发展道路"，以区别于西方的资本主义道路和苏联的社会主义道路。"建立社会主义类型的社会"写进了国大党 1955 年第 60 届年会决议，写进了印度宪法，体现在独立后最初十余年国大党政府的内外政策上。

进入 60 年代后，尼赫鲁的"社会主义道路"受到了越来越严峻的挑战。挑战来自两个方面：国内和国外。国内的挑战来自日益严重的粮食短缺。印度在第一个五年计划期间有效地提高了国内的粮食产量，从而降低了粮食进口。但在第二个五年计划期间，粮食生产出现下滑的局面，为了解决粮食危机，印度按 480 号公法从美

1　M. B. Chandra, *Nationalism and Colonialism in Modern India*, p. 173.

国大量进口粮食。根据 480 号公法，美国作为援助国，对印度的内政外交加强了干预力度。1958 年，福特基金会召集一批美国专家，研究印度的农业粮食生产，为印度提高粮食产量、渡过难关献计献策，制定规划。1959 年，该专家组提交一份题为《印度的粮食危机及其解决步骤》的报告，报告称"增加粮食产量是今后七年印度政府的主要工作，如果不能扭转目前的下滑势头，到 1965/1966 年度，印度的粮食短缺将达 2 600 万吨。"报告提出的解决方法是集中物力财力，加大对生产条件好的地区和增产潜力大的作物的投入，以尽快地提高粮食产量，解决危机。[1] 面对国内的粮食危机及来自美国的压力，印度政府只能接受建议。1960/1961 年度印度政府先是选择三个县为试点，随后又扩大到每邦一个县。这就是以后所说的农业精耕县计划。1964 年，农业精耕县计划覆盖面进一步扩大，有 114 个县的 1 084 个乡被纳入这个计划。这是第一阶段，在此阶段，印度政府对该计划的成效还是抱谨慎态度，迈出的步子并不大。一方面是实验地区粮食增长的效果还没充分显现出来；另一方面，要全面铺开，印度政府在人力、物力、财力方面都感力不从心；而更主要的原因是以尼赫鲁为首的印度国大党政府仍信守其"社会主义道路"，将该计划视作一种权宜之计，不愿倾其全力。在第三个五年计划（1961—1966）期间，政府在农业方面的开支，主要还是集中在社区发展计划和农业合作社等方面。[2]

　　1960 年代中期，印度所面临的国内国际形势发生一系列变化，1964 年尼赫鲁去世；1965—1966 年第二次印巴战争；1966 年印度

---

[1]　*Indian Agricultural Development since Independence, A Collection of Essays*, p. 5.

[2]　孙培钧：《印度农业新战略》，《南亚研究》，1981 年第 3—4 期合集，第 8 页。

粮荒严重，当年不得不从美国进口粮食1 000万吨。美国进一步施加压力，说如果印度在农业方面不采取更有效的办法的话，美国将采取战争时期救活不救死的原则，将印度视为不可救药的国家，放弃对印度的援助。[1]回应美国的批评，在1966/1967年度，印度政府将农业精耕县计划的覆盖面扩大到3780万英亩，几乎占全国耕地的10%。

另外，政府明显地加强了政策扶持力度，主要措施有：提高和稳定农产品价格，政府设置农产品最低收购价格，由公营粮食公司保证在收获季节不低于最低价格收购农户手中的粮食；对各种农业投入和农产品进行财政补贴，政府每年耗费巨额资金对化肥、种子、农药、农用水电以及其他农业生产资料进行补贴，对粮食收购价格和销售价格之间出现的差额也进行补贴；扩大农村信贷以支持农户购买农用物资；大规模利用外援进行农业投资；增加政府财政中的农业开支。这些政策同尼赫鲁时期印度政府的政策具有明显不同的价值取向。尼赫鲁强调发展工业，尤其是重工业的发展，将资金大量地投在重工业上；新政策则强调农业的发展。尼赫鲁时代追求农产品的低价格，以支持印度的工业化；新政策则保护农产品的价格，以鼓励农业的发展。尼赫鲁时期注重农村基层组织建设和合作社建设；新政策则将钱花在改善农业生产的条件上。尼赫鲁所做的更多是宣传鼓动工作；新政策则"不满足于高喊口号，而要面对问题采取讲究实效的方针"。这些新政策由于在许多方面不同于尼赫鲁时代的发展战略，因而被称为"农业发展新战略"。又由于土地改革一般

---

1 *Indian Agricultural Development since Independence, A Collection of Essays*, p. 5.

被认为具有较多的红色色彩，这种偏重于技术，以技术引进、加大投资来解决农业发展问题的做法，就被称为"绿色革命"，印度政府希望以"绿色革命"来取代"红色革命"。

"农业新战略"产生了积极的成果。在1967—1972年的5年间，尽管有两年是大旱之年，粮食年均总产量达到1亿吨，而1960—1965年间年均仅8 300万吨。产量的增加使农民们有更多的余粮出售，60年代初期，印度政府收购的粮食只占当年粮食总产量的0.5%，70年代中期以后，印度政府收购的粮食已占当年粮食产量的9%—10%。从1978年起，印度不仅停止进口粮食，而且有六七十万吨粮食可供出口。从此，印度基本解决了粮食自给。

"农业新战略"不仅解决了印度粮食短缺问题，更重要的是促进了印度农业资本主义因素的进一步发展。绿色革命导致自耕趋势加强，地主富农们纷纷撤佃自耕。据有关统计，截至1982年，在农业较发达的旁遮普邦，81%的土地属于自耕，而1954年时只占60%。租佃制和分成制仍在实行，但实质内容发生了变化。绿色革命前，往往是地主们出租土地给贫苦农民，收取地租。绿色革命中，许多情况下则是贫苦农民不得不将手中一小块土地租给种粮大户们。绿色革命中，土地上的投资大大提高，买化肥、农药、良种，配置机灌设备都需要钱。小农和边际农的一小块地要配置一套机灌设备不仅不经济，而且，由于这一小块地往往像一块"飞地"，被包围在其他人的地块中，要将主干渠水引来灌溉，或开拓机耕路，在实际上都是不可行的。在这样的情况下，他们只好将土地出租给相邻的种粮大户了。据芭拉对1985/1986年安得拉邦4个区5个村庄的实地调查，种田大户耕种的地中，租进的土地比自有的土地比重大，前者为平均 9.61 英亩，后者仅为 5.95 英亩。大户们还采取分成的办法，小农、边际农们投入劳力，大农们投资，产品分成。这样，就促使土地的使用权进一步向种粮大户转移。旁遮普邦 1980/1981 年农业普查和 1970/1971 年普查数据比较显示，占地不足 2 公顷的农户数目快速下降，占地 4 公顷以上的农户数目在上升。这种土地集中使用的趋势，在一定程度上缓解了由于土地碎片化带来的生产率低下的问题。因而在绿色革命条件下，自耕、佃耕、实物分成，无论哪种方式，从效率角度上讲，都使得资源配置更为合理，对土地的投入增加了，土地的所有者和耕种者更关心产出的利润和效率，更关注市场变化；同时，更多地使用雇佣劳动力。在 1961 年时旁遮普邦雇佣劳动力在全部劳动力中仅占 17.3%，1971 年升到 32.1%，1981 年达到 38.2%。[1] 雇佣劳动力的使用和取代家庭劳动力也是资本主义生产的一个重要特征，使用家庭劳动力可以不计成本，而使用雇佣劳动力必须计算成本因素。

　　农业中资本主义经营方式发展的结果，使一个新的社会阶层崛起。他们中既有原来的地主，也有新富裕起来的农民，他们的共同特征是采用资本主义经营方式。有些学者称他们为"正在形成的农业资本家"。丹尼尔·索纳是一位长期研究印度农民问题的知名学者，在 70 年代他就敏锐地捕捉到这一变化："在 60 年代以前，在印度平原上，仅有一点点真正的资本主义农业，在旁遮普和北方邦西部、古吉拉特邦中部、科因巴托尔地区和安得拉邦的沿海地带，现在，它传播到全印度，有些地方强些，有些地方弱些。农业资本家——资本

1　Jan Breman and Studipto Mundle eds., *Rural Transformation in Asia*, Oxford University Press, 1991, p. 424.

主义农场主似乎成了印度农村中增长最快的社会群体；他们已成为社会上最强有力的因素。这对印度具有极为深远的意义，不仅仅在经济领域，而且对整个社会结构和未来的政治格局。"[1] 巴丹是一位印度经济学家，他用数字对这一阶层作了说明。"他们是拥有较多土地的农户，耕作的土地在 4 公顷以上，占农村人口 19%，占有可耕地的 60%，谷物收成的 53%（1975 年数字）。如果再考虑到土地质量、牲畜、住房和其他财产占有情况，他们在农村中的优势就更加明显。1971 年时，拥有 2 万卢比的农户占 20%，他们占有印度所有农村财产的 63%。"[2] 库苏姆·奈尔是我国印度问题研究专家很熟悉的一位学者，她用生动的语言为我们描绘了一位名叫"莫欣德尔"的旁遮普新富农的形象。"莫欣德尔年轻漂亮，穿着一身专门定做的衣服——蓝色便裤，开领花格衬衫，外套着花呢外衣，还穿着袜子和擦得锃亮的皮鞋。他受过高等教育，获得过经济学硕士学位，曾在美国进修过农业，讲一口流利的英语。归他名下的土地不过 24 英亩，但他经营的土地却有 95 英亩，因为他 4 兄弟不分家，由他独自经营这个大家庭农场。这 4 家一体的农场有两台 35 马力的拖拉机和一台联合收割机，还有其他全套的附属机械，如条播机、玉米播种机、耙地机、耕作机等，还自备有灌溉用的管井。花在设备和管井上的全部投资约 15 万卢比。他亲自参加劳动，开拖拉机和联合收割机，其他工作则雇别人干，平均每天要雇 10 来个人，农忙时节更多些。4 个兄弟中，一个

---

1 "Semi-Federalism or Capitalism, Contemporary Debate on Classes and Modes of Production in India", p. 1963.

2 Pranab Bardhan, *The Political Economy of Development in India*, Oxford University Press, 1984, p. 46.

弟弟在美国当工程师、一个在城中经商、一个协助他经营农场。"[1]尽管其他印度农场主还不像"莫欣德尔"这般现代化，但具有"莫欣德尔"精神和气质的农业企业家的崛起却是不争的事实。

值得注意的是，随着新富农阶层在经济上的崛起，他们日益显露出政治雄心。"两个不同种姓的富农可能相互之间不会接受对方的食物，但却会走到一起为争取更高的农产品价格和更低的农业税收而斗争。他们利用种姓组织为工具，通过选举政治为自己谋求政治上的支配权。富农们尽管还没有全国性的阶级组织，他们在地理上仍处在分散状态下，但已开始寻求其在经济上和文化上的霸权地位。"[2]

1977年印度大选被认为是印度新富农阶层政治力量的第一次展示。在这次大选中，国大党第一次败北下台。人民党政府上台，查兰·辛格在该届政府担任了短暂的总理职务。查兰·辛格被认为是新富农阶层的代表人物，他在自己的著作和演讲中，总是不遗余力地为新富农们的利益鼓与呼，总是大力攻击"代表城市利益的院外集团"以及"寄生的知识分子阶层"。

有些印度学者因而认为构成今日印度统治集团的主要是三个社会阶层，即城市工商业资产阶级、农村新富农阶层和吃公家饭的各级官员。这三个阶层相互间存在矛盾，官员们竭力维护自己的特权，通过制定政策为自己谋求利益；城市工商业资产阶级和农村资产阶级则要干预和影响政治，让政府制定和通过对自己有利的政策。三

1　［印］库苏姆·奈尔：《绿色革命后的印度农业》，皮美艳译，《南亚译丛》，1983年第4期，第19—20页。

2　*The Political Economy of Development in India*, pp. 50–51.

者之间的矛盾与冲突对印度的现代化进程产生了某些不利的影响。一位印度学者指出："俾斯麦时期的德国工业与农业之间政治交易，形成钢麦联盟，这种婚姻的嫁妆花费相当高，印度进行的是三者间的婚姻，因而更复杂，代价也更高。"[1]

"农业新战略"在解决印度粮食短缺，发展农业等方面的作用是巨大的；但同时它也给印度农村发展带来新问题。首先，不是所有农作物都能获得增产，增产主要依靠引进的高产优良种子，墨西哥的小麦种子和菲律宾的水稻种子，其他作物没有增产，有的甚至减产。其次，"新战略"并没有在印度所有地区取得成效，仅仅在旁遮普邦、哈里亚纳邦、北方邦部分地区以及安得拉邦沿海地区增产幅度较大，这些地区只占印度一小部分，而且原本就是自然条件较好的地区，经过"绿色革命"，这些地区同其他地区的经济差距进一步拉大了。此外，不是所有农户都从"新战略"中受益。只有实力较雄厚的农户才有可能从银行得到优惠贷款；只有拥有一定规模土地的农户，才买得起拖拉机、化肥、农药，打得起机井，并且能产生效益；只有有文化、懂经营、有企业家精神、有胆有识的农户才能抓住机遇。这些人充分享受"新战略"带来的好处，各种补贴、低息贷款、新技术带来的好处都落在了他们的头上，他们获得很高的收入，却交极低的税。而那些无地的雇工或少地的农户，不仅得不到以上好处，反而面临粮价上涨、就业机会减少、被地主夺佃的威胁（地主们发现在"新战略"下经营农业有利，纷纷从佃户手中收回土地）。总之，社会分化加大了，一些人不仅拥有土地，还在乡

1　*The Political Economy of Development in India*, pp. 50-51.

镇有自己的企业，家里有人在政府任职，子女在大学甚至海外求学；大部分人却一无所有，上无片瓦、下无寸土，晚上饿着肚子上床。

独立后出生成长的年轻一代不同于他们的父辈，他们不甘于现状，奋起反抗。地主购买枪支弹药，组织地方武装，串通警察，对反抗的农民进行残酷的迫害。由于无地农民多为贱民，农民与地主之间的冲突也就表现为中高级种姓对贱民的迫害。据印度报纸报道，1955—1976 年期间，印度发生 22 470 件迫害贱民事件，而 1977—1981 年期间，这类事件竟达 64 511 起，后 5 年是前 20 年总和的近三倍。[1] 而且，地主迫害无地农民的事件往往比过去更加残酷。其中，1977 年 6 月 27 日，比哈尔邦 50 名地主武装荷枪实弹闯入贝尔奇村，枪杀了 11 名无地农民，震动了整个印度。70 年代末、80 年代初，印度农村普遍动乱，人们谈论的不是"绿色革命"取代"红色革命"，而是"红色革命"即将降临印度的前景。

四、综合农村发展计划（1980）

伴随着"绿色革命"出现的农村骚乱迫使印度政府不得不对农村政策进行反思并做出修正。"绿色革命"实际上是政府通过政策扶持让一些地区中的一部分人先富起来，来带动整个印度的经济发展，解决印度严重的粮食短缺问题。这种发展策略受到一种当时颇为时兴被称为"涓滴"理论的支持，该理论认为经济增长总是不平衡的，增长带来的好处也不可能平均地同时落在每个人头上，但只要经济保持不断增长，经济增长带来的好处总会或迟或早地为社会底层的

1　N. Chadharry, "The Government and the Killing of Untouchables", *Front*, Vol. 14, No. 41, May 19, 1982, p. 12.

贫困人口所分享，如同一个装满沙的漏斗，只要不断地由上面注入水，这水迟早会渗入底部。但 70 年代末的印度农村形势使人不得不对这种理论产生怀疑，所谓的"绿色革命"是否能够产生足够大的源源不断的"增长之流"；即使"涓滴"理论成立，这种好处什么时候才能滴漏到贫困的底层，时间是个极为重要的因素，穷人的忍耐是有限度的；更为重要的是，人们有足够理由怀疑"涓滴"理论是否成立，因为人们在现实生活中看到的是好处越来越往社会上层汇聚，是"上吸"，而不是"涓滴"。

形势比人强，学者们可以耐心地为"涓滴"还是"上吸"争论不休，印度政府却像坐在火山口上。1977 年，执政 30 年之久的国大党在全国大选中败北，让位于以人民党为主的联合政府。仅过三年，联合政府就被迫下台，以英·甘地为首的国大党以"消灭贫困"和"建立一个能办事的政府"为竞选口号，战胜了对手，重新上台。在这种背景下，国大党政府不得不采取一些新政策，其中，综合农村发展计划是最重要的一项政策。所谓综合，指将农村发展问题看作不仅仅是农业一个部门的事情，而是涉及各个部门的方方面面的问题，必须集中各方面的力量来解决这一问题；所谓综合，指不仅要持续支持先进地区、灌溉地区的农业发展，还应该花大力气改善那些干旱地区、山区的耕作条件，提高那里的粮食产量，改善那里的生存条件；所谓综合，指不仅要关注经济增长，而且要注意社会公平，不能等待"涓滴"的自然过程，而是要在政府的主导下为消灭贫困采取直接的手段；所谓综合，指发挥社会各方面的力量参与扶贫济困工程，不仅要有政府行政官员参与，要有各行各业的专家们参与，还要有广大民众自下而上的参与。以上精神体现在政府

"六五"计划（1980—1985）中，"应当结束过去那种由不同部门机构制订实施不同农村计划的做法，代之以一个统一的在全国实施的计划"[1]。

从1980年以来，印度政府制定的与综合农村发展计划相关的政策令人眼花缭乱，仅据《印度经济》一书介绍的就有如下几种：1980年10月，将原来的以工代赈计划调整并更名为全国农村就业计划；1983年8月15日起实施农村无地劳动者就业保证计划；1989年4月28日，拉吉夫·甘地总理宣布开展以其外祖父名字命名的贾瓦哈拉尔就业计划；加上1980年以前印度政府已实行的一些就业计划，如始于1979年的农村青年职业培训计划，印度政府可以说在制订计划上做了大量的工作。这些计划一致认为印度农村中最严重的问题是一部分人的绝对贫困化状态，他们没有土地，找不到活干，为这些人提供就业机会成为扶贫计划的核心。从内容上看，这些计划制订得十分周全，如农村青年职业培训计划规定，从全国每个乡年收入不到3 500卢比的家庭中挑选40名农村青年接受职业培训，挑选时，表列种姓和表列部落家庭的青年有优先权，妇女必须占1/3。根据这一计划，从全国5 000个乡中挑选出20万名青年接受培训。再比如农村无地劳动者就业计划规定，全国每个无地农户在一年里至少有一名成员获得100天的就业保障，由中央政府出资，邦和地方政府制订计划，政府以支付粮食或现金的方式，雇佣无地失业农民从事一些农田基本工程建设，这些工程建成将有利整个农村经济的发展。除就业计划外，印度政府还制订干旱地区计划、沙

1　《印度经济》上册，第677页。

漠地区发展计划以及维护表列种姓、表列部落等社会上贫弱集团利益的计划。

印度政府在中央财力不充裕的情况下，拨出大批款项来执行这些计划，并取得一定的成果。在"六五计划"期间（1980—1985），每个乡得到大约350万卢比的扶贫款，中央和邦各出50%，目标是使每个乡中600个贫困家庭能得到救助，惠及全国贫困线下的1500万户家庭的7500万人。"七五计划"（1985—1990）期间，印度政府进一步加大了扶贫的力度，仅就全国农村雇佣计划一项，中央和邦政府的总支出就近250亿卢比，目标是为农村提供14亿日／人的就业机会。[1]

综合农村发展计划在实施过程中也存在着大量问题。首先，在选择帮助对象上，由于基层政权大多由地方上权势集团控制，相当比例的本应受益的农户没能受益，反而那些不属于"扶贫救困"的对象获得了利益。其次，政府计划规定扶贫贷款只能贷给贫困农户，但银行在实际操作中，首先考虑的是借贷户的还贷能力，所以，银行只愿将款贷给那些富裕户，贫困户用钱只能从富裕户手中高息转借，使得政府为贫困户提供低息贷款发展生产的良好心愿落空。再次，在印度式民主政治下，扶贫计划大多带有浓厚的政治色彩，为了争取选票，无论执政党还是在野党都热衷于提出各种扶贫计划，至于实施效果如何，则乏人问津。最后，中央和邦政府只能制订总体方针并拨付款项，具体计划应如何实施，各地情况千差万别，一个廉洁高效的地方领导班子十分重要。印度自50年代起就力图建立

1　*Indian Agricultural Development since Independence, A Collection of Essays*, p. 431.

完善县乡村三级潘查亚特（地方自治机构）作为农村基层组织，由县一级潘查亚特负责农村发展计划的制订与实施。潘查亚特由逐级选举产生，主要由地方上的政治精英组成。而印度地方上的权力主要控制在官僚机构手中。此外，发展计划的制订，发展项目的选择和运作，都离不开各类专家的参与与指导。如何将这些机构与人员整合到一块，实施综合农村发展计划，仍有很长的路要走。

由于存在以上问题，综合农村发展计划遭到不少批评，一种意见认为，印度农村的贫困是由印度的政治经济结构造成的，不对这一结构进行改造，仅靠扶贫计划来解决印度的贫困问题，说好了是一种天真的幻想，说刻薄点是政治家们玩弄的把戏。[1]有些学者提出印度应建立一套社会保障体制，对社会上的老弱病残进行救助，不应将钱全投在帮助就业计划上。尽管有不少批评意见，大部分人认为，综合农村发展计划固然不是十全十美的解决印度贫困问题的灵丹妙药，但也并非一项可有可无的政策，它是一种同时兼顾经济增长和社会公平的努力；虽然它有种种不完善的地方，但如果暂时还找不到更好的办法替代的话，那么这种政策就应继续实施下去，在实施过程中促进它不断完善。[2]

罗荣渠先生在其力作《现代化新论》中将世界各国现代化历程划分为内源型与外源型两大类。它们之间的重要差别之一在于后一类型的现代化进程中政府发挥重要的作用。在内源型现代化进程中，经济生活通过不断扩展的市场来实现自我调整，政府的职能主要是保证经济的自由运转。而在外源型的现代化进程中，市场发育

1　*Indian Agricultural Development since Independence, A Collection of Essays*, p. 65.

2　Ibid., pp.50-65.

不成熟，在经济生活中未形成自动运转机制，政治权力即中央国家作为一种超经济的组织力量，在现代化过程中发挥巨大的控制和管理作用。[1] 这一论点为我们理解和评价独立以来印度政府农村政策提供了有益的启示。欧美现代化过程无须政府出面制定土改政策；政府也不曾动员全国的物力和财力来执行新战略，让一部分地区的一部分人先发展起来；政府也无须像当今的印度政府那样对扶贫计划投入那么多的精力。现代化产生出的多余劳动力，可以向海外殖民地输出，还可转化成工业部门的劳动力。今天的发展中国家却没有这么幸运，它们没有海外殖民地，它们虚弱的工业部门吸纳剩余劳动力极其有限。农村人口早已严重超出土地的负荷能力，大多却只能留在农村中。许多学者常将印度的现代化道路与普鲁士道路类比，但是，1882 年时，德国的农村劳动力仅占全国劳动力总数的 35%，1950 年时下降到 11.8%，到 1967 年时，只剩下 4.9%；而在印度，1881 年时农村劳动力占总劳动力的 74.4%，1951 年时不仅没下降，反而上升到 77.4%，到 1971 年时仍高达 72%。[2] 如果说普鲁士道路是一条痛苦的道路的话，印度的现代化道路则更为漫长，底层人民承受更为巨大的痛苦。独立以来印度的发展道路不能称为普鲁士道路的更重要原因在于，印度政府所制定的农村政策同普鲁士政府十分不同，这种不同又是进行现代化时所处时代的差异造成的。

印度人往往自豪于他们的政府能制定出相当不错的政策，同时又不得不承认这些政策执行得十分糟糕。尽管如此，印度人民还是

1　罗荣渠：《现代化新论》，北京大学出版社 1993 年版，第 123—124 页。

2　Charan Singh, *India's Economic Policy: The Gandhian Blueprint*, Vikas Publishing House, 1978, p. 6.

有足够的理由为独立以来的成果感到欣慰。1950年时，印度的粮食产量不过5000万吨，1970年第一次跃上了1亿吨台阶，1990年达到1.76亿吨，1994年再增加到1.91亿吨，逼近2亿吨大关，在1950—1994年的40余年间，年平均粮食产量增幅达2.5%，其中，1980—1994年的10余年的增幅达3.3%。扭转了独立前粮食生产下降的局面，而且实现了粮食自给，粮食储备足以应付饥荒的发生。资本主义农业在发展，地主租佃关系式微。尽管农村中仍然存在阶级矛盾与冲突，但大规模的农村动乱毕竟避免了。印度正缓慢地行进在农业现代化的道路上。

长期以来，学术界对独立以来的印度政府农村政策往往批评的多，肯定的少。不彻底的土地改革，让富者愈富、贫者愈贫的农业发展新战略，不解决根本问题的五花八门哗众取宠的扶贫计划，等等，这些话语时常出现在印度的报纸杂志上。时至今日，印度的贫困现象仍是触目惊心的，凡是访问过印度的人对此都会留下深刻的印象，谁也不能对此无动于衷。但对研究印度问题的学者来说，比起单纯的道义批判，更值得反思的问题也许是，印度现代化的领导者们所追求的目标是什么？所选择的又是什么道路？在印度所处的历史环境中以及不想根本破坏既有的社会结构的前提下，他们还能有什么其他更好的作为？一部世界现代化的历史毕竟是用人类的血和泪写就的。这让我们想起马克思在其论述印度的论文中所引用的歌德的诗句："既然痛苦是快乐的源泉，那又何必因痛苦而伤心？难道不是有无数的生灵，曾遭到帖木儿的蹂躏？"[1]

---

1 [德]马克思：《不列颠在印度的统治》，《马克思恩格斯选集》第2卷，人民出版社1972年版，第62页。

五、多样化与市场化：城乡经济发展的合流

20 世纪八九十年代，印度政府和人民为解决农村问题进行了多方面的努力，获得了不少经验与成果。大致说来，有以下几方面：

首先，在继续抓紧粮食生产的同时，发展农业多种经营，发展经济回报高的水果、蔬菜及其他特殊经济作物的种植，发展畜牧业和捕鱼业。这些分别被称作"黄色革命"（油菜籽种植）、"白色革命"（乳制品）、"蓝色革命"（渔业）等，以作为"绿色革命"的补充。

其次，发展非农产业，主要是发展乡镇工业，农村无地者的富余劳动力和农村剩余资本在乡镇工业中得到较好的结合。乡镇工业的发展不仅有来自农业企业家们的积极推动，而且得到各级政府和各种国际组织的大力支持。由于乡镇工业的发展，在一些地区出现小城镇人口的增长率高于农村人口增长率的现象。[1]

多种经营和乡镇工业的发展推动了印度农产品市场化的进程。无论是油菜籽、乳制品、鱼，还是其他乡镇生产的工业品，它们不同于粮食，或者易腐、易烂、易坏，或者投入成本高，如不及时找到市场就难于维持再生产。此外，多种经营和乡镇工业的发展扩大了城市工业品在农村的市场，这些产业的发展，扩大了对机器设备、资金、技术和部分原料的需求。还有重要的一点，随着多种经营和乡村工业的发展，城市中的剩余资本也开始进入农村中的新兴部门，充分利用农村的廉价劳动力、土地和原料谋取利润。这样，在 20 世

---

1 *Rural Transformation in Asia*, p. 452.

纪末，我们看到印度城乡两部分经济的交流与融合。它们集中体现在日益兴旺的各种合作社中。比如，到 1994 年 3 月底，印度的牛奶生产合作社已发展到 68 500 个，加工能力提高到 1 810 万升 / 日，其生产的鲜奶已占到全国鲜奶产量 30%。这种合作社通过邦、县、乡三级合作组织，为养牛农户提供良种牛、养牛技术，保证以合理价格收购产品，负责加工与销售。通过合作社组织，农户得到产前、产中、产后服务，印度的农业科研成果得到推广，城乡剩余资金有了出路，剩余劳动力增加了就业机会，政府由于参与服务改变了自己的形象。

总之，进入 90 年代以来，印度农业的多样化与市场化极大地推动了城乡经济一体化的进程。随着这一进程的深入和发展，城乡资本交流日益频繁，形成你中有我、我中有你的局面。统治阶级中的三部分人：城乡资产阶级和官僚阶层也在城乡发展中谋得了共同的好处，从而保证印度现代化进程的顺利进行。

六、结语

在对 20 世纪印度农业和农村发展作了一番简略的历史回顾后，我们可以得出如下结论性的意见。

第一，国家政权在印度农业的发展中起了主导作用。长期制约印度生产力发展的是英国殖民者强加给印度的半封建土地制度和英国工业-印度农业的殖民地经济结构。印度独立后，印度政府通过土地改革改造了半封建土地制度，试图将原有的坐收地租的封建地主转变成经营性地主。后又在绿色革命中，通过实施一系列政策来扶持农业的发展。90 年代的经济自由化政策既是对国际经济变化的回应，也是出于城乡经济发展的需要，它有利于城乡资本的交流以及加强工业与农业两大部门的有机联系，从而推动城乡经济持续发展。

第二，从印度发展进程中，似乎可以得出这么一个结论，市场因素是印度经济发展的一个至关重要的因素。尽管同近代西方相比，政府在印度现代化进程中发挥着更为重要的作用，但政府的作用不能取代市场。英国统治印度前，支配印度经济的是一种农业和手工业相结合的村社经济。在这种经济中，商品交换被限制在最低水平。英国统治印度破坏了村社经济结构，使土地、劳动力、农产品都成为商品，但市场化程度仍然很低。这部分地是由于生产力水平低，农民们没有多少剩余产品可卖，也没有多余的钱去购买工业品，失业或就业不足的农民需要就业机会，但印度缺乏吸纳剩余劳动力的市场。更重要的原因是前面谈到的殖民地经济结构的作用。在这种经济结构中，地主们认为采用半封建的剥削方式对自己更为有利，拒绝采用现代经营方式，从而束缚了生产要素的自由流动，束缚了经济的发展。印度独立后，经过土地改革和绿色革命，土地、资金、技术等资源按市场规律进行配置，农产品的市场占有率逐步提高；尤其是进入 90 年代以来，印度经济摆脱了独立以来的半管制经济模式的束缚，随着农业的多样化和乡镇工业的发展，市场化水平进一步提高。在市场化的条件下，城乡之间各种资源互动大大加强，统一的市场经济逐步走向成熟。如果以上推论成立的话，那么，我们可以说，印度经济的发展应是从英国人破坏印度农业与手工业结合的村社经济结构开始的，而印度经济的进一步发展则是以独立后尤其是绿色革命后印度农业和工业有机地按市场规律整合在一起为标志的。

第三，应该再一次强调的是，印度农村发展是极其不平衡的，在经济发展的同时，原有的封建半封建生产关系仍然存在。还有就是经济的发展所带来的好处落到了一小部分人的头上，而广大印度人民，尤其是那些居住在农村的农民，既承受着经济发展给他们带来的伤害，同时又忍受着经济不发展所造成的巨大痛苦。

1990 年代以来印度的乡村自治制度

1992 年，印度议会通过一项重要决议，对宪法中有关潘查亚特的条款做了某些重大的修正和补充，即第 73 次宪法修正案。印度政府为什么要通过此修正案？其主要内容与实质是什么？实际进展如何？主要的困难与障碍何在？这些进展与挫折，说明了什么问题？这些问题已经引起印度国内外广大研究者的关注与讨论，本文试图就以上问题发表一些粗浅的见解。

一、第 73 次宪法修正案的内容与意义

潘查亚特在古代印度语中意为"五老会"，由支配种姓中的年高德劭者集体负责村庄管理事务，体现了古代政治制度中地方自治的特征。这种治理方式在古代世界各文明区域中是普遍存在的。尽管不同文明区域国家中央集权的程度存在差异，但无一例外的是，中央帝国无力通过下派的官吏对地方事务实施直接的管理和控制，只要地方交够一定数量的贡赋租税，中央政权一般不愿也无力参与

地方治理，地方村庄事务留给村庄自己处理。

1950年颁布的印度宪法中，与潘查亚特有关的条款只有两处，一处在第4部分，第40款，"国家应该采取步骤组织乡村中的潘查亚特，并给它们必要的权力和权威，使它们作为地方自治单位起作用"。另一处在宪法附表部分的第7表第2分表（各邦职权表）中的第5条，"（各邦拥有对）地方政府，即市法人、改进会、县政局、矿业调节机构，与其他为地方自治或乡村行政目的之地方机构等的组织与权力"。值得注意的是，第4部分属于"国家政策指导"部分。该部分属于政策指导方针，不具有法律强制执行效力，各级政府可以根据实际情况酌情处置。该部分的许多内容，比如应保证男女公民平等享有获得充裕生活的权利，男女同工同酬，国家应制定统一的民法法典，提倡用仲裁方式解决国际纠纷等，或是显得空洞，或是实行起来难度很大。此外，表中将地方自治和乡村行政机构的组织与权力归到邦职权范围，与其说是肯定潘查亚特，倒不如说是强调邦政府的职权。

在20世纪50年代和70年代，印度出现过两次推进潘查亚特制度建设的运动，中央政府先后组织以巴尔万特赖·梅塔和阿索卡·梅塔为首的委员会，推动该项工作。前一次受美国的资助和推动，后一次同人民党政府上台有关，尽管在运动之初县、乡、村三级纷纷建立潘查亚特组织，但没过多久，这些组织便大多处于自我消亡的状态。

80年代末，拉·甘地政府试图再次推行潘查亚特制度建设，1989年提出第64次宪法修正案，并在人民院获得通过，但遭到联邦院的否决。拉奥政府上台，继续拉·甘未竟的事业，提出第73

次修正案，这次获得印度全国上下各个阶层各种政治观点的一致拥护，1992 年 12 月在议会获得通过。

第 73 次修正案在宪法中规定各邦设立县、区（乡）、村三级潘查亚特，每五年进行一次换届选举，潘查亚特中必须有三分之一的代表是妇女，表列种姓和表列部落的代表人数应不低于他们在人口中的比例。修正案还对潘查亚特的各种权利和责任、其与邦政府的关系做了规定，洋洋洒洒数千字，置于宪法的第九部分，与联邦（第五部分）、各种邦（第六至八部分）并列，内容涉及潘查亚特的定义、制度、结构、成员数量和选举，表列种姓、表列部落和妇女的位置保留，邦议会和国会议员在潘查亚特中的地位和作用，潘查亚特的任期，潘查亚特及其成员的争议和处理，潘查亚特的权力、权威和责任，潘查亚特的资金来源和资金使用审计，等等，有二十余条。在附表（第 11 表）中列了农业、土地改进、土地改革政策执行、灌溉、水资源管理、畜牧业和渔业、林业、小工业和村庄工业、农村住房、道路交通维护、农村电气化、扶贫工程、教育、技术培训、文化活动、市场交易、卫生、家庭计划、妇女与儿童发展、社会福利事业、弱势群体照顾、公共品分配制度以及社区财产管理等 29 项内容。其分量不可谓不大，几乎可与宪法中有关邦的条款相比。其内容不可谓不详，几乎涵盖当今农村中一切事务。与 1950 年宪法中的寥寥数语相比，可以说是一次巨大的变革。因此，印度许多学者认为，这实际上是要将原有的中央与邦两级政府体制改为中央—邦—潘查亚特三级政府体制。[1] 潘查亚特制度已被提到印度政治

1　D. Narayana，"Local Governance without Capacity Building：Ten Years of Panchayati Raj"，*Economic and Political Weekly*，Vol. XL，No. 26，June 25，2005，p. 2822.

改革和稳定发展的高度来认识。一位印度政治学者在一篇评论印度政治改革的文章中这样写道:"将更多的权力与资源从联邦下放到各邦,再从各邦下放到地方组织,扭转目前存在的、无处不在的并仍在日益增长的政治与经济权力集中于中央政府的政客和官僚手中的状况。如果要防止前南斯拉夫和苏联的因素影响印度联邦的不稳定,只有推动快速的和实质性的分权。只有这样,那些危及我们政治制度的因素才可能消除,印度才能获救。"[1]鉴于潘查亚特定位于"地方自治政府组织",它被视为与印度的民主、分权与发展紧密相连,自然被人们当作印度当前最为重要的一项政治改革内容加以期待。

二、90 年代印度加快潘查亚特制度建设的动力

独立六十余年来,潘查亚特建设的话题一再被提起,但进展缓慢,命运多舛,说明存在众多的阻力。但印度政府不断尝试进行潘查亚特制度建设,并在 1992 年通过第 73 次宪法修正案,这说明印度政府认识到了地方政府组织建设对国家发展的重要性和紧迫性。

进入 90 年代,印度潘查亚特制度建设获得来自三个方面的力量推动。

首先是经济发展的需要。90 年代印度的人口已经近十亿,长期经济发展缓慢使印度的政治家们下定决心推行"自由化"经济改革,加快第二、三产业的发展,改善民生状况。然而印度政府发现

1　S. R. Sen, "India's Political System: What is to be Done?", *Economic and Political Weekly*, Vol. XXVⅢ, No. 1-2, Jan2, 1993; G. K. Lieten, *Power Politics and Rural Development*, Manohar, 2003, p. 27.

原有的两级政府体制无力有效发展经济，解决所遇到的种种民生问题。比如发展经济需要引进外资，设立经济特区，这就首先需要改善投资环境，加快基础设施建设步伐，但这项工作却遇到了土地难以征用的瓶颈。印度各邦普遍存在人多地少的状况，对土地所有人而言土地是一笔价值不断攀升的不动产，不到万不得已不会出售；对更多的农民而言，他们虽不占有土地，却要依靠土地上的收成来维持一家的温饱。从长远来看，越来越多的农民依靠土地为生是与印度经济现代化的目标背道而驰的，只有让更多的农民从土地中解脱出来，成为从事第二、三产业的劳动者，才有望消除贫困，印度经济才能走向发展的快车道。要发展第二、三产业首先需要农民放弃一部分土地，因为盖厂房、修道路都需要土地。但失去土地后，相当一部分农民却无法成为工厂的工人，因为他们缺乏文化知识与技能。因此，即使土地所有者为高额的赔偿款动心，愿意卖掉土地，买地者也无法解决原土地上的劳作者的生计问题。在处理这一棘手问题时，地方政府的作用十分重要。企业家们所需的土地面积往往较大，而土地又涉及千家万户，让他们一家家地进行交易谈判，不仅时间长、成本高，而且可能遇到个别钉子户造成最后整个计划破产，因此他们希望政府出面。在地主和农民一方，他们也担心一家一户与房地产商谈判时，由于自己信息不灵、势单力薄，在交易中上当吃亏，因而也期待地方政府为他们做主。而一个邦人口多则上亿，少则几千万，邦政府日理万机，官员们对地方事务不可能完全了解，地方居民也怀疑官员们受自身利益的驱使，不能公正地维护地方上农民的权益。因此，一个既熟悉情况又受当地人监督的地方政府就成为必要。

发展经济的目的是使人民受益，解决民生问题越来越成为印度政府争取民心、获得民众支持的前提。印度政府确实希望通过诸如扩大就业计划，小额贷款计划，各项水利、道路、学校、电力发展计划等来改善广大农村人民的生产和生活条件。这些计划的实施需要当地民众的积极参与和监督，比如发放小额贷款，这是涉及千家万户能否发展生产、脱贫致富奔小康的大问题。贷款发给谁，如何监督获得贷款的农户将钱花在生产而不是生活消费上，如何保证农民能及时还贷，这些仅靠银行部门是不够的。银行考虑的更多的是还贷能力的问题，因此更愿意将钱贷给农村的富农而不是急需贷款扶持的贫农；此外，将贷款用于他途的做法在印度相当普遍，一些获得贷款的农户将钱用于还债、婚丧嫁娶，甚至转手变为发放高利贷的资金。以上情况使得中央政府改善民生的良好愿望落空。

其次，推行地方自治是印度式民主的追求。印度自诩为世界上最大的民主国家。然而，如果将目光从中央移到广大农村，就会立即发现印度民主的不足。印度的民主基本上是上层精英享有的特权。普通农村老百姓有选举权，但所要选的人并不一定能代表自己的利益；言论自由只对上层精英有意义，居住在广大穷乡僻壤的农民的声音无法被人倾听；法律面前人人平等固然是公认的准则，但农民缺乏财力付诸法律手段解决问题，而且即使付出金钱也不一定能解决问题。印度法院的积案之多闻名于世。长期以来，印度的民主实质上是一种精英的民主。

不过，应该看到印度民主的进程是在不断推进的。这同独立几十年来印度社会，尤其是农村社会结构的变迁有关。独立之初，印度农村受控于大地主，他们凭借自己传统的政治、经济与文化资源优势实行对村庄的支配，害怕推行潘查亚特制度会损害自己的利益。随着柴明达尔制度的废除和绿色革命进程，不生活在乡村的大地主在农村中的影响受到削弱，他们或者出卖土地，或者转营工商业，或者谋求一官半职。取代他们填补农村权力真空的是中等农民阶层。他们在土地改革中获取了更多土地，凭借自己的经验与资金优势在绿色革命中获得发展。其亲属以及自身多受过教育，因此他们有一个关系网，能及时获取各种信息，越来越具有争取自己权利的意识。对他们而言，获得参与中央和邦一级事务的政治权力可能尚不现实，而参与县、区（乡）、村的事务不仅可能，而且十分必要。一个社会的稳定和活力不在于消除精英与非精英的差别，而在于要保持自下而上的流动渠道的畅通，只要社会上存在流动的机会与可能，一个原处于社会底层的人能够通过自身奋斗，进入更高的层次，改善自己的生活状况，那么人们对该社会就会存在信心，社会也就有活力。另外，印度社会长期受种姓制度的制约，这种由出身决定身份的制度妨碍了社会流动，因而在外人眼中，传统印度社会缺乏创新的活力。独立后，印度政府宣布歧视贱民为违法行为，并为表列种姓和表列部落提供各种扶助政策。这些政策的实行虽不足以造成一场社会革命，但对这些阶层的政治意识觉醒起了推动作用，也促使这些阶层中涌现出一大批精英人物。

总之，越来越多的印度人意识到自己的权利。他们不再只是选举要他们选的人，而是要选能代表自己利益的人；他们不再只是受众，而是要发出自己的声音。来自底层的精英们要分享政治权力，就需要为他们提供施展抱负的空间和舞台。在此意义上，县、乡、村潘查亚特组织建设正当其时。

最后，印度 90 年代潘查亚特制度建设还受到国际大气候变动的影响。众所周知，80 年代末 90 年代初东欧剧变发生。印度尽管自诩为民主国家，但没有像一些西方国家那样幸灾乐祸，相反却感受到危机，并进行深刻反思。因为独立以来，印度在经济上是模仿苏联的计划经济，政治上的联邦制同苏联具有许多相似之处。苏联的解体为印度敲响了警钟。印度各界逐渐在通过改革来消除印度面临的经济和政治危机这一点上达成共识，这便是在经济上放弃"计划经济"思维，采取"自由化"经济发展模式；在政治上，则加快推行以权力下放为主要特征的潘查亚特制度建设。

无论是经济自由化还是政府权力下放都是一种意识形态的重大转变。独立之初，印度国家领导人认为要摆脱落后挨打的状态，必须尽快工业化，而且工业化不能再走西方之路。他们向往苏联的工业化模式，通过中央计划推行工业化的目标。印度同苏联一样，国内存在众多民族，苏联联邦模式既保证中央对地方的控制，又有效获得地方对中央的认同，这曾让许多印度政治家羡慕不已。因此，计划经济和中央集权的联邦制是独立后印度政治经济的两大支柱。但是，到了 80 年代，越来越多的人对计划经济的现状与前景感到不满与担忧，他们越来越多地认识到许多弊端例如低效、权力寻租式的腐败都是权力过分集中造成的。

另外，印度的联邦制并没有很好地解决地方分离主义问题。苏东的经历提供了横向的比较，而印度自身的经历则提供纵向经验。早在 50 年代就有学者预言印度巴尔干化的危险，然而这种危险并没有成为现实，其中很大的原因在于印度中央政府在解决地方分离主义的挑战时，不是简单地使用强硬措施，而是使用分化瓦解的手段。如 50 年代印度南方地区因强制推行印地语问题出现分离主义运动，分离主义势力扬言要建立独立的达罗毗荼斯坦。印度中央政府采取建立语言邦的方法，将南方地区变为泰米尔纳杜、卡纳塔克、安得拉、喀拉拉四个语言邦，这些地区的政治激进分子随即忙于争夺这些邦中的权力。从此，达罗毗荼运动销声匿迹，不再对印度的统一形成威胁。印度的政治家们也期待着，一旦潘查亚特制度建立起来，各地的政治精英分子会忙于在地方政治舞台上活动，各邦难以形成一致的政治力量，来挑战中央政府的权威，这样可以避免重蹈东欧国家和苏联的覆辙。这让我们回想起当年英国殖民者为了应付印度风起云涌的民族主义运动，打出政治改革的旗号，在 30 年代推行建立中央与邦二元政府的做法。因此，90 年代印度政府进一步以三级政府来代替两级政府的体制，既有受分权理念影响的因素，也有防止地方分离主义势力坐大、维护印度统一的考量。

三、潘查亚特制度建设进展缓慢的原因

　　可以说，潘查亚特制度设计在理论上没有明显缺陷，但实行起来却异常艰难。在第 73 次宪法修正案通过前的几十年中及其通过后的十余年中，情况没有太大的变化。根据研究者们的分析，潘查亚特制度建设中经常遇到以下方面的困难。

　　首先是资金方面的困难。建立和完善县、区（乡）、村三级政权组织需要大量的资金投入。按照每个村级潘查亚特有 5—10 名成员、区（乡）级有 15—20 名成员、县一级有近 40 名成员的标准，全国各级潘查亚特成员加在一起会是个庞大的数字。即使不给他们

每人发工资，也总要给他们一定的补贴和活动经费。[1] 可能花费更多的是一些与发展项目有关的投入。没有发展项目，潘查亚特就如同没有了灵魂。这些钱很大程度上要靠中央和各邦政府的拨款。印度在 90 年代曾面临严重的财政危机，近些年经济虽然加速发展，但要完全靠拨款解决仍有很大难度。而要靠地方自行征收税费加以解决也存在两方面的问题：一是涉及同中央与邦税源分割的问题，二是增加新的摊派会加剧地方社会的矛盾。比如旁遮普邦曾想通过征收房屋费来解决，结果阻力重重，难以实施。[2] 西孟加拉邦按照土地占有面积和财产数量征收税款，引起有钱人的不满和对抗。[3]

其次，邦政府在潘查亚特组织建设中起关键作用，但却往往态度消极。邦一级政府领导人已习惯于干预并决定纯粹属于地方的事务，不愿放弃所有与之相关的权力。[4] 而对于官僚体制中的官僚而言，他们将潘查亚特制度看作是对自己地位和事业前途的威胁。潘查亚特制度建立，意味着相当一部分的邦一级政府的功能和作用要下放给潘查亚特，邦一级的政府官员数量要相应削减。并且在邦一级政府工作的官员不再仅仅对上级主管部门负责，而是要同时接受各级潘查亚特的监督和评价。地方官员与民选的潘查亚特成员之间必然要有一个磨合的过程，难免产生冲突。职业官员大多受过良好教育，具有专门的技术技能，而潘查亚特成员大多属于政治活动分

1　如在喀拉拉邦，村潘查亚特主席每月补贴 3500 卢比，外出参加会议也有补贴。参见 "Local Governance without Capacity Building：Ten Years of Panchayati Raj"，p. 2831。

2　*Local Self-government in India*，Delhi Surjeet Book，1993，p. 105.

3　*Power Politics and Rural Development*，p. 213.

4　有关邦政府在潘查亚特制度建设中的消极态度，几乎被所有讨论印度潘查亚特制度的文章和著作一再提及。

子，他们在决策和处理问题时，考虑更多的是地方利益之间的平衡，而相应地将效率与职业操守放在次要地位。官员们看不起地方潘查亚特成员，后者则指责前者漠视地方社区的利益，双方之间的摩擦经常发生。官员们普遍不愿将自己的人事关系下放到地方，他们愿意归属于各自原来的部门。比如说一位电力部门的官员当然希望自己是一名单纯的电力部门的官员，能够充分享受电力部门的种种好处。一旦自己被迫在或退休或服从调动成为地方潘查亚特政府中的一名职员之间做出选择，他就会做出激烈反应。这些官员也都有自己的工会组织，他们的反应不会只是个人的行为。而邦政府又往往以"维护社会和谐"为借口，暂时中止改制的过程。因此，实行潘查亚特制度十余年来，邦政府的机构和人员规模不仅没有缩减，反而继续扩大。荷兰学者李顿教授因而说："经验表明，潘查亚特的制度化完全取决于邦政府，宪法修正案通过前是这样，通过后也还是这样，潘查亚特是否能成为第三级政府很大程度上取决于各个邦政府推动分权化的意愿和能力。"另一位印度研究者也认为：最终的事实是，无论有关潘查亚特的立法是多么的明智和完善，邦政府不会自愿地将有效的政府权力下放给潘查亚特。只有当存在巨大的、持续的、来自下面的压力时，他们才会这样做，不幸的是，在任何邦里，都不存在这样做的动力。[1]

最后，广大民众参与热情不高。不是所有人都认识到了潘查亚特制度建设的重要性与紧迫性。相当多的人，包括普通老百姓对潘

---

1 Buddahadeb Ghosh, Girish Kumar, *State Politics and Panchayats in India*, Delhi Manohar, 2003, p. 12; K. S. Krishnaswany, "For Panchayats to the Down is Not Yet", *Economic and Political Weekly*, Vol. XXVIII, No. 41, October 9, 1993, p. 2186.

查亚特的发展存在种种疑虑和担心，有些担心不能说没有道理。比如，潘查亚特制度被设计为更能代表民众的利益，并可克服官僚制度的种种弊病，但它毕竟是一级政府，不是非政府组织，即使是非政府组织，有谁能肯定它就必然为当地人的利益服务。[1] 再有，早先人们担心地方权贵可能利用潘查亚特来为他们服务，这种可能性没有完全消失，对有些邦的调查表明，潘查亚特的主席几乎毫无例外地是拥有大量土地的人，[2] 这种状况，又怎能保证当年安贝德卡尔所担心的事不发生，他担心地方上的高级种姓把持潘查亚特欺压贱民。还有，中央给地方放权，但中央可能借机放弃原先对地方发展的种种扶助，老百姓可能尚未享受到分权带来的好处，却要先失去原先来自中央和邦政府的资助。还有人怀疑地方自治政府是否比中央和邦直接治理更有效率，担心该制度的推行会加剧地方上的党派争斗，不利于社会发展。

以上原因，使得第 73 次修正案成为自上而下的一种政治改革努力，它目前主要在知识界得到热烈的反响，而广大的农村民众普遍缺乏热情。

同时，潘查亚特制度本身有一个不断完善的过程。被选入各级潘查亚特的成员对潘查亚特的功能、作用，权利和义务，自己如何服务，如何提高自己的参政议政的能力等，有一个培训和锻炼的过程。比如，按规定，潘查亚特内必须有三分之一的代表是女性。这些女性代表原先多为家庭妇女，缺乏在大庭广众下参政议政的勇气与毅力，她们之所以当选很大程度上是由于其丈夫、父亲或兄弟的

---

1 *Power Politics and Rural Development*, p. 25.

2 "Local Governance without Capacity Building: Ten Years of Panchayati Raj", p. 2831.

鼓励、支持及影响力。她们要靠家庭成员读报纸文件了解国家和地方事务，靠他们出主意。[1]潘查亚特的成员需要一定的时间去接受培训与实践的磨炼以促进能力的养成和提高。

　　综上所述，第 73 次宪法修正案的通过，说明印度政府高层和知识精英认识到了建立地方自治政府组织的重要性和紧迫性，建立和完善潘查亚特制度已是印度政治改革的重大课题，改革的方向不可能变更，但由于以上的困难、障碍与阻力，该过程也将是缓慢的。一篇登载在《经济与政治周刊》上的文章因而得出这样的结论："潘查亚特的黎明尚未到来。"[2]

1　"Local Governance without Capacity Building：Ten Years of Panchayati Raj"，p. 2822.

2　"For Panchayats to the Down is Not Yet"，p. 2186.

附："内人"与"外人"——在中印农村做田野工作的经历与反思

　　田野工作（fieldwork）与档案工作（archive）是社会科学工作者从事研究时所使用的最常见的两种方法。大而言之，田野工作也称实地调查，它面对的是人；而档案工作所接触的是文献、典籍和各种文字材料。人自身有思想意识和文化背景，故同为人的田野工作者和田野工作对象间就会产生身份认定问题，在档案工作中则不存在这种问题，或者说这一问题在依靠档案资料做研究的学者中不是直接存在的。当一个田野工作者来到他所要研究的社区时，他在身份上可能出现的无非是两种情况，一种是他自己就来自那一社区，在那里出生、长大，甚至至今仍生活在那里；另一种情况则是那一社区对他来说是完全陌生的环境，他在那里没有亲戚朋友，不知当地的方言习俗，他还可能完全是一个外国人。印度的社会学家们称前一种人为"内人"（insider），后一种人为"外人"（outsider）。

　　最初的田野工作者实际上是不存在"内人"与"外人"之分的。田野工作的研究方法原本为文化人类学者所专有，而文化人类学又是西方人对非西方社会文化研究的代名词，所以最初的文化人类学者几乎是清一色的西方人，他们研究的对象——田野工作的场所也完全在别人的土地上，他们的身份自然不同于当地人。在相当长的时间里，许多西方人认为只有他们能对东方土著进行人类学的研究。但是，二战后，原殖民地和半殖民地国家相继获得独立，一大批第三世界国家自己的社会学家和人类学家日益成长起来，他们对自己的社会和文化进行了大量卓有成效的研究。在这种形势下，绝大多数的西方学者不再怀疑本地人研究自己社会文化的可能性和必要性，实际上，越来越多的西方人类学家也开始研究自己的社会文化。因此，现在，文化人类学早已不为西方人所垄断，文化人类学也不应定义为西方人对非西方社会文化的研究，西方人继续在东方社会做田野工作，同时也在自己的社会做这项工作；而东方学者在自己的社会做人类学研究的同时，也已有人将自己研究的田野扩展到西方。田野工作中的"内人"与"外人"的身份定位问题显得更加突出。

尽管当今世界已很少有人敢于公开地否定东方人对自己社会文化的研究，同时也很少有人否认田野工作者自身的身份对田野工作的影响；但是，这种由个人的自身生活经历界定的"内人"与"外人"的身份在田野工作中究竟会有什么影响却较少有人进行探讨。1992 年和 1993 年，我荣幸地得到了在中印农村做田野工作的机会，在中国，田野工作的地点是我的家乡，印度对我来说是国外，我因而难得地分别扮演了一次"内人"与"外人"的角色。本文试图基于我在中印农村做田野工作的经历，就田野工作者的身份与田野工作之间的关系问题谈一些粗浅体会，以此就教于专家学者。

一

1992 年初，我回到了自己的家乡 X 村——位于福建北部闽江边的一个村庄。田野工作的内容早就设计好，调查自 1840 年以来担任该村领导的是哪些人，他们依靠什么政治资源上台，在村子中如何行使他们的权力，如何扮演村子与国家的中间人角色，最后，他们的所作所为对该村的历史演变产生了什么影响。这是个历史学与社会学相交叉的题目，所以我既要做档案材料的收集整理工作，同时也要进行实地调查，而且后者更为重要，因为有关一个村庄的文字材料毕竟是有限的，大量的材料要靠实地访谈那些健在的知情的村民们。

我回到家乡时，该村刚经历过一场变动，在 1991 年底的村委会换届选举中，原村委会主任落选，被一位年轻人取代。原村委会主任名朱三（化名），"文革"前担任村团支部书记，"文革"时当过红卫兵组织的头头，后来一度沉寂，改革开放后又重新活跃起来，从 1987 年起任村委会主任。任职期间，他充分施展了自己的政治才能，村里的各项工作都抓得有声有色，X 村成了先进村，他本人也被评为市一级的优秀共产党员，镇领导希望他能连选连任。同他竞选的年轻人名李四（化名），曾是一位回乡高中生，他在当地的名望远不如朱三，改革前因对某些大小队领导不满，说了些错话，做过些错事，曾被批判过，改革后，他将自己在学校学的知识运用于农作物栽培，成了村里先富起来的人。为什么年轻的李四能战胜政治经验丰富的朱三，大多数村民为何将票投向李四而不是朱三就成了我在 X 村田野工作的起点。

问题很快就弄清了。由于该村是我的家乡，1966 年"文化大革命"爆发后，我从学校回到家乡参加了当地的红卫兵组织，以后又在当地插队和工作，直到 1978 年考入北京大学后才离开那里，所以村里人大多认识我，他们能叫出我的名字，在私下背地里谈论我时往往称呼我为村里某某人的儿子，这是当地人的习惯，也以此来表示我同村子的关系。所以我很快通过访谈弄清了村民们为什么反对朱三而选李四。村民们对朱三的不满主要在两方面，一是朱让自己的儿子负责选择村里最大的工程——大礼堂的承包方，村民们怀疑他可能借此中饱私囊；二是朱在任职期间以解决村财政困难为由，将已分配给村民们的土地收回，侵犯了村民的利益。李四则宣称如果群众选他当村主任的话，他将立即停建大礼堂，用该笔款项建十个养猪场，养猪场本村的泥瓦匠和木匠就能建，无须请外边的建筑公司，这就为本村人提供了一些就业机会，更重要的是盖礼堂不能产生经济效益，养猪却能增加村子的集体收入。李四的竞选纲领既攻击了朱三的弱点，又赢得了群众的心，所以获得了选举的胜利。

对村委会选举结果的调查似乎已得到圆满的答案，但田野工作自身却存在着巨大的缺陷，这就是我访谈了许多人，却一直没去访谈当事人朱三自己。我没访谈朱三是有原因的，在"文革"时，我与朱三分属两个对立的红卫兵组织，这两个组织相互争权，直至发展到武斗大打出手，积怨很深，成员平时见面都不打招呼。这种隔阂使我在该不该去访谈他时犹豫再三，担心他刚经历过一场政治挫折，在这种时候去找他让他谈自己的失败，等于去揭他的伤疤，他能理解我的工作、接纳我吗？但如我不去找他，我的田野工作就有很大的缺陷，他毕竟是该村政治舞台上的一位重要人物，这成了我在田野工作中遇到的第一个难题。

想不到这个难题在一个清晨不知不觉地解决了。那天，我在村路上散步时，看到他正站在路旁，我有意识朝他微笑了一下，随后朝他扬起手，他几乎同时对我做出同样的反应，并朝我走来，双方的手握在了一起，我们交谈了起来。

"你什么时候回来的，有好些年没回来了吧？"

"我回来已一个多月了。"

"这次怎么待得这么久？"

"我想写一本关于我们村历史的书，要将百余年来村里的大人物都写进去，其中也有你。"

"我可不是什么大人物，不过，我可以帮助你，我帮你找些老人开座谈会。时间过得真快，'文革'都过去二十多年了。"

"是呀，当时才十几岁，做了不少蠢事。"

"那时大家都疯了。不过，现在我同你那帮人的关系都非常好，你恐怕不知道吧。'文革'毕竟是过去的事了，而且，那时大家为谁是真正的革命造反派争得面红耳赤，现在回想起来都有些好笑。"

在融洽的气氛中我们约定了访谈的时间。

也许，我同朱三的个人历史恩怨尚不足以妨碍我同他的访谈，毕竟我们之间没有深仇大恨，双方只要跨出那一步就行，但是，一些牵扯到家族间矛盾的事就难办得多。我家虽算不上当地的望族，但在村中也已居住了五代人，有百余年，难免同村中某些家族发生矛盾，其中同丁五（化名）一家矛盾较深。

丁五是个 80 岁左右的老人，中华人民共和国成立前在镇政府任过职，深深卷入当时的地方政治，是当时地方上的一位权势人物，那一时代的老人大多已去世了，欲了解那个时代当地的政治和历史，他无疑能提供极有价值的材料。但我家同丁五一家以前就不和，后来丁五被定为小业主兼地主，还有在国民党政府任职这一历史污点，我家则是翻身户，两家的隔阂就更深了。更严重的是，改革开放后，为了房产问题，两家对簿公堂，双方对判决都不满。在农村，打官司是撕破脸的事，不经过岁月的冲刷，双方的家庭成员相互之间是很难重新交往的。

同朱三的顺利访谈激励我去解决这道难题，我下决心要访谈丁五，无论遇到多大的阻力。丁五在镇上开了间小杂货铺，卖些火柴、蜡烛、鞭炮之类的小商品。一天早上，我走进他的小店，直截了当地说明来意：“我这次回乡想写一本关于家乡的书，在我的采访中，人们多次谈到你，为了使书写得更公正，我想请你谈谈有关你的事情。”

他几乎没做任何犹豫就接受了我的提议，小店人来客往不好交谈，他建议到他家去，半路上他突然改变主意，说家里太乱，显然他意识到让我去他家会对双方家庭产生太大冲击。正好路边有个饭馆，我们找了个雅间，谈了两小时。雅间很静，面对一个白发苍苍的老人，听他回忆过去的岁月，原有的紧张与担忧消失了，我的心情像以往访谈其他人时一样平静，我把丁五看作是我的访谈对象，丁五好像在为自己的一生做最后结论，既严肃又认真，我们二人家族之间的隔阂被搁置了起来，至少在那个早晨是这样。

与朱三和丁五的成功访谈成了我在 X 村田野工作非常有价值的部分，在近一年的时间里，我访谈了几乎所有我要找的人，搜集到了足够的材料，带着满意和喜悦的心情离开了 X 村。

二

完成了在中国 X 村的实地调查后，我即着手准备前往印度，申请签证和研究资金花了大半年时间，1993 年 9 月底，我终于如愿以偿乘坐飞机到达印度南部喀拉拉邦首府特里凡德琅。

特里凡德琅有个发展研究中心，该中心挂靠于尼赫鲁大学，它的整个园区与楼群由联合国教科文组织出资修建，图书资料以及电脑电视设备花的也是联合国的钱。它除了承担科研与培养硕士生和博士生的任务外，还承担由联合国委托的培训第三世界研究发展问题的人才的任务，我国也曾派出一些年轻学者在这里进修过。我之所以落脚于该所是因为我的一位师兄卡南博士在这里当教授，我们都师出于荷兰布雷曼教授的门下，布雷曼教授拜托他帮助我在印度的田野工作。

凭借来自联合国的雄厚财力支援，该所购买了大量的有关发展问题研究的学术著作，订有数百种的国内外报纸杂志，尤其令我感兴趣的是该所收集的有关喀拉拉邦的各种资料非常齐全，从 20 世纪初的政府公报到最近的人口普查，以及各种有关社会经济的统计材料。书库内备有桌椅，图书资料全部开架，读者可以随意在书库内取阅。我最初的两星期都泡在了图书馆里，在取得有关喀拉拉邦情况的基本材料后，我很快对图书馆产生了厌倦，印度南部的气温很高，没有空调的书库像个蒸笼，令人昏昏欲睡。我不断地催促卡南教授为我选定田野工作的地点和助手。

天遂人愿，我到印度后不久，正赶上全印潘查亚特讨论会在该所召开。潘查亚特正是我到印度来要研究的题目。经卡南教授的介绍，我认识了出席会议的一名代表比莱。比莱 40 余岁，受过大学教育，在印度海军服过役，退役后在新加坡生活过，访问过中国，前些年回到印度，加入了印共（马）。他因为是喀拉拉邦一个村庄的潘查亚特成员，而且对该问题有研究，所以被邀请参加了会议。相似的年龄和教育背景以及对马克思主义的共同信仰使我们很快熟络起来，他很愉快地接受了我的提议，当我田野工作的助手。

在比莱的安排下，印共（马）元老南布迪里巴德先生接受了我的采访，回答了我提出的一些问题。之后，喀拉拉邦发行量最大的《祖国报》记者采访我，将我的照片与简历登在该报的周末版上，从那以后，我走在特里凡德琅的大街上时会有人认出我，在这印度的极南端，黑头发黄皮肤的中国人毕竟屈指可数。

比莱陪同我访问了一些有代表性的家庭，参加了一些群众集会，使我增加了对当地社会的一些感性认识。一天，比莱开着自己的小汽车把我拉到了他的家乡 P 村，一个离邦首府约 40 公里的村庄，它坐落于西高止山山脚下，风景如画，政府在此建有供官员避暑和召开会议的招待所。那天的日程安排得满满当当：访谈了村长，一个老共产党员；参加了一场追悼会（因村长那天在追悼会会场）；与比莱的岳父、一位地主交谈；与村中印共（马）的积极分子们在一个小茶店聚会。临别时，我向村长表示想在该村做一段田野工作，能否住在村招待所。村长表示欢迎，但招待所为政府所办，他需征求政府的意见再答复我。

几天后，比莱给我带来了好消息，村长已同招待所联系好，同意我住在那里。我与比莱约好在下星期三他开车送我去。这一消息使我兴奋不已，中印两国同是历史悠久、人口众多的发展中国家，具有相同的历史命运，两国之间可相互借鉴学习的地方很多。一千多年前我国的高僧法显和玄奘就曾到过印度学习佛教，印度的僧侣也到中国来，但遗憾的是自那以后两国之间的交流并没多大的发展，直到今天，两国人民仍主要通过西方媒体来了解对方。一个最典型的例子是，大批研究中国问题的印度学者主要依靠西方出版的英文著作来观察中国，中国的有关印度问题研究的论文使用的也是西方的第二手甚至第三手材料，两国都同样缺乏对对方的第一手的深入研究。两国的有识之士都已认识到这一点，在印度的日子里，不少学者对我说，中印两国学者应加强交流，建立起我们自己的社会科学，不能老是跟在西方人背后跑。正由于此，我在印度亲身感到印度人民对中国人民的巨大期待与友谊，接受过许许多多印度人的帮助。如果我能在 P 村住下来，完成我在印度做田野工作的计划，这不仅将是我学术生涯中最有意义的篇章，也是中印两国学者合作科研史上有意义的一页，我怎能不高兴呢！

星期三那天我一早就打点好行装等待比莱的到来，但直到下午四时，仍不见他的踪影，我忍耐不住跑到外边去打听，没有结果。当我回到卧室时，发现门边有一纸条，上写短短几行字："王：你在 P 村的住宿问题仍没解决，明天我再与你联系。比莱。"第二天，比莱来了，他说政府官员不批准我住在 P 村，在印度，村长的权力有限，一切由地方官员说了算，事情变化得太突然了，刚打开的大门突然被关上了。我决定不再麻烦比莱，自己去找有关部门交涉，弄清事情的原委。

我找到公共汽车站，正赶上全邦公汽工人罢工。罢工为私营汽车运营提供了机会，各种私营汽车争相在路边拉客，我看到了在印度电影电视中常见的印度特色交通，车顶上坐着人，车门边站着人，车尾部附着人，整个车身严重地倾斜却仍在路上开。坐着这种车，我找到了负责村子治安的警察局。一个身背步枪的警察守在门边，枪上亮晃晃的刺刀闪耀着权力的威严。说明来意后，我被告知在门外等候，门外已有一堆印度人，他们也在等候传唤。印度人一一地进去，又一一地走了。直到下午，我被告知今天已不行了，让我下星期一再来。

星期一，罢工还在继续，我坐着同样的车又到了警察局，警察又让我等着。这次警察局外很热闹，罢工工人在不远处搭起帐篷，他们先在帐篷内开会，后来又游行，领头呼口号的正是与我一道喝过茶的一位印共（马）积极分子。下午三四点钟，我终于被领进了警察局长的办公室。警察局长很年轻，他先例行公事地问了我的姓名、国籍、家庭及来印目的等一大堆问题。问完后，他的脸上露出一点笑容说："我希望你能理解我的工作。"我立即接上："我也希望你能理解我的工作。"我们都笑了起来。末了，他说："你下星期一来，我们给你找住的地方，不过条件比较简陋，你不会在意吧？"

又是星期一，第三次到警察局，被告知局长今天有事不在，我愤怒地告诉他们，上次局长已答应帮助安排住宿，我今天无论如何不走了，你们看着办吧。接待我的警察经过一番请示后，带我到了一个小旅馆，开了一间房，房中除了几块床板外，一无所有，门外是露天厕所，难闻的异味直往屋里灌，真难为他们为我找到这么一个地方。我还被告知，该旅馆不供饭不供水，附近也没饭馆。我问陪同我的警察，如果让他住在这里，愿意吗？他大笑起来，当然不。随即我离开了旅馆。

在旅馆门口，我遇到了那位印共（马）的积极分子。他对我说的一番话令我大吃一惊，他说："王同志，你怎么老往警察局跑？你应该依靠我们的同志，我们可以帮助你。你是否真的信仰马克思主义？"我再三向他解释作为一个外国人在印度活动必须获得当地政府的同意，他似乎不能谅解。

我在印度的田野工作尚未真正开始便画上了句号。

三

1992 年和 1993 年我在中印两国做田野工作的经历使我对有关田野工作者在田野工作中的"内人"与"外人"的身份问题产生了如下的想法：

首先，"内人"与"外人"在田野工作中各具自身的优势，他们的工作并不相互排斥，而是相互补充。"内人"熟悉本地的风土人情，没有语言障碍，能够调动他在本地已有的各种社会资源，其工作也较易得到当地政府和人民的理解和尊重；但"内人"在研究中可能自觉或不自觉地受各种思维定式的影响，会因为同当地社区不同社会集团之间关系的亲疏远近和历史恩怨而影响田野工作的公正和可信原则，还可能为了保护当地信息提供者，不得不有意地掩盖某些事实真相。"外人"恰恰相反，"外人"可以从一种不同的文化视野来观察当地人的生活，他可以以平等自然的心态同当地各种人接触，他可以坦然地公布自己的考察结果；但"外人"由于语言障碍和文化隔阂，无法像"内人"那样融入当地之中，他所观察到的现象难免有局限性，所做的分析往往显得片面。以上因素使得"内人"与"外人"的田野工作显得同样重要。

其次，"内人"与"外人"的区分并不是绝对的，同 100 年前相比，20 世纪末的世界已发生了巨大的变化，全球一体化的步伐在加快，原有的社区界限正被逐渐打破，地球上不同地区人的交往日益频繁，未来地球村的实现不再是梦想。"内人"与"外人"的区分也因此发生变化，今天 X 村的年轻人 80% 以上在外地打工，我自己早就在北京安家，X 村的村民们已把我当作客人，而不是村子的成员，不管愿意与否，我与村民间已经存在距离，在田野工作中，我可能会同情某些人，反感另一些人，但我不会过深地卷入当地的纷争，这是田野工作者身份对我的要求，对 X 村村民们来说，我实际上成了"外人"。相反，在异国他乡的印度，我没有获得"外人"的身份，印共（马）的党员将我当作同志，地方官员对我则深怀戒心。同其他社会一样，印度农村中也存在着阶级矛盾，不同政治集团间的斗争十分激烈，六七十年代时，造反的农民曾将四个地主的头砍下挂在 P 村的电线杆子上，国大党政府则对共产党人举起了屠刀，至今共产党与国大党形同水火。出于意识形态的原因，一个来自中国的田野工作者就不可能被当作"外人"。

总之，无论是被当作"内人"，还是被当作"外人"，都不是田野工作者最想得到的身份认定，他希望得到的是对他工作的理解和尊重，即把他当作真正的田野工作者，让他参与当地的各项活动，不对他抱有戒心或过分的期待。这在目前还只能是一种美好的愿望，田野工作者"内人"与"外人"的不同身份问题仍将存在下去，对田野工作产生影响。

第二章　精英与大众

◎　印度现代化进程中的知识分子

◎　20世纪亚洲文化重建中的知识精英与农民群众——中印比较视角

◎　独立以来印度政治变迁中的「精英」与「大众」

印度会崛起吗？

印度现代化进程中的知识分子

在本文开始之前，有必要先对现代化和知识分子两个概念作些说明。现代化意指从农业社会向现代工业社会的历史性变迁过程。在印度，这一变化过程开始于英国人统治时期，所以应将英国统治印度以来的印度近现代史整个地放到印度现代化历史进程中加以考察。

知识分子可分为广义和狭义两种：狭义上的知识分子仅指那些从事文化、知识活动的人，如学者、律师、教师、作家、艺术家等；广义上的知识分子所包含的对象则广泛得多，它不仅包括前者，而且还包括政府机构的官员和职员，企业中的经营、管理人员，工程技术人员等，即所有那些受过高等教育、依靠自身的知识技能从事脑力劳动的人。本文所聚焦的是广义上的知识分子阶层。

毫无疑问，印度知识分子在印度现代化历史进程中具有特殊的重要性。这一社会阶层在近两百年漫长的历史时期内扮演了什么角色？他们是如何在印度的现代化进程中发挥作用的？在印度社会变迁中，他们自身在各个时期有何变化，其未来前景又如何？这些就是本文试图加以探讨的问题。

一、西化与梵化：印度知识分子在社会变动中的自我调适

知识分子的产生远远早于现代化历史进程，它是人类社会脑力劳动和体力劳动大分工的结果。早在资本主义社会出现以前，几乎所有国家都有自己的知识分子阶层，教会祭司、宫廷中的专业官员、江湖上的行吟诗人、术士都可纳入这一社会阶层。他们不会行军作战，也不会经商、做工和种田，他们依靠自己具有的文化知识谋生。这种人虽人数不多，但为社会所必不可少。由于各国国情不同，各国知识分子在其社会中的地位与作用不尽相同，他们因而也形成各自一些不同的特点。

印度传统社会中的知识分子具有以下几方面突出的特点：

首先，印度传统的知识分子主要来自印度最高种姓——婆罗门。种姓制度严格禁止低种姓逾越到高一级种姓，因而在理论上，一个低种姓出身的人是无法进入知识分子阶层的。另外，传播知识的语言文字是梵文，十分艰深难懂，加上缺少纸张，知识的传播大多靠口耳相传，这就堵死了其他种姓企图通过掌握知识而跻身知识分子行列之路。因此，印度传统知识分子具有很强的种姓排斥性。

其次，印度传统知识分子有极强的社会优越感，他们不仅轻视从事体力劳动的一般老百姓，也敢于蔑视那些权倾天下的帝王和家产万贯的富商。他们这种自傲心理来自种姓制度和印度宗教，印度人普遍崇奉精神生活高于物质生活，精神力量强于物质力量，人们追求的不是现世的荣华富贵，而是来世的解脱。一个真正的婆罗门

知识分子往往笃信精神生活的法则，并严格地身体力行，因而得到印度人民的尊敬与爱戴。婆罗门知识分子这种优越感还来自他们在经济上的独立性，他们虽不从事生产劳动，却受到村社的供养，这样，他们无须仰仗世俗权力；相反，世俗权力时常求助于他们。所以，印度历史上不曾有过焚书坑儒的故事，也没有过文字狱，反而是帝王和商人对婆罗门的大量捐赠屡见不鲜。

最后，印度传统知识分子所拥有的知识主要是有关宗教的，他们一般从事对古代宗教经典的诠释工作。宗教的基本教义不容怀疑，但允许进行不同的解释，允许进行辩论，由于世俗权力不能干预学术活动，因而印度的学术传统比起其他国家是相当自由和宽容的。老师与学生的关系相当友好和平等，老师往往不收费，而且常让学生住在自己家里，免费提供食宿。老师鼓励学生超过自己，并以培养出比自己强的学生而自豪。[1] 唐玄奘当年在那烂陀大会辩论获胜的故事不应简单地归因为玄奘本人的聪敏与勤奋，更应看作古代印度学术宽容的形象写照。

种姓身份的排他性、社会地位上的优越感、知识追求上的自由与宽容，印度知识分子这些特点一直持续到英国统治印度时期，也或多或少地影响到今天的印度知识分子。

自 1757 年普拉西战役后，英国人开始统治印度，英国人给印度社会带来的变化是多方面的，其中最重要的是英国人破坏了印度传统的农村公社。从 18 世纪末起，英国人陆续在印度实行柴明达尔和莱特瓦尔地税改革，其结果是将西式的土地私有制引进到印度，

1　传统印度知识分子的特点主要参见 N. C. Chaudhuri, *The Intellectual in India*, Associated Publishing House, 1967.

昔日村社共有的土地变成可以私下买卖、转让的商品。村社土地制瓦解了，虽然许多婆罗门仍不劳而获地占有农民的劳动果实，但其凭借的是土地所有者而非种姓的身份。种姓身份是永恒的，土地所有者的身份则是可以变更的，一旦失去土地，婆罗门就无法从农民那里得到生活来源。多子平分制和频繁的土地买卖，加上婆罗门不善也不愿经营土地，一些婆罗门家庭的破落是必然之趋势，他们不得不寻求新的出路。

在英国统治下，印度知识分子传统的优越感也面临严重的挑战。英国人不同于印度历史上的其他入侵者，他们不承认种姓制度的合法性，不信奉印度的宗教，对印度文明深怀轻视之心。这些经过资产阶级革命洗礼的入侵者，虽从不认为自己与印度人应平起平坐，却主张所有印度人之间应该平等，所有印度人，无论婆罗门还是贱民，在英国人眼中，都是低于英国人的二等公民。

英国人最初是为了做生意来到印度的，他们不懂地方语言，无法直接同印度人做生意，很快一批操着印度腔英语的印度中间人出现了。随着英国正式统治印度次大陆，英国人更需要各式各样印度人为其统治服务，英印军队需要兵员，英印政府需要下级官员和办事员，新建的工厂和铁路、码头需要工人。印度不同于美洲殖民地，英国人有意限制西方人移民印度，[1] 因而对土著人才的需求更为迫切，在数量上也相当大。在这种背景下，一项培养一些印度人作为自己统治基础的政策出笼了，这最典型地反映在马考莱一段非常有名的话中："在英国人和被他们统治的亿万印度人中间造就一个中介阶

1　据 Misra《印度中产阶级》一书，1825 年印度有 2016 个欧洲人，其中 1595 人住在孟加拉，主要在加尔各答；马德拉斯有 116 人，孟买 236 人，其他地方只有 69 人。

层，这些人从血统和肤色说是印度人，但其趣味、观点、伦理道德和知识则是英国的。"[1]

如果说英国人统治印度，破坏农村公社，砸了一些婆罗门的铁饭碗，那么英国人设立一整套法律行政机构，开办学校，举办文官考试则给印度知识分子一条新的谋生之路。面对急剧变动的社会，绝大多数印度知识分子没有采取抗拒的态度，而是积极主动地调适自己，争取英国人提供的机会。在 19 世纪，那些进入西式学校就读或留洋的印度学生以及在印度各级政府任职的印度人绝大部分来自传统的印度知识分子家庭，正如印度社会学家斯里尼瓦斯所指出："直到第一次世界大战以前，在印度半岛各地（喀拉拉除外）的行政和自由职业界，都是婆罗门居统治地位。"[2]

在印度知识阶层的带领下，印度社会的西化之风日益盛行，从东海岸的孟加拉刮到西海岸，又从沿海地区蔓延渗透到印度内陆地区。有些人如拉·拉伊所形容："一时间，会英语的印度人以模仿主子为荣，他们穿西服、抽雪茄、叼烟斗、用刀叉、啃牛排，连房屋也按英国式样建造和摆设，他们憎恶印度人的一切，因自己英国化了而感到高人三尺。"[3]这种彻头彻尾的洋奴可能是少数，但崇英、崇西之风在印度知识分子中却是普遍的，连圣雄甘地当年也不例外，他坦率承认自己当年甘受被开除出种姓的处分而赴英留学的目的："如果我能到英国去，不仅能成为一名律师（这是我的平生夙愿），

1　B. B. Misra, *The Indian Middle Classes：Their Growth in Modern times*, Oxford University Press, 1961.

2　M. N. Srinivas, *Caste in Modern India and Other Essays*, Asia Publishing House, 1962, p. 22.

3　转引自林承节：《印度民族独立运动的兴起》，北京大学出版社 1984 年版，第 271 页。

而且能亲眼看看英国——这块产生无数哲学家、诗人的国土，这一文明的中心。"[1]到英国后，他总是西服革履，花钱请人教自己跳舞、学小提琴，注意力集中在如何使自己成为英国绅士式的人物上。

西化之风不仅在知识分子中盛行，那些同英国人做生意的印度商人，英印军队中的印度军官及士兵，甚至英国人家中的印度仆人，对西化也趋之若鹜。一般老百姓也由于在英国人开的工厂做工、上英国人办的医院就医、在英国人主持的法庭打官司等途径或多或少接触到一些西方文化。但以上这些人的西化仅仅是对英国人生活方式的简单模仿。只有知识分子阶层，由于通晓英语，通过阅读和学校中的系统学习，能够接触了解西方文明中一些更深层的东西，所以他们成为 19 世纪印度社会西化运动的先锋和骨干。

西化并不是印度人在 19 世纪社会大潮流中的唯一选择，能够同英国人接触，模仿英国人生活方式的印度人毕竟是少数，至于入西式学校学习，通过文官考试做官的印度人就更少。一些在商品经济活动中获益的社会阶层便寻求另一种方式来提升自己的社会地位。他们通过模仿比自己更高的种姓的生活方式，声称自己原本就属于更高种姓，期望能得到社会上其他种姓的承认，这种通过传统价值观念和生活方式来提高自己社会地位的做法被称为梵化。其结果，英国人虽不承认种姓制度，但种姓观念却借助于新的传播媒介、新的交通工具在印度次大陆更加强化了。为了争夺社会变动中产生的各种政治、经济利益，各种姓纷纷成立种姓协会、种姓团体。梵化虽不像西化那样引人注目，却比西化更能吸引一般群众。

1　M. K. Gandhi, *The Collected Works of Mahatma Gandhi*, Vol. I, Delhi, 1958—1959, p. 54.

值得注意的是西化知识分子对待梵化及传统价值观念的态度。在绝大多数情况下，印度知识分子往往在西化的同时固守自己的一些传统价值观念。大学里的物理系教授，可以一方面给学生讲授近代物理学，一方面相信占卜，挑黄道吉日出行。许多人在公众场合完全是西式作风，但一回到家就过上另一种传统的生活。许多国大党人在群众集会上可以大肆批判种姓观念，但私下却积极参加种姓组织活动。即使罗姆·摩罕·罗易这位伟大的印度思想家，至死也没摘下他身上标志婆罗门身份的圣线。

正是印度知识分子这种灵活态度，使他们在社会变动中能很好地调适自己，不仅成功地维护了自己在传统社会中的优越地位，而且从英国人的统治中获取了实际的政治经济利益。

二、从合作到不合作：印度知识分子在政治上的成长

印度西化知识分子与传统知识分子一个很大的不同点是，印度传统知识分子不关心世事，只追求个人精神道德上的自我完善，他们没有一种可以称之为印度民族感情的东西，也缺乏中国士大夫常有的"以天下为己任"的志向和抱负。在这一方面，西化知识分子则很不相同，他们吸收了西方近代文明所包含的民族主义、人道主义、理性主义等精神，认识到知识分子作为社会的良心，不应只关心自己，还应思考整个民族的前途与命运。他们深感自己在英国统治下作为二等公民的苦痛，但在19世纪，他们思考的不是如何去推翻英国人统治，而是深刻反省印度社会内在的种种弊病与弱点，主张推行一系列改革，以求印度民族的重新振兴。

罗姆·摩罕·罗易是公认的19世纪印度改革运动的先驱，他

率先在印度倡导进行宗教改革，也是第一个不顾种姓戒律到英国留学考察之人；他大力攻击当时社会上盛行的寡妇自焚、童婚、种姓隔离等陋习，也是他领导了第一个印度改革者同人团体——梵社。

在梵社之后，印度先后出现过祈祷社、圣社、罗摩克利希那传道会、神智学社等，这些组织从其名称上看便具有强烈的宗教改革的色彩。印度知识分子鼓吹宗教改革是为社会改革造舆论，这些组织也为社会改革做了大量的工作。

19 世纪先进的印度知识分子真诚地与英国人合作推进改革运动，他们高度评价英国统治带给印度的一些新事物，将这些看作是印度未来的希望。罗易因而祈求神，让"这种仁慈的统治在未来若干世纪继续下去"[1]。

印度知识分子对英国统治者的忠诚经受住了 1857 年印度民族起义的考验。当起义震撼印度、传遍欧洲时，印度知识分子却保持沉默，他们许多人虽同情起义者，但反对以武力推翻英国人统治。他们认为起义的原因是英国人的改革触犯了社会上一些旧势力的既得利益，比起受专制君主统治，他们宁愿英国人留在印度。

当然，印度知识分子阶层对英国统治者的忠诚还因为英国人的统治给他们带来的好处。他们中的一些人经济收入十分可观，可以坐专列出游，住在像宫殿一样豪华的住宅里，仆人成群，有些人连衣服都要送到巴黎去洗。有职业的印度知识分子生活水平远远高于印度其他阶层的人民。

英国人对印度知识分子的忠诚最初也不怀疑，当 19 世纪 80 年

1　《印度民族独立运动的兴起》，第 61 页。

代印度知识阶层酝酿成立全国性政治组织国大党（全称"印度国民大会党"）时，英国人并没反对，甚至一名原英国官员休姆积极参与了组织工作，并连任了几届国大党主席。政府官员不但出席国大党的成立大会，参加大会讨论，国大党成员还多次应邀出席英国达官显贵的聚会。

直至 19 世纪末，许多印度知识分子对英国统治阶级的忠心丝毫未减。1898 年，国大党主席亚南达·摩罕·鲍斯曾说："知识界都是英国的朋友而不是敌人——摆在它面前的伟大事业中的天然而必需的盟友。"[1]

一片和谐中不是没有不和谐的音符。印度知识阶层在英国统治下毕竟是二等公民，他们不可能真正做到对所有的歧视和委屈都无动于衷。当教育逐步从沿海扩展到内地，从婆罗门扩展到其他种姓阶层，印度的大学每年像工业流水线似的朝社会输送毕业生，知识分子的人数急剧增加时，英国统治者发现再也无法安置这些毕业生。当年甘地从英国学成归国时，发现自己处处碰壁，不得不远走南非谋生就是一例。大批来自社会较低阶层、生活贫困的知识分子开始将自己的境况归罪于英国人的统治，从而提出印度自治的主张。

新的青年一代知识分子，在大学校园里、报纸杂志上、街头群众集会中，一直到国大党年会上，使用激进的民族主义口号阐明争取印度自治的必要性与迫切性。这种激进的语言不仅吸引广大青年学生，也易于为印度广大人民群众所接受，他们的自产（Swadesh）主张也赢得了印度民族工商业资产阶级的喝彩。在青年一代咄咄逼

1　[英] 杜德：《今日印度》下册，黄季方译，世界知识社出版社 1954 年版，第 40 页。

人的攻击下，主张与英国合作的老一代知识分子显得软弱无力，步步失守。1904—1905 年的日俄战争及其结果为激进派再添了一颗砝码，使天平更加向激进派一端倾斜。1906 年，国大党年会第一次通过了争取印度自治的决议。自此以后，印度知识阶层与英国人无可挽回地决裂了。1920 年，在甘地主持下，国大党在加尔各答特别会议上通过了非暴力不合作纲领。

从合作转向不合作是印度知识界政治上成熟的重要标志。他们认识到造成印度贫困、落后的并不仅仅是印度社会内部的许多弊病，更重要的原因是英国的统治，这种思想集中地体现在 19 世纪末 20 世纪初印度民族主义领袖达达拜·瑙罗吉《印度的贫困和非英国式统治》一书中，他以"财富外流论"揭示了英国对印度统治的剥削实质，从经济上论证了印度必须自治。印度知识界的成熟还反映在激进派和温和派的辩论中：温和派对印度人自己能否治理好印度深感怀疑，主张将社会改革放在政治独立之前；而激进派对自己充满信心，认为治理国家如同在水中学游泳，只有勇于投入水中去锻炼才能学会，否则老让人把着手是永远学不会的，他们主张争取政治上的独立应是当务之急。

知识界在 20 世纪之所以敢于同英国人决裂，除了当时国际大气候及自身力量壮大外，最主要的是看到了工农的力量，并认识到只有将广大工农争取到民族主义运动中，印度才能实现自治的目标。19 世纪的知识界往往轻视工农，将工农当作改革的对象，西化使他们与工农之间的距离加大了；20 世纪民族主义运动的高涨则促使知识界关心工农生活，促使他们到工农中去。知识界这种态度上的转变不仅增强了同英国人斗争的信心和决心，而且也为日后他们掌握政治领导权提供了必要的条件。仅此一点也足以说明 20 世纪的印度知识界比 19 世纪的老一辈人在政治上成熟多了。

三、社会主义还是国家资本主义：印度知识分子对印度现代化道路的选择

20 世纪上半叶，印度知识界除受民族主义思潮的影响与支配外，还受到当时国际上强大的社会主义思潮的冲击。第一次世界大战、俄国十月革命、30 年代世界性经济危机，一系列国际大事件很自然地引发印度知识界对资本主义的前途产生怀疑，有不少人对社会主义产生向往之情，并努力探索独立后印度所应采取的现代化发展道路。

印度知识界内部对社会主义的态度并不一致，大体上可以分为两派，一派以圣雄甘地为代表，另一派的代表人物是贾·尼赫鲁。

众所周知，甘地一生强烈反对西方文明、反对机器、反对工业化，当然也反对所谓的现代化。在《贱民》和《青年印度》杂志上，甘地发表了大量文章，将文中的观点称为自己的社会主义观，要点可大致归纳如下：

1. 强调印度不能再走西方所走过的血腥的工业化道路。他认为，大规模的工业化在印度必定意味着千百万人的饥饿，只有恢复传统的手工纺织才能解决失业问题，解决印度的贫困。

2. 将村社作为未来印度社会的基础，印度全国有 70 万个乡村，每个乡村都应成为一个自治体，印度就是这 70 万个村社的联合体。他反对普选，主张以村社为选举单位，每个村社一票，由这 70 万个村社直接选举印度总统。村社中的事务由村社人民选出的潘查亚特

管理，村社中建立学校、商店、工厂。他因而要求国大党和军队在印度独立后解散。

3. 反对剥削、主张平等，鼓吹社会主义。甘地的社会主义并不剥夺地主、资本家的私有财产，而是在劳资之间、地主和佃农之间建立平等和谐的庇护关系。他说："我们的社会主义和共产主义应该建立在非暴力以及劳资之间、地主和佃农之间协调合作的基础之上。"[1] 他要求百万富翁们在满足个人物质消费之外，应将财产用来为全社会服务。

甘地的思想深受西方一些小资产阶级思想家和经济学家的影响，这些人对于大工业造成小资产阶级的破产无比痛心，对即将到来的共产主义革命极其恐惧，为了避免这一切而主张小资产阶级的小生产制度。马克思和恩格斯在《共产党宣言》中曾对小资产阶级的社会主义进行了深刻的批判，指出它是"反动的，同时又是空想的"[2]。大家熟悉的马克思论英国人统治印度的两篇文章，其矛头也正是对准反对大工业的小资产阶级理论家们。甘地的社会主义理论实质上是西方小资产阶级社会主义理论的印度版，只不过随着西方实现现代化，小资产阶级社会主义思潮已经变成一种怯懦的悲叹，而印度的甘地却将之重新拾起。

甘地的社会主义理论理所当然地遭到印度知识界和工商业资产阶级中大部分人的批评。尼赫鲁说："甘地对于机器和现代文明的旧观点，我们很少人赞同。"[3]

1　甘地的观点主要根据《我的社会主义观》（M. K. Gandhi, *Socialism of My Conception*, Edited & Published by Anand T. Mingarani, Bombay, 1957）一书整理概括。

2　《马克思恩格斯选集》第 1 卷，人民出版社 1975 年版，第 276 页。

3　［印］尼赫鲁：《尼赫鲁自传》，张宝芳译，世界知识出版社 1956 年版，第 86 页。

尼赫鲁在自己的传记中、杂志上公开发表自己与甘地不同的观点，并通过书信与甘地展开辩论。尼赫鲁不同意甘地全盘否定西方文明，在 1928 年给甘地的一封信中他这样写道："我认为你对西方文明作了极其不公正的评价，将它的不足之处过于夸大了。"[1]尼赫鲁反对将印度农村生活理想化，坦然承认自己对农村生活充满恐惧感，不愿接受这种生活，主张要把农民从这种生活中拯救出来，并认为只有依靠现代文明才能战胜传统印度社会中滋生的邪恶。

尼赫鲁向来以社会主义者自居，30 年代初，尼赫鲁在印度大力宣传苏联的社会主义。他曾说："我相信，解决世界问题和印度问题的唯一途径是社会主义，除此之外，我看不出有任何办法可以消除印度人民的贫困、大量失业、堕落和屈辱。"[2]尼赫鲁甚至在一定程度上接受了马克思的阶级和阶级斗争理论，他主张在开展争取民族独立斗争的同时进行阶级斗争，从而消灭剥削，因为"历史上还没有哪个统治势力和统治阶级是自愿放弃政权的"。他主张"在新的基础上对社会进行彻底改造，把利益和财产从有钱人手中转到穷人手中"[3]。

尼赫鲁的社会主义实际上代表那个时代相当大一部分印度青年知识分子的想法，所以他周围很快聚集起一个左翼集团，向甘地主义的领导权提出了挑战。二人之间的分歧似乎越来越不可弥合，1934 年 7 月 24 日，尼赫鲁在日记里写道："我越来越相信，巴布和

1　［印］比潘·钱德拉：《1936 年的贾瓦哈拉尔·尼赫鲁与印度资产阶级》，白荷译，《南亚研究》，1982 年第 3—4 期合集。

2　同上。

3　同上。

我之间不可能在政治上进一步合作了，我们最好是分道扬镳。"[1]

但是，甘地与尼赫鲁之间在发展道路问题上的意见分歧并没导致他们在政治上的最终分裂，恰恰相反，正是甘地自己在印度独立来临前夕选择尼赫鲁为自己的接班人。他们相互修正自己的观点。甘地在 1945 年宣称：他与尼赫鲁的观点没有太大的分歧。[2]

印度工商业资产阶级在调和甘地和尼赫鲁之间的矛盾上充当了极为重要的角色。印度工商业资产阶级同印度知识阶层一样，同是印度西化和现代化的产物，他们在许多问题上看法一致，国大党实质上是他们的政治联盟。两个阶层都渴望印度能获得独立。在民族主义运动中，出头露面的是知识界，工商业资产阶级则提供大量的经济支持，二者谁也离不开谁。

甘地的反工业化态度令工商业资产阶级生厌，尼赫鲁的社会主义论调则令他们感到害怕。相比之下，尼赫鲁的社会主义更可能危及工商业者的利益，所以印度工商业资产阶级与甘地主义者联合起来遏制社会主义思潮在国大党内蔓延。1934 年 5 月，孟买的 21 名大商人在报纸上联名发表了《反对尼赫鲁的孟买宣言》，指责尼赫鲁的言论破坏了印度民族主义运动的内部团结，认为阶级斗争理论违背了甘地的非暴力主义原则，这将妨碍印度民族工业的发展，迫使资本流出印度，并将彻底毁灭印度现存的社会经济结构，把印度引向苏式社会主义方向。

印度工商业资产阶级和甘地主义者的联合使国大党内右翼势力在 1936 年国大党费兹浦尔年会上占了上风，尼赫鲁派在党内处于少

1　《1936 年的贾瓦哈拉尔·尼赫鲁与印度资产阶级》。

2　M. K. Gandhi, *Gandhi Selected Writings*, New York, 1971, p. 259.

数地位。作为政治家的尼赫鲁，审时度势，放弃了阶级和阶级斗争主张，接受甘地的阶级调和理论，但仍坚持通过工业化使印度尽快实现现代化的主张。他说："我是极其赞成拖拉机和大型机器的，而且我深信，为了向贫穷作斗争，为了提高生活水准，为了保卫国家以及其他种种目标，印度的迅速工业化是必要的。"[1]

尼赫鲁雄心勃勃的印度工业化的主张得到了印度工商业资产阶级的热烈响应。1938年国大党省邦工业部长会议上通过了尼赫鲁提出的迅速使印度工业化的纲领。1944年，印度资产阶级头面人物齐聚孟买，会后发表《印度经济发展计划》，主要内容是呼吁由政府负责发展重工业和基础工业。印度工商业资产阶级这一主张深得当时印度知识界之欢心，因为知识分子对工商业阶层有很深的鄙视心理，不愿供其驱使。由国家控制和发展重工业和基础工业，一方面可能增加知识分子在公营企业就职的机会，另一方面知识分子可以通过国家机器为自己谋取更大利益。于是，甘地主义者、尼赫鲁主义者和印度工商业资产阶级在由国家主持发展印度工业化的问题上达成一致意见。

印度独立后，宣称发展目标是建立一个社会主义社会，并将此庄重地写入宪法，决心要像苏联一样实行计划经济和发展公营企业。然而以上的分析却明白告诉我们：印度的发展道路主要是根据印度资产阶级的利益设计的，是一种国家资本主义发展模式。正如一位印度学者所说："印度国家政权像一辆汽车，知识分子只不过是汽车

1　［印］尼赫鲁：《印度的发现》，齐文译，世界知识出版社1956年版。

司机，工商业资产阶级才是车主。"[1]

尼赫鲁等人之所以常将本质上是国家资本主义的印度发展道路称之为社会主义，还在于印度民族主义运动领袖们在独立前及独立后经常强调经济发展过程中要注意社会公平问题。这种对社会公平的强调与重视，一方面由于他们大多来自知识阶层，作为知识分子，他们仍具有人道主义的价值取向和社会责任感。对资本主义的严厉批判，对劳动人民的深切同情，从他们口中说出是相当自然的。另一方面，他们作为资产阶级政治家十分明了政治安定对一国现代化的重要性，世界各国资本主义现代化的先例大都证明这一点：现代化起步阶段最为艰难，也最危险。这一阶段中，农民失地，工人失业，工作条件恶劣，工资微薄，两极分化扩大，忍受不了饥饿的穷人起来造反，社会动荡不安。当年西方国家和日本都曾通过向海外扩张、移民来转嫁国内的阶级矛盾。而印度及其他二战后新独立的亚非拉国家都不具备这一条件，但这些国家的工人、农民则比当年西方的工农更广泛地参与政治，对现代化抱更高的期望，他们不愿忍受早年西方工人、农民在工业化时期所忍受的痛苦；来自知识分子阶层的印度政治领导人对社会公平问题的重视应看作是维护资产阶级统治长治久安的必要手段，也可看作是争取工农群众支持的一种手段。印度知识阶层之所以能在英国人走后执掌印度政治权力，其奥秘在于也只有他们能调和印度各阶层的矛盾，他们用雄心勃勃的工业化计划和支持私营企业的许诺来迎合工商业资产阶级；用社会公平、帮助弱者的口号

---

[1] Ashok Rudra, "Emergence of the Intelligentsia as a Ruling Class in India", *Economic and Political Weekly*, Jan. 21, 1989, p. 145.

来吸引和安抚工农大众，通过发挥自己的调和作用，印度知识界为自己在现代化历史进程中谋取到了最大的政治砝码。

四、困境和出路：独立后印度知识分子的分化和前途

独立之初，人们对印度现代化前景普遍持一种乐观情绪，同其他许多新独立的发展中国家相比，印度拥有一些颇为有利的现代化的条件。

首先，现代化建设应有一个良好的国际环境，这方面印度可谓得天独厚。印度所在的印度洋区域相对比较平静，两次大战的战火都未波及，因而无须像一些国家那样忙于医治战争创伤，面对战后出现的东西方两大阵营对峙，印度将自己置身其外，同时同东、西方保持良好关系，由此在战后几十年来得到美国和苏联大量经济援助。作为第三世界中的大国、不结盟运动的创始国之一，印度在广大第三世界国家中享有颇高的声誉，有利于其同这些国家发展经贸关系。

就国内条件而言，独立后印度一直实行议会民主制，每个成年公民都有选举权，每届政府都由选举产生，已经顺利地进行过九次大选，从未有过军人政变或军人干政现象。印度有健全的文官考试制度，各类行政、技术官员处理日常行政事务，执政党不能包办决定一切。印度人民享有相当广泛的政治参与机会与权利，各种社会力量有组织政党的权力。共产党不仅合法，而且多次长期在喀拉拉邦和孟加拉邦执政就是其中一例。

此外，印度在教育和工业发展方面也是令人印象深刻的，在独立之初，印度便已有一个相当健全的教育体系，其工业发展水平当

时也在其他亚非拉国家之上。

尽管有以上一些有利条件，印度独立后几十年来的发展结果却是很难令人满意的。虽然 40 余年来，印度在工业及其他一些领域取得令人瞩目的成就，但整个国民经济仍是落后的。1980 年印度人均产值仅 260 美元，不仅低于绝大多数亚洲国家水平，甚至低于非洲平均水平。印度仍是个落后的农业国，1984 年，在国内生产总值中，农业产值占 35%，工业产值仅占 27%。比这些数字更令人忧心的是社会日益严重的两极分化，印度不乏百万富翁，但成千上万的人们仍没解决基本的温饱问题。在 70 年代中期，占人口 1/4 的高收入阶层拥有全国收入的一半，而占人口 1/4 的低收入阶层仅拥有全国收入的 7%。第 32 次全国抽样调查表明：1977/1978 年度印度农村人口有 51.2% 生活在贫困线以下，城市是 38.2%，许多人连一天两顿饭也无法保证。[1]

经济发展缓慢、社会不公平加剧，第三条道路不仅没像尼赫鲁所说的那样吸收资本主义和社会主义的精华，正相反，资本主义的种种弊端和社会主义制度下一些公营企业低效益、官僚作风、浪费现象在印度到处可见。这些自然导致人们的不满。印度著名学者 A.R. 德赛曾这样简单明了地评价印度独立后前三十年的情况："印度独立后的前十年为希望的十年，第二个十年为失望的十年，第三个十年为不满的十年。"[2]

值得注意的是，最强烈并公开表示不满情绪的，不是普通的工

1　本文中引用的一些有关印度独立后经济状况的数字来自 *The Political Economy of Development in India* 和 Chakravarty Sukhamoy, *Development Planning*, *The Indian Experience*, Oxford University Press, 1987。

2　A. R. Desai, *Indian's Path of Development*, *a Marxist Approach*, Bombay, 1984，序言部分。

农大众而是知识分子阶层，正是这种情绪导致了 70 年代印度的政治动乱。[1]

70 年代印度政治动乱有两个中心，一个位于印度西海岸的古吉拉特邦，另一个位于印度北部的比哈尔邦。动乱最初从大学校园里开始，60 年代末以来，学生们对国内政治经济发展情况已相当不满，1973 年和 1974 年印度一些邦的农业收成情况不好，邦政府削减了平价粮的供应，导致校园内学生伙食费上涨，愤怒的学生因而在校园寻衅闹事，焚烧食堂、校舍，劫持公共汽车。不久，他们走出校门，以反通货膨胀、反贪污腐败为口号，吸引市民参加游行示威，要求邦政府成员辞职，重新选举。最后，事态发展到学生们不买票乘火车在全国串联，在首都新德里进行游行集会、静坐、绝食等活动。

学生们的行动得到国大党内和政府内一些失意政客的支持和纵容。在古吉拉特邦，学生们受莫拉尔吉·德赛的指挥，他在独立前追随甘地，独立后先后在政府任部长、副总理，是当时仅次于英·甘地的印度第二号权势人物。在比哈尔邦，学生们追随 J.P. 纳拉扬，他是印度政治界元老，虽未担任过什么高官，但作为曾经的民族主义运动的领袖人物，在印度有很高的威信和影响。在 70 年代，他以甘地主义继承人自居，号召在印度进行第二次革命。

印度知识界显然不是印度 60 年代、70 年代经济危机的最大受害者。在前面，我们已指出印度知识阶层领导了印度的民族主义运

1　本文有关印度 1970 年代政治动乱和学生运动的情况主要根据 Ghanshyam Shah, *Protest Movements in Two Indian States*, 1977 和 Shbhash Hayary, *Student Movement in India*, Delhi, 1988 以及 Amita Shah（ed.）, *Youth Power in Gujarat*, 1977。

动，选择了符合自身利益的现代化道路。独立后印度政府制定的政策在许多方面是照顾知识阶层利益的，政府尽量扩大知识分子在政府机关和公营企业中的就职就业机会，1950—1980 年的 30 年里，公共行政和军事部门开支增长 7 倍，而同时期国内生产总值增长不足 3 倍。同时，按人头计算，中央政府雇员平均收入增长率是其他阶层的 2.5 倍。印度知识阶层还从政府各项福利补贴政策中获得利益，政府每年在粮食副食品补贴，文教、卫生、交通补贴上花费了大量的资金，作为城市居民的知识阶层及其家属是主要受益者。

那么，是否应该谴责那些在街头游行示威的学生们无理取闹呢？当贪污横行时，到处是行贿、索贿、逃税、投机倒把，一些人一夜之间成了暴发户。在印度，人们将这些非法收入叫做"黑钱"（black money）。1967—1968 年度，这种钱达 303.4 亿卢比，占国民生产总值的 9.5%，以后逐年增长，到 1978—1979 年度达到 4686.8 亿卢比，占国民生产总值的 48.76%。暴发户们花天酒地，而两位数的通货膨胀却耗干了许多中等收入家庭的储蓄，以致难以维持家庭日常开支。大部分大学生来自中等收入家庭，他们中一些人连伙食费也开始难以支付。据当时一份对古吉拉特大学的社会调查表明，70 年代该大学来自中下层收入家庭的学生有 52% 由于物价上涨不得不减掉每天的一餐饭，17% 的学生为支付伙食费不得不举债，27% 的学生不得不投亲靠友，37% 的学生不得不借债来支付教育费用。这些学生的家庭往往同那些暴发户们生活在同一街区，横向对比使他们怒火中烧。这种失望心情由于独立之初印度知识阶层对现代化的过高期望而加剧。他们大部分人以为一旦赶走英国人，印度知识分子的境况将迅速地得到改善，然而 70 年代印度的社会现实使他们忽略英国人统治印度的种种罪恶，而怀念起独立前在英印政府任职时丰厚的收入，在他们眼里，那时的政府更廉洁，办事效率也更高。70年代对西海岸苏拉特城一项抽样调查表明，"压倒多数的人（91%）感到独立以来几十年生活没什么改善，其中70%的人认为实际上是恶化了，84%的城市居民认为他们的子女将面临比他们更为严酷的日子"。

对于青年大学生来说，他们还面临毕业即失业的可怕前景。由于经济发展的缓慢、大学数目的盲目增加、专业设置的不合理，70年代印度每年有1/3的大学毕业生找不到工作。严重的失业现象在一定程度上同学生们的不合时宜的思想有关。在古吉拉特邦，75%的在校大学生来自中上收入家庭，来自劳动人民阶层的不到2%。这些家庭的子女具有强烈的出人头地思想，他们鄙视体力劳动，鄙视专业技术，兴趣只在来钱快、轻松又体面的职业上。相当多的学生对自己的学业缺乏兴趣，入大学仅是为了体验一下大学生活，享受大好时光。

但还有一些具有社会责任感的学生，他们关心社会问题，对社会不公平现象深恶痛绝。在他们看来，如果一个学生可以回避社会现实、两耳不闻窗外事的话，那么像提拉克、甘地、尼赫鲁这些知识精英们为什么要舍弃自己的优裕生活而投身艰苦卓绝的民族主义运动呢？

这些学生有很强的鼓动力和号召力，对社会造成了很大的影响，在印度大城市阿麦哈巴德就曾有过由5000名学生和市民参加的绝食行动。正是这一连串的行动，迫使英·甘地的国大党政府在1977年下台。但是，尽管学生们在动乱中表现出大无畏的精神，他们行动的成果却微乎其微。1977年大选后上台的人民党，没能给印度带来任何新的实质性的变化。英·甘地统治时有迫害贱民现象，人民党执政的第一年迫害贱民事件就比上一年增加了一倍。英·甘地统治时贪污腐败盛行，人民党执政时这一现象更加严重。更严重的是，人民党内部忙于争权夺利，无心认真治理国家，很快将英·甘地政府储备的1800万吨谷物和30亿美元外汇花得一干二净。人民的心理天平再一次向英·甘地倾斜。1980年初英·甘地再次上台，从下台到再上台相距仅三年时间。

印度70年代的政治动乱还有待人们去做更多的研究，本文只想就这场动乱对印度知识分子的影响略加分析。

印度独立后，教育事业得到较大发展，这表现为受大学教育的人数急剧增加。在70年代，印度受过大学教育的人数在世界上占第三位，仅次于美国和苏联。这一方面是因为印度人重视教育的传统，另一方面应归功于政府的政策。为了让社会最底层家庭的子女也有上大学机会，宪法中明文规定，大学应给贱民子女保留一定比例的入学名额。在今日印度，无论是科学家、学者，还是工商企业家、国会议员，社会上有名望、掌握权力的人们几乎都受过高等教育，仅就这点而言，知识确实改变了印度人的命运。

但是，教育的普及也使得知识不再成为社会上少数人垄断的专利，光凭拥有知识不足以使某个人在社会上飞黄腾达、出人头地。印度独立后，知识阶层的分化在规模和程度上远远超过了独立前，他们中的一些人凭借各种因素，或在政界成为高官显宦，或在经济领域成为富商巨贾，或在学术领域功成名就，均拥有令人羡慕的财富和地位。这些人同城乡资本主义的发展联系密切，他们中许多人来自农村中的新富家庭，自己或父母不仅在村中拥有土地，还在乡镇开办工厂，经营工商业，当然也深深卷入地方政治，这种人已很难再称为知识阶层。独立后印度一个明显趋势是知识阶层的上层与城乡资产阶级相互沟通、融合，从而形成更广大的中产阶级。

对于相当多的青年知识分子来说，并没有那么幸运，而是在现代化历史进程中产生了一种深重的失落感，他们中一些人因而想为自己的命运进行抗争，他们承继起知识分子应有的社会责任感，抗议社会不公，为大众也为自己开创一条新路。但结果却令他们更加失望。他们反贪污腐败的口号解决不了社会现实问题，显得空洞贫乏，因而吸引不了群众。他们毕竟无意改变现存社会结构和竞争规则，之所以抗争，是因为自己在政治经济地位上与一般大众距离太近，从内心深处他们想挤入中产阶级的行列。为了实现这一目的，印度知识分子，有的努力学习数理化，然后出国留洋，一去不归；有的努力钻营，热心政治，以求飞黄腾达；有的放下架子，抛弃世俗偏见，学习经商，有硕士学位的人在小镇摆摊子在印度并不鲜见；更多的人是为一日三餐忙忙碌碌，得过且过。

无论是得势的知识分子，还是失势的知识分子，他们比起19世纪的社会改革家们，比起20世纪上半叶甘地、尼赫鲁这样的民族主义者们，其社会形象大大逊色。他们既不具有传统印度知识分子那种傲视世俗权贵和财富的超脱气质，也不具有罗姆·摩罕·罗易那一代人以改造社会、重建印度为己任的博大胸怀和眼光，更不具有甘地、尼赫鲁那样为民族独立事业宁愿挨饿坐牢的精神。现代印度知识分子越来越屈从于权势，依附性越来越强，原先作为知识分子重要标志的社会责任感正逐步丧失，就这一点说，知识分子在印度现代化历史进程中的作用将逐渐减弱。

五、结语

印度知识分子在现代化进程中表现出高度的灵活性和自我调适能力，这一方面是因为知识阶层要争得现代化进程中的政治经济利益，另一方面也同印度颇为特殊的社会阶级结构有关。有学者指出，知识阶层是不可能长时期单独地执掌政治统治权的。只是在短期内社会权力出现真空时，知识分子或加以填补，或作为同盟者与其他统治阶层共同分享权力。[1]自英国统治印度后，原有的统治阶级遭到打击，日益没落；新兴的工商业资产阶级由于在传统社会中的地位低下，英国人为自身商业利益又竭力压制印度民族工商业的发展，因而在政治经济上力量十分微弱；工农阶级的力量由于种姓观念、民族隔阂的因素长期处于一盘散沙状态；英国人自己本是小国寡民，统治印度这么一片地大人口多的大陆也感力不从心。所以，近代以来，没有哪一个社会阶层和力量能单独统治印度，于是政治上的结盟就变得必不可少。印度知识阶层就其力量而言虽然微弱，但它自身的一些特点使它容易同其他阶层建立起政治合作。在整个 19 世纪，印度知识阶层凭借其掌握的文化知识，在西化潮流中领风气之先，与英国统治者合作，积极参与社会改革运动；进入 20 世纪后，印度知识阶层与印度工商业资产阶级结成政治上的同盟，与英国人决裂，高举起民族主义大旗，同时，印度知识阶层还用一些貌似社

1　Harry J. Benda 在 "Intellectuals and Politics in Western history"（1961） 和 "Non-Western Intelligentsias as Political Elites"（1972）二文中对此观点有过专门论述。

会主义的口号纲领来争取工农群众,壮大自己力量;独立后,印度知识阶层则与城乡资产阶级一道分享现代化带来的政治经济果实,三者日益融合进一个更广大的社会阶层——中产阶级中。

在很长时期内,知识阶层之所以能在现代化历史进程中如鱼得水,左右逢源,很大程度上还得益于他们在社会上留下的美好形象:在英国人统治印度以前,他们是印度宗教道德生活的典范;在英国人统治时期,他们是推进印度社会进步的改革家和启蒙思想家;进入 20 世纪,他们变成为民族独立而斗争的不屈不挠的战士。他们是社会的良心,是社会公平和正义的象征,他们总是想方设法让自己代表整个印度社会和印度民族。然而,随着他们在现代化进程中日益同化进中产阶级,他们的这一美丽光环正逐渐消失。

20 世纪亚洲文化重建中的知识精英与农民群众
——中印比较视角

印度和中国都是世界人口大国，又同是拥有悠久文明历史的伟大国家。然而自近代以来，两个国家遭遇到西方的侵略，先后沦为西方的殖民地和半殖民地。两个国家的知识精英们，面对西方文明的强大挑战，从 19 世纪中叶起，在近百年的时间里，经历了从诚心诚意学习模仿西方到清醒地认识西方文明，并在与人民大众的联系中努力完成重建民族文化的任务的伟大历程。在此过程中，有交融，有冲突，知识精英们改变了社会，也改变了自己。其中，甘地与毛泽东是他们中最杰出的代表人物。他们的思想不仅影响了中印两国的历史进程，而且已经成为人类精神的共同财富。在人类进入新世纪之际，重温近代以来中印两国知识分子的心路历程仍是十分有意义的。

一、中印传统社会中精英文化与大众文化的分殊与联系

从最为一般的意义上讲，文化是代代相传的人们的整体生活方式，即人类的生产和生活活动。凡有人类的地方都有文化的存在。

在早期人类社会中，文化为所有人所共享，所有人平等地创造并共享文化的成果。但随着人类文明的演进，文字的发明、阶级的分化、城市和国家的出现，人们由于从事的职业、所处的社会地位、居住的区域等的分殊，生活方式和生活态度不同，从而产生出文化的差异性，所以今天有东方文化与西方文化、城市文化与乡村文化、精英文化与大众文化等的区分。

中印两国传统社会一个很重要的特点是都存在一个知识分子阶层，他们具有强烈的精英意识。

印度学者普遍认为："印度教文化是高度精英主义的，这种精英主义的基础是种姓制度和婆罗门在生活中的支配地位。"[1] 婆罗门是印度传统社会中的知识阶层，享有许多特权。在印度古代的《摩奴法典》中明确规定由婆罗门垄断圣典知识，"婆罗门学习和传授吠陀，执行祭祀，主持他人的献祭，并授以收受之权"。"三个再生种姓要坚持履行义务，并学习吠陀；但只有婆罗门，而非其他两种姓成员，可以给他们讲授，这是规定。""在婆罗门中，最卓越的是精通圣学的人；学者中，最卓越的是熟知其义务的人；熟知其义务的人中，最卓越的是严格完成其义务的人；后者中，最卓越的是学习经典达到解脱的人。""未经许可，擅自学得圣典知识的人，犯盗窃圣典之罪，而坠入地狱中。"《摩奴法典》还明确规定婆罗门因垄断知识而在社会中的高贵地位和享有的特权，"婆罗门因为从最高贵的肌体所生，因为首先被产生，因为掌握经典，理应为一切创造物的主人"。婆罗门可以免交赋税，"国王即使穷得要死，也不要向精通圣典的婆

1　Bliku Parekh, *Gandhi and Logic of Reformist Discourse*, Delhi, 1987, p. 279.

罗门征税"。尤其值得一提的是，法典规定婆罗门不应从事农业生产劳动，"婆罗门或刹帝利被迫和吠陀过同样生活时，应尽可能设法避免从事耕耘，此工作伤生并依靠外力如牡牛的帮助"。"有些人称许农业，但这种生活为善人所贬低；因为带利铁的木具将土地和它所蕴藏的生物一道破裂。"[1] 总之，婆罗门负责社会教化，这是他们垄断的特权，其他种姓不能僭越；同时，婆罗门具有不从事体力劳动的特权，包括不从事农业劳动。

在中国古代，也存在一个相似的社会阶层。一部分人遵从"劳心者治人，劳力者治于人"的古训。凭借着熟读四书五经、掌握文化知识的优势，独占决定社会规范的权威资源。他们对提高社会生产力没有兴趣，着眼的是社会规范的维持。尽管读书人中也分三六九等，但都不同程度地享有特权，高级功名的获得者们自不必说，就是乡间秀才也在地方上享有许多特权，他们可以穿长衫、减免租税和徭役、享有某种法律豁免权等。

但中国的读书人与印度的婆罗门间也存在明显的不同点。印度婆罗门的身份是由出身决定的，中国人的读书机会至少从理论上讲是平等的。再勤奋聪明的非婆罗门也成不了婆罗门，而贫寒的中国农家子弟则有可能考取功名，进入知识分子的行列。张仲礼的一项研究表明，19 世纪的中国至少有 1/3 的功名获得者其父祖辈没有功名背景。此外，政府为了笼络各地的人才，加强地方对中央的向心力，在取士时会照顾地域分配的适当平衡。这些因素造成传统中国较高的社会流动性。何炳棣甚至认为"明清时期，中国社会流动高

1　[法]迭朗善译，马香雪转译：《摩奴法典》，商务印书馆 1982 年版，第 21、40、158、245、255 页。

于近代西方社会"[1]。

尽管中印传统社会中知识阶层在社会流动性上存在以上差异，但这并不妨碍他们在各自社会中起十分相似的功能与作用。

中国的知识阶层既不同于西方的封建主阶层，也不同于西方的教会阶层，同时它又具有二者的某些功能与作用，既起到教化社会的作用，又在整个政治结构中成为中央政权与地方之间相互联系的不可替代的一环。这一阶层同农民间存在一定的联系，据费孝通等人对 19 世纪下半叶 758 名进士的研究，他们中有 52.4% 住在城里，有 41.6% 住在农村。[2] 在举人、秀才中，居住在乡村的比例则高得多。同时，由于中国人安土重迁、叶落归根的传统，"耕读传家"成为社会风气，使得城乡之间的差距缩小，沟通了中央与地方的关系。绅士地主与农民之间存在剥削与压迫的关系，同时，他们之间也形成某种和谐，"和谐的获得并不是一件太难的事，农民没有太高的要求，不想争夺绅士的位置。绅士们，他们领导推行地方的自治公务，只要他们不利用特权，侵夺公产，而真能用之于公，做些有益的地方工作，就可以获得公正绅士的美名，得到农民的赞扬与拥护"[3]。

印度没有科举制度，也没有像中国那样从地方到中央的一套完整的官僚制度，印度历史上分裂的时间远远长于统一的时间，即使在统一的王朝统治时期，实行的也是分封制。在这种背景下，婆罗门与统治者之间有相互依赖的一面，中央政权依靠宗教和婆罗门来

1　Y. C. Wang, *Chinese Intellectuals and the West*，1872—1949，University of North Carolina Press，1966，p.14.

2　Ibid.，p.16.

3　胡庆均：《论绅权》，见吴晗、费孝通等：《皇权与绅权》，天津人民出版社 1988 年版，第 125 页。

维护自己的统治，婆罗门也需要世俗权力来维护自己的特权。但由于村社制度与种姓制度的紧密结合，种姓制度既有造成印度社会中各种姓间相互排斥隔离的一面，同时，种姓间明确固定的社会分工也有促进印度村社社会中各种姓相互依赖从而加强印度村社内聚力的功能，村社由此具有较大的自主性。因而，相对于世俗政权，婆罗门同村社的联系更为密切，因而具有较大的独立性，这也是为什么印度婆罗门相对依附于世俗政权的中国知识阶层具有高得多的思想和政治独立性的重要原因。

从以上简单的分析中，可以看出，知识分子阶层在中印传统社会中既是享有许多特权的精英阶层，同时又具有同农村与农民密切联系的特征。正是由于这一阶层的存在，中印的社会与文化呈现出高度稳定的特征，直到近代西方人到来后，这种稳定性才被打破。

二、西方文化冲击下中印精英文化与大众文化的分离

西方人的入侵破坏了传统的亚洲社会，对中印两国社会造成史无前例的影响。正如马克思所说的："相继征服过印度的阿拉伯人、土耳其人、鞑靼人和莫卧尔人，不久就被当地居民同化了。野蛮的征服者总是被那些他们所征服的民族的较高文明所征服，这是一条永恒的历史规律。不列颠人是第一批发展程度高于印度的征服者，因此印度的文明影响不了他们。"[1]

西方的入侵促使传统知识分子向现代知识精英演变，促使现代知识分子阶层的形成。英国人最初是为了做生意来到印度的，他们

1　［德］马克思：《不列颠在印度统治的未来结果》，《马克思恩格斯选集》第2卷，第70页。

不懂地方方言，无法直接同印度人做生意，很快，一批操着印度口音英语的印度中间人出现了。随着英国正式统治印度次大陆，英国人需要更多的印度人为其统治服务。印度不同于美洲殖民地，英国人有意限制西方人移民印度，因而对当地人才的需求更为迫切，不仅需求的数量大，而且对质量提出了特殊的要求，这典型地反映在马考莱一段非常有名的话中："在英国人和被他们统治的亿万印度人中间造就一个中介阶层，这些人从血统和肤色说是印度人，但其趣味、观点、伦理、道德和知识则是英国的。"[1]在这种背景下，一项培养一些印度人作为自己统治基础的政策出笼了。这项政策促成了一个新的印度社会阶层的形成，并在一定程度上塑造了这一阶层的品性，极大地影响了印度近现代历史进程。

西式教育在中国的推广，既有西方传教士和西方资本的推动之力，也出于当时清王朝为了挽救衰败之势维护自己统治的需要。在20世纪初，作为新政的一项重要内容，新式学堂在各地开办起来，同时出现了留学热，大批学子留学欧洲、美国和日本。1905年，清王朝宣布正式废除科举制，更是极大地推动了中国西式教育的发展。

西式教育不同于旧式教育。旧式教育在内容上偏重伦理道德，轻视自然科学；将科学技术当作奇技淫巧，当作末。西式教育重视自然科学，同时，西方许多现代社会政治思想也通过西式教育的渠道传了进来。

接受过新式教育的学生因而同旧知识阶层具有不同的心态和人生价值取向，中印知识分子阶层中许多人，尤其是年轻人，对西方

1　*The Indian Middle Classes：Their Growth in Modern Times*，p. 10.

文明显示出很高的热情和适应性。在旧派人物的眼中，这些新学堂的学生们往往过分向往西方的物质文明，这些新人以穿西服、打领带、用刀叉、说洋文为时髦。更令旧派人物不满和害怕的是，这些新派人物轻视传统文明和本国的宗教伦理。

新式教育的推广还对知识阶层的地理分布产生影响。旧知识阶层深深植根于农村社会，新知识阶层则集中在通商口岸大城市。新式学堂毕业的学生往往厌恶乡村生活，认为自己在学校所学在家乡得不到施展的机会。毛泽东当年对此曾感触颇深："在吾国现时，又有一弊，即学生毕业之后，多骛都市而不乐田园。农村非其所习，从而不为所乐。"[1] 他们所向往的是，或经商当买办，或在政府中谋得一官半职，或进入律师、记者、艺术家、学者行列。这些机会只存在于大城市，尤其像中国的北京、上海、广州、天津以及印度的马德拉斯、加尔各答、孟买和德里这样的政治中心和通商口岸。

新式教育还带来地区间教育发展的严重不平衡。在中国传统科举制度中，统治阶级为了维护统治的需要，在取士时多少要考虑地区间的平衡，而新式教育则忽略这种平衡。到 20 世纪 30 年代，少数沿海省份实际已垄断了中国的教育资源。在 1932 年，江苏占了全国大学生总数的 35%，而甘肃几乎没有大学生。在 1943 年，来自江苏的留美学生，占当时全部中国留美学生的 20.9%，而甘肃籍与贵州籍的留美学生总共不到 0.3%。[2]

1　毛泽东：《学生之工作》，中共中央文献研究室编：《毛泽东早期文稿》，湖南出版社 1990 年版，第 451 页。

2　*Chinese Intellectuals and the West*，1872—1949，pp. 13-14.

印度传统教育中，原只是种姓间占有教育资源的不平衡，婆罗门垄断了教育机会，地区间的教育还是大致平衡的。在殖民统治时期，新式西方教育并没有打破婆罗门对教育机会的垄断，英国人虽然实行的是开放教育政策，但在很长时间里，新式教育的机会基本为婆罗门种姓所把持。在整个 19 世纪，那些进入西式学校就读或留洋的印度学生以及在印度各级政府任职的印度人大部分来自婆罗门家庭，印度社会学家斯里尼瓦斯（Sirinivas）甚至认为："直至第一次世界大战以前，在印度半岛各地（喀拉拉除外）的行政和职业界，都是婆罗门居统治地位。"[1] 而教育资源地区分配的不平衡在殖民统治时期则是大大加剧了，大中学校集中在城市，尤其在马德拉斯、加尔各答、孟买三大管区。

知识阶层离开农村并集中在沿海大城市，对中印社会的稳定产生破坏性的影响，这一点在 20 世纪上半叶的中国表现得尤为明显。在近代以前，世家子弟学而优则仕，可以立于庙堂之上，学而不优仍旧可以在自己的家乡控制基层的权力，二者的巧妙配合运用使中央与地方的治理都能得到同一阶层的有力支持。进入 20 世纪后，士绅家庭纷纷进城。除了城市生活自身有越来越大的吸引力外，这股进城风也同农村自身环境的恶化有关。官府的各种摊派日益增多，正直的士绅如果不想太得罪地方乡亲，便无法完成官府的任务；如果催逼民众太甚，便激化矛盾引起农民造反。士绅们不得不逃离农村。士绅阶层的离去为土豪劣绅的崛起提供了条件，农民的处境更为悲惨，只好去当兵或上山为匪，农村生产力遭到严重破坏。知识

1　*Caste in Modern India and Other Essays*，p. 22.

阶层的离开乡土与农村状况的恶化形成了恶性循环。费孝通先生将此称为类似于土壤的侵蚀造成生态恶化的社会侵蚀过程。

知识分子进城对印度社会也产生了不良后果，只不过没有像中国那样导致革命性的后果。因此，以下结论还是恰当的，即传统社会中知识精英文化与农民大众文化之间原有的联系在殖民地和半殖民地的条件下遭到破坏，二者之间的距离越来越大。

三、知识分子的激进化和中印文化重建运动

从近代以来中印两国的历史中，我们看到一个十分有趣的矛盾现象：现代知识分子的产生是统治阶级推行相应政策的结果，统治阶级的原意是培养一批年轻人为自己所用，结果却是受过教育的年轻人纷纷离土离乡，损毁了中央对地方控制的社会基础。不仅如此，从 20 世纪初开始，中印社会都出现了知识分子激进化的潮流，他们将进攻的矛头对准社会上占统治地位的意识形态。

知识分子的激进化同西式教育的推行密不可分。西式教育将原来分散在全国各地的莘莘学子集中到了大城市，使他们易于形成一股政治力量；西式学校像工厂生产产品那样拼命向社会输送毕业生，而不顾社会是否需要他们，使得学子们面临"毕业即失业"的窘境；西式教育的内容中具有大量的西方现代政治理念，刺激学子们不再"安分"，他们要起来为自己也为自己的国家和民族寻找一条出路。

20 世纪初，印度文化界和思想界出现了以提拉克为代表的激进派。激进派相对应于温和派。两派人都期望印度的繁荣富强，都受西方自由主义和民族主义思潮的影响。两派人的分歧集中在对西方文明和印度传统文化的评价上。温和派对西方文明评价较高，对印

度传统文化中的落后方面则持严厉批判的态度。他们认为，英国统治印度主流上是造福于印度，英国统治印度在当时是必不可少的。他们对群众，尤其是农村中的农民大众抱轻视态度，认为受印度传统束缚的人民群众是社会改革的对象而不是动力。他们主张，当务之急是进行由少数精英分子领导的自上而下的社会改革，而不是群众性的反英政治运动，因而被称为政治上的温和派。激进派则持不同观点，他们认为正是西方文明的侵略性和英国殖民统治导致了印度的贫困和衰败。他们高度赞颂印度文明，认为印度的当务之急不是社会改革，而是政治革命，印度人民已完全有能力管理自己的国家，即使在开始可能会由于缺乏经验遇到一些困难，然而只有大胆地实践才能解决这些困难，就如同在水中学游泳，虽然开始时难免喝几口水，但最终只能通过这种方法学会。因此，温和派与激进派的重要分歧在于如何认识印度社会变革的动力问题，如果说温和派主张一种自上而下的由知识精英领导的渐进的、和平的、合法的社会改革运动的话；那么，激进派则鼓吹一种更多地诉诸印度文化和依靠下层群众的政治运动。

1905—1908 年间，在激进派的领导下，印度兴起了以"自产"和"自治"为口号的民族主义运动。这次运动没有实现自己的目标，因为运动仅发生在像加尔各答这样的个别大城市，广大地区的农民群众并没有加入到运动中。尽管如此，运动所受的挫折并不能摧毁印度先进知识分子们争取自治的决心，而是促使他们去寻求更加积极有效的发动和组织人民群众加入运动的方式方法。

进入 20 世纪的中国思想文化界也在酝酿着变革思潮。1905 年日俄战争日本的胜利、第一次世界大战的爆发、俄国十月革命的成功、巴黎和会上中国人的屈辱，都深深地震撼着中国的知识精英们，他们中的许多人开始从改造旧文化建立新文化的角度寻求出路，在这种背景下，以"科学"与"民主"为旗帜的五四运动发生了。

五四运动基本上是一场知识精英的运动，尽管它在中国历史上占有重要的地位，但运动所波及的地区以及参与的社会面都是有限的。五四运动后，中国知识界分裂了，分歧很大程度体现在如何看待西方文明和传统文化、如何评价群众的作用以及对改革与革命的态度上，这同印度的情况十分相似。

"五四"以后，知识界的一部分人仍对西方的"自由主义"迷恋不已，坚持"全盘西化"的主张，代表人物是胡适。胡适在一篇文章中谈道："我们要铲除打倒的是什么？我们的答案是：我们要打倒五个大仇敌，第一大敌是贫穷；第二大敌是疾病；第三大敌是愚昧；第四大敌是贪污；第五大敌是扰乱。这五大仇敌中，资本主义不在内，因为我们还没有资格谈资本主义。资产阶级也不在内，因为我们至多有几个小富人，哪有资产阶级？封建势力也不在内，因为封建制度早在二千年前崩坏了。帝国主义也不在内，因为帝国主义不能侵害那五鬼不入之国。"[1]

在此认识基础上，胡适提出他的"全盘西化"的主张。他说："在我看来，中国的问题是她在多种文化的冲突中如何调整的问题。中国现在的一切麻烦都可归咎于在将近六十年间尖锐的文化冲突中未能实现这种调整。"他得出这么一种结论："这个问题可以有三种解决的办法，中国可以拒绝承认这个新文明并且抵制它的侵入；可

---

[1] 胡适：《我们走那条路》，姜义华主编：《中国现代思想史资料简编》第3卷，浙江人民出版社1983年版，第176—177页。

以一心一意接受这个新文明；也可以接受某些可取的成分而摈弃她认为非本质的或要不得的东西。第一种态度是抗拒；第二种态度是全盘接受；第三种态度是有选择性的采纳。""抗拒西化在今日已成为过去，没有人主张了。但所谓'选择折中'的议论，看去非常有理，其实骨子里只是一种变相的保守论。所以我主张全盘的西化，一心一意地走世界化的路。"[1]

胡适的"全盘西化"遭到许多批评，梁漱溟是其中的一位。梁漱溟虽也认为中国的问题是文化的问题，但他质疑胡适脱离对中国社会的改造，而以全盘西化来解决中国的问题的观点。他说："中国的问题并不是什么旁的问题，就是文化失调；——极严重的文化失调，其表现出来的就是社会改造的崩溃，政治上的无办法。……不从根底上为整个社会重建一新机构，而只是想消极地消灭军阀，或片面地安设一政治制度（起草中国宪法、讨论民主抑或独裁）都是梦想。"他还主张改造社会从乡村建设做起，乡村建设并不是简单地教会农民读书识字和帮农民解决一些问题，而是政治、经济、文化等的全面重建。"乡村建设运动如果不在重建中国新社会构造上有其意义，即等于毫无意义。"[2]然而梁漱溟的乡村建设运动并没有产生预期的成果，这一点梁漱溟自己深有体会。在一段社会实践后，他承认他的运动面临着两大难处，"高谈社会改造而依附政权""号称乡村运动而乡村不动"。他陷入苦思冥想中："我再三想，左右想，想了半天……一个问题是：到底你能不能够从改造政治而完成社会改造呢？再一个问题是：你到底能不能代表乡村的利益，代表农民的

---

1 胡适：《充分世界化与全盘西化》，《中国现代思想史资料简编》第3卷，第198—199页。
2 梁漱溟：《乡村建设理论》，《梁漱溟全集》第2卷，山东人民出版社2005年版，第166页。

要求，让乡下人动起来跟着你走，发生大力量而转移大局呢？"[1]后面我们将看到这两个问题最终由毛泽东领导的共产党人作出了圆满的回答。

从以上对近代以来中印两国知识分子心路历程的回顾中，我们似乎看到西式教育和西方文明传播的双重结果：一方面是精英文化与大众文化疏离的倾向；另一方面，一些先进的知识精英却开始自觉或不自觉地探索精英文化与大众文化走向结合的道路。

四、甘地和毛泽东在 20 世纪中印文化重建中的历史地位

在 20 世纪亚洲知识精英探索精英文化与大众文化相结合的文化重建运动中，毛泽东和甘地无疑是极为重要的人物，他们也是对 20 世纪世界历史产生过重大影响的两位历史伟人。尽管他们两人在个性、政治信仰、生活环境、人生经历等方面存在巨大的差异，但他们都经历了从西方文明的崇拜者转变为西方文明的批判者的过程，正是在他们的大力倡导下，中印社会中大批年轻的知识精英开始关注社会、接近农民群众，从而促成了民族文化的再生，为 20 世纪中印两国的民族解放事业和战后的发展做出了巨大的贡献。

甘地被印度人民称为圣雄，即印度民族之魂，代表千千万万印度人民的意志。在农民占人口绝大多数的印度，他被人们认为是农民的代表。甘地一生，在谈到农民时总是充满热情："你一跟农民谈话，他们一开口，智慧就从他们嘴唇边流露出来。在那粗鲁的外表后面，你会发现一座深邃的精神宝库。就一个印度农民来说，一个

1　梁漱溟：《我们的两大难处》，《梁漱溟全集》第 2 卷，第 573、574、576 页。

古老的文化就隐藏在一个粗鲁的外表之下。取下这个外表，消除他的长期贫困和文盲状态，你就会看到一个有文化、有教养的自由公民所应具备的最美好的品质。"他主张："一个真正的爱国者，只有到农村去走一走，并在那里住上六个月，才有资格讨论印度自治问题。"[1] 甘地因而被人认为是"一个伟大的农民，他以农民的观点去观察事物，以农民的蒙昧去对待人生的某些方面"[2]。

甘地是由国大党元老郭克雷推荐登上印度政治舞台的，当时国大党人看中的是他动员组织和领导群众运动的才能与品德。1912年12月郭克雷从南非考察回来，向国大党极力推荐甘地："他（甘地）无疑是由英雄材料造成的人；不仅如此，他还能够神奇地将自己周围的普通人转变为英雄。在最近一次的德兰士瓦的消极抵抗中，甘地在那里领导了为了维护我们国家尊严的斗争。有2 700人被捕入狱，他们中有很有地位的人，也有小商人，大部分是卑贱和贫穷的人、小贩和劳动者，他们平时不会高谈阔论爱国的大道理，但却在甘地精神的感召下勇敢地参加斗争，这说明一个人的伟大精神力量可以改变他人的思想及周围环境。"[3]

甘地回国后，首先花了近一年的时间，乘坐火车，周游全国，体察了解民情，倾听下层人民的呼声与要求。接着，深入到印度最贫困的比哈尔邦，帮助那里的农民反对殖民政府强制推行种植靛青作物。农民需要的是粮食，殖民当局需要的是钱，他们强制当地农民必须将1/6的土地种植靛青。甘地组织农民进行抵制，最终迫使

1　［印］甘地：《印度自治》，谭云山译，商务印书馆1935年版，第67页。

2　《尼赫鲁自传》，第287页。

3　M. N. Das，"Emergence of Gandhi in Indian Politics"，in B. C. Das（ed.），*Gandhi in Today's India*，New Delhi，1979，pp. 189-190.

英国当局撤销这一法令，农民们将甘地尊为圣雄。从此，甘地在印度政治舞台充分展现了其动员组织群众的才华与魅力，"甘地领导了广泛的运动：这些运动包括了来自社会各阶层的越来越多的人。甘地在重大运动中之所以成功，主要是由于他借助了传统的和为人们所熟悉的观念、象征、机构和方法。同时，他的成功也基于对千百万他的同胞实际问题和遭到种种剥夺的关心"[1]。

　　在甘地的率先垂范下，国大党改变了以往脱离群众的作风，一批青年人像巴特尔、德赛、卡马拉季、夏斯特里、尼赫鲁——他们日后成为独立后印度政府领导人——开始走向农村。尼赫鲁在自己的自传中这样写道："1920年时，我完全不了解工厂中、田里的情况，我的政治见解也完全是资产阶级的。从甘地在比哈尔和古吉拉特展开农民运动以后，我才开始稍微注意农民问题。"尼赫鲁还谈及他当时做农运工作时的亲身感受："我同几个同事下乡去，在远离铁路和公路的农村过了三天。这次旅行对于我是一个启示。我们发现整个农村热情高涨，单是口头通知一声就有很多人来开会。从一村传到另一村，这样一个个接着传下去，马上整个村子都空了，田野上挤满了男男女女以及孩子们，大家向开会的地方走去。"看着这些农村人，尼赫鲁当时心中充满惭愧和悲哀，惭愧的是："我自己过着安乐舒适的生活，我们城市人抱着狭隘的政治偏见，把这许多衣不蔽体的印度儿女不放在眼里。悲哀的是我感到印度的退化及其严重的贫苦。"[2]

　　在甘地的领导下，通过广大国大党人的努力，国大党在农村发展自己的基层组织，将农民吸收入党，成了有几百万党员、运动高

1　［澳］A.L.巴沙姆主编：《印度文化史》，闵光沛等译，商务印书馆1997年版，第582页。
2　《尼赫鲁自传》，第59页。

潮时甚至能发展到上千万党员的强大政治组织。国大党还帮助农民组织农民委员会,1936 年,第一个全印度的农民组织——全印农民协会成立。1939 年 12 月,在费兹普尔同时召开国大党年会和第一次印度农民大会,有 2 万农会会员,国大党通过了它的土地纲领,并宣布两大组织政治上的团结。到 1938 年举行第三次代表大会时,农会会员已达 55 万,在当时 20 个省中的 19 个省建立了省农民委员会。一年后,会员增加到 80 万人。在甘地的领导下,国大党已从早期的精英分子政治俱乐部转变为具有深厚群众基础和战斗力的政治组织,印度民族主义运动的形势发生了积极的变化。"30 年代的运动与 20 年代初期的公民不服从运动不同,1920—1922 年,国大党对农民群众的影响还不大;当宣布 1930 年运动时,它在乡村农民中已经有了很高的威信,并在农民中建立了广泛的完整的基层组织网。1930 年国大党的基础已经比 1920—1922 年深得不可拟。"[1]

20 世纪中国革命中知识精英与农民的关系,或者说农民在中国革命中的地位与作用,以及毛泽东及其领导下共产党人在组织动员农民加入革命的经历与作用,显然无法在这篇论文中一一表述,好在现在已有大量这些方面的研究。研究者们可能政治立场不同,但对农民在中国革命中的巨大作用,以及毛泽东在农民运动中的地位,基本没有太大的争议。这里只需略述一二。

毛泽东是中共党内也是知识分子中较早认识到农民对中国革命重要性的人。早在青年时代,毛泽东在其主编的《湘江评论》上

---

1 《印度现代史》,第 384 页。

就发表了题为《民众的大联合》的文章。在第一次国内革命战争时期，他又先后写了《国民革命与农民运动》（1926 年 9 月）和《湖南农民运动考察报告》（1927 年 3 月）。在前一篇文章中，他敏锐地提出："农民问题乃国民革命的中心问题，农民不起来参加并拥护国民革命，国民革命不会成功；农民运动不赶速地做起来，农民问题不会解决；农民问题不在现在的革命运动中得到相当的解决，农民不会拥护这个革命。"[1] 在后一篇文章中他进一步强调："没有贫农便没有革命。若否认他们，便是否认革命。若打击他们，便是打击革命。"[2]

随着中国革命历史进程的发展，毛泽东对知识青年走与工农相结合的道路对中国革命的重要性和必要性认识得更为清楚，态度也更为坚决。特别是抗战时期，随着大批城市青年来到延安投身革命，毛泽东在多种场合告诫他们要到工农中去，他甚至将知识分子是否愿意与工农结合看成革命与反革命的分界线，"知识分子如果不和工农民众相结合，将一事无成。革命的或不革命的或反革命的知识分子的最后分界，看其是否愿意并且实行和工农民众的结合。他们的最后分界仅仅在这一点，而不在乎讲什么三民主义或马克思主义。真正的革命者必定是愿意并且实行和工农民众相结合的"[3]。

为了说服和动员革命青年下到农村基层，与农民结合，毛泽东还现身说法，谈了自己思想感情转变的过程："你要群众了解你，你要和群众打成一片，就得下决心，经过长期的甚至是痛苦的磨练。

1　毛泽东：《国民革命与农民运动》，《毛泽东选集》第 1 卷，人民出版社 1991 年版，第 37 页。

2　毛泽东：《湖南农民运动考察报告》，同上书，第 21 页。

3　毛泽东：《五四运动》，《毛泽东选集》第 2 卷，第 555 页。

在这里，我可以说一说我自己感情变化的经验。我是个学生出身的人……那时，我觉得世界上干净的人只有知识分子，工人农民总是比较脏的。……革命了，同工人农民和革命军的战士在一起了，我逐渐熟悉他们，他们也逐渐熟悉我。这时，只是在这时，我才根本改变了资产阶级学校所教给我的那种资产阶级和小资产阶级的感情。这时，拿未曾改造的知识分子和工人农民比较，就觉得知识分子不干净了，最干净的还是工人农民，尽管他们手是黑的，脚上有牛屎，还是比资产阶级和小资产阶级知识分子干净。这就叫做感情起了变化，由一个阶级变到另一个阶级。"[1]

通过思想改造，完成知识分子对工农阶级的认同，意味着革命的知识分子不仅要革别人的命，还要革自己资产阶级和小资产阶级思想意识的命，在革命的过程中，逐渐形成一种新型文化。在这种文化中，精英文化与大众文化结合为一种革命文化。这种新型的革命文化也就是新民主主义文化的核心。毛泽东是这样界定新民主主义文化的性质的："这种新民主主义的文化是大众的，因而即是民主的。它应为全民族中百分之九十以上的工农劳苦大众服务，并逐渐成为他们的文化。民族的科学的大众的文化，就是人民大众反帝反封建的文化，就是新民主主义的文化，就是中华民族的新文化。"[2]

我们可以将新民主主义文化与五四运动中提出的新文化加以联系和比较。中国的知识精英们在五四运动中打出了"民主与科学"的旗帜，但五四运动基本上是知识精英们的运动，是知识精英们在

---

1 毛泽东：《在延安文艺座谈会上的讲话》，《毛泽东选集》第 3 卷，第 851 页。
2 毛泽东：《新民主主义论》，《毛泽东选集》第 2 卷，第 709 页。

文化上的觉醒。这种觉醒对中华民族的复兴是十分必要的，但光有这种觉醒尚不能使中华民族复兴。历史证明，使中华民族得以复兴的，是毛泽东为首的中国共产党人领导的全体中国人民在血与火中创立的新民主主义文化。新民主主义文化是五四文化精神的延续与发展；新民主主义文化与五四文化的最大不同点在于，它不但具有五四的科学与民主的精英主义精神，具有民族主义的内涵，而且它是大众的。

五、结语

　　甘地和毛泽东无疑是中印两国 20 世纪历史中最伟大的人物，他们之所以伟大并不单纯在于他们的人格魅力，正如马克思所说："人们自己创造自己的历史，但是他们并不是随心所欲地创造，并不是在他们自己选定的条件下创造，而是在直接碰到的、既定的、从过去承继下来的条件下创造。"[1] 他们的伟大在于他们顺应了历史发展的需要，他们所倡导的知识精英与工农大众相结合的道路，以及千百万人在此道路上的革命实践改造了中印两国社会，也铸造了几代新人。20 世纪中印两国知识精英与农民大众相结合产生出的巨大能量也证明了列宁关于知识分子在革命中的作用的论断："知识分子一旦接近了人民，就会在这个斗争中成为一支巨大的力量。它自己虽然软弱无力，但是能够给小资产者和农民的广大阶层提供他们恰恰缺少的东西：知识、纲领、组织。"[2]

1　［德］马克思：《路易·波拿巴的雾月十八日》，《马克思恩格斯选集》第 1 卷，第 603 页。
2　［苏］列宁：《作保皇派资产阶级的尾巴，还是作革命无产阶级和农民的领袖？》，《列宁全集》第 9 卷，人民出版社 1959 年版，第 200 页。

在新的世纪中，中印两国的发展必将对世界产生更为重大的影响，在发展的过程中，可以预见到会有各种困难与挑战，能否正确处理精英与大众的关系，培植和更新适应新世纪的新文化是两国现代化事业成败的关键，在这方面，毛泽东思想和甘地主义的宝贵精神遗产不容忽视。

独立以来印度政治变迁中的"精英"与"大众"

独立以来印度一直自诩为世界最大的民主国家，并自称创造了"南亚的政治奇迹"。[1]五十余年来印度的政治发展大致可以划分为如下三个阶段：1950—1967 年、1967—1989 年、1989 年至今。本文试图通过对此三个阶段印度主要政治事件的回顾，对独立以来印度政治的发展过程、基本特征、性质作一粗略的描述与分析。

一、精英民主与国大党一党独大（1947—1967）

尽管印度一直标榜自己为世界上最大的民主国家，国大党及尼赫鲁本人一直服膺于民主的理念，但让世人颇为迷惑不解的是尼赫鲁家族在印度独立后的巨大影响和政治地位，尼赫鲁之后是英·甘地，英·甘地之后是拉·甘地，拉·甘地之后，国大党仍离不开尼赫鲁家族，尽管索尼亚·甘地出生在意大利，以她为首的国大党还

---

1 W. H. Morris-Jones，*Politics Mainly Indian*，Orient Longman，1978，p. 131.

是在最近一次（2004）的全国大选中获得胜利，反映出尼赫鲁家族在独立后印度政治中的巨大影响。

独立后尼赫鲁是总理兼外交部部长，又兼国防部部长、原子能局局长、计划委员会主席、议会两院多数党领袖，并且是独立以来一直统治印度的有近千万党员的国大党的实际领导人。尼赫鲁的下属们将尼赫鲁称做印度最大的榕树。它的影响远远超过了新德里的中央政府办公室。

毫无疑问，尼赫鲁是个自由主义者，他反对封建专制，是印度民主制度的奠基者和建设者，这是他与古代印度帝王以及许多新独立的亚非国家专制统治者不同的地方；但同时尼赫鲁又是极具政治精英意识的贵族。这种精英主义贵族气质是他参加民族主义运动的动力，也是影响他独立后从政和执政风格的重要因素。这种精英主义是一种传统贵族意识与现代民主精神的混合物，不仅尼赫鲁身上有，与尼赫鲁同时代的许多印度政治领袖身上都有。除了尼赫鲁本人的民主理念，印度在此阶段受益于非常重要的两种制度的存在：一个运作良好的文官制度和一个颇得民心的执政党——印度国大党。从殖民地时期继承而来的文官制度构建了国家的核心，该文官制度贡献了有效的治理和政治的安定。相比较而言，国大党由于在民族独立运动中的先锋作用，在群众中具有很高的威信和合法性。国大党精英们，特别是尼赫鲁，利用此政治资本明智地在国大党的框架内调和各派系之间的冲突和竞争。此外，尽管尼赫鲁和其他人使用社会主义的激进言词，在实际做法上却是极为保守的。例如，国大党一方面在社会强势群体中——时常是土地所有者、上层种姓——建立其政治网络，另一方面在底层进行选举动员，争取社会底层选民的支持。这一策略促使国大党在此时期获得成功。

印度式民主的初步建立还得益于此事实，即在早期阶段印度社会尚未完全被动员起来。政治冲突主要在对立的精英之间进行，主要是地方精英向中央政府要求分享更大的权力和资源。在联邦制之下，通过承认语言共同体作为合法的政治单位，这些冲突成功地得以调和。总的说来，在这一时期里，印度精英与大众之间的冲突是极小的。存在的阶级冲突被限制在一些地区。由于印度社会的异质性，这种冲突很少从一个区域扩散到另一个区域。低级种姓的动员尚处在初级阶段，并局限于南部的一些邦，绝大部分的印度穷人是低级种姓、无地农民。这些群体一般依附于在他们之上的、拥有土地的高级种姓精英。这些垂直的保护和依附纽带束缚了贫困的印度人民的政治行动。

二、民众威权主义与"尼赫鲁王朝"的终结（1967—1989）

尼赫鲁去世后不久，他的女儿英迪拉·甘地当上了印度总理。实事求是地说，英·甘地是通过民主选举程序执掌印度政治权力的。尼赫鲁去世后，围绕由谁继承的问题，国大党党内存在不同意见。党内有好几个人想填补他的位置，他们都是尼赫鲁同时代的人，既是国大党元老，又长期在中央和地方担任重要领导职务，他们的资历让他们自信自己是合适的人选，他们的年龄又让他们深感这是最后一次机会。争斗的结果，谁也不让谁，最后选择了夏斯特里，他是一位教师出身的谦谦君子，对谁也形不成威胁。但他在1966年年初不幸因病去世。元老们这次选择了英·甘地。元老们选择英·甘地同选择夏斯特里的动机是一样的，英·甘地政治资历浅，又是一位女性，控制她比较容易。

英·甘地是临危受命，她上台时的印度同其父的时代相比在许多方面已经发生重大的变化。独立后不久就出现的一些社会经济和政治因素开始累积起来并影响印度的发展：人们逐渐开始淡忘国大党独立前领导人民反帝国主义和殖民主义斗争的历史，各式各样的新精英已经崛起，挑战国大党的绝对权威；独立后印度人口快速增长，独立时出生的一代人到六七十年代已经成人，同他们的父辈祖辈相比，他们在政治上更加激进和活跃，成为可能被各种政治势力动员和组织的社会力量；商品化程度的提高和民主思想的传播破坏了传统的人际关系，这些传统的人际关系以保护—被保护的垂直纽带为特征，这种关系在相当一段时间里约束了底层社会的人们参与政治；六七十年代印度经济发展相对缓慢甚至停滞，使得大多数人的生活状况没有重大改变。

以上因素促使印度政治发生转型。印度的选举制度规定，全国划分为五百多个选区。印度独立时已有数亿人口，今天人口已过10亿，但选区的数目基本没有变化，因此，一个选区小的一般有几十万人口，大的一般有几百万人口。每个选区选举产生一名人民院议员。一个选区中，居民不仅有贫富差别，还有种姓和教派的差别。印度的选举规则与印度社会文化的多样性特征决定了政客们为了当选，必须尽量争取广泛群众的支持，避免成为某个单一社会集团的利益代言人。但如果认同的群体范围过于宽泛，同样也不可能获胜。比如如果某个政党宣称自己代表全体穷人的利益，理论上，由于穷人占全国人口的大多数，穷人都会投该政党的票，那么无论在地方或中央，该党都可能获胜成为执政党，但这只是理论上的假设，实际上，穷人并不会都投所谓代表穷人利益的政党的票。在很长一段时间里，就全国而言，任何打着代表特定阶级、种姓、教派、地方利益旗号的政党都不可能问鼎全国政权，因为它们不可能获得执政党所必需的过半数的席位。国大党能在最初一二十年维持其一党独大的局面就在于它坚持自己代表整个印度民族的利益，而不是代表某一阶级、种姓、教派、地方的利益。国大党能这样做而别的政党做不到有许多原因，比如国大党具有领导人民反帝反殖的历史；国大党运用调和主义的政治手法，激进的纲领口号与温和的政策实行相结合；国大党充分利用印度传统社会中垂直人际关系纽带；等等。然而，国大党代表印度全民族利益的政党形象也只是暂时性的。在独立 20 年后，前面提到的那些社会变化因素使得国大党越来越难以让人相信它真的能代表整个印度民族的利益，以及它真的有能力领导国家走上繁荣富强。随着时间的推移，怀疑失望的人越来越多，人们出于各种不同的动机开始寻求国大党的替代物，转而支持最能代表自己利益的政治力量，这时，种姓主义、地方主义、教派主义的诉求开始大行其道，国大党一党独大支配印度政治的局面受到了严重的挑战。

这个变化从 1967 年 2 月举行的第四届全国大选结果中反映出来，国大党在当时人民院 520 议席中只获得 283 席，比上届的 361 席少了 78 席，只是勉强维持微弱的多数。在邦议会选举中，在总数 3 453 议席中，国大党只获得 1 661 席，不足半数；在全国 17 个邦的 9 个邦议会中失去多数。国大党面临独立以来的第一次政治危机。

面对来自国内外的各种压力与挑战，英·甘地试图推行民众威权主义的策略。一方面，英·甘地对贫苦大众许诺"消除贫困"，推行具有激进改革内容的"20点纲领"，以期获得群众支持；在此基础上，她利用群众的支持将权力集中在自己手中，将自己的心腹安排到全国的要害部门里，排挤那些向她挑战的人。这些进一步激化了印度的各种矛盾，发展到1975年印度宣布全国实行紧急状态。

1975年6月26日凌晨4时，英·甘地派出军队和警察逮捕所有的反对派政治领导人；6时，她召集内阁会议。一小时后，印度总统宣布国家处于紧急状态：暂停宪法赋予公民的一些基本权利，一大批政党被取缔，实行新闻检查，加强公务人员的工作纪律，在一些特定时刻对某些特殊地区派驻军队。紧急状态法颁布后不久，成千上万的被控从事颠覆活动的政治家、学生、新闻记者、法官被捕入狱，许多邦的大学被封锁，闹事的教职员工被抓，到8月据报道有一万多名政治犯被捕。大街上到处张贴英·甘地的大幅肖像宣传画，上写着"印度就是英迪拉，英迪拉就是印度""英迪拉就是秩序"。[1]

紧急状态的实施标志印度政治的重大转变，英·甘地力图采用威权主义的方式来治理印度。她于1975年11月15日在新德里召开的印度第56届国家贸易联合会的开幕式上讲话，毫不隐讳地谈及自己的意图："看问题，一定要有大眼光。我们到底想要看到我们的国家变成什么样子？我们到底想要哪一种类型的国家？民主只不过是一个不断变化的概念，在现时代，它必须适应更广泛的大众参与的需求。虽然一直以来我们都在为政治上的自由而奋斗，但是我们很清楚，政治自由并不是最终目的。我们的领导人已经充分意识到，

---

[1] ［美］弗朗辛·R.弗兰克尔：《印度独立后政治经济发展史》，孙培钧等译，中国社会科学出版社1989年版，第621页。

自由只有在它能够解决最多的贫困和最大的压迫的时候才是真实的。这就需要对我们的社会进行一场大规模的社会和经济改造。……对印度而言，世界上大部分国家或地域所采取的发展模式，都是错误的模式。"[1] 她虽然没有明确指出自己心目中适合印度发展的模式，但是坚信这种模式一定能够"将所有的贫困驱逐出这块土地"。

英·甘地以自己的所作所为为自己赢得了"铁女人"的称号，"她不再被人视为尼赫鲁的软弱可爱的女儿，而是具有自己主见、自己统治手腕和自己政党的政治家。"[2] 紧急状态的实行使得英·甘地遭到来自国内外的大量批评，也使人们对印度民主的前景忧心忡忡。

实际上，英·甘地并没有在威权主义道路上走得太远。在宣布紧急状态一年多以后，当国内形势趋于平稳时，1977 年英·甘地决定取消紧急状态法，恢复本应在 1976 年进行的全国大选。1977 年大选，英·甘地的国大党在 542 个席位中只得到 153 席，人民党得到 299 席，国大党下台，人民党上台，国大党第一次成为在野党。

人民党上台执政，却没能解决印度面临的问题，政治动乱并未平息。到 1978 年底，许多人已经看到英·甘地的重新上台不可避免。1980 年全国大选中人们对人民党执政的不满最终又将她送回政治舞台。

重新上台的英·甘地面临的是极为棘手的一系列国内外难题，她本人也因此成为印度动乱的牺牲品。1984 年，她被锡克教极端

1　Indira Gandhi, *Indira Gandhi：Selected Speeches and Writings*, 1972—1979, New Delhi, 1984, pp. 363-364.

2　Tariq Ali, *The Nehrus and Gandhi's：A Indian Dynasty*, London, 1985, p. 170.

主义分子刺杀。英·甘地被刺使国大党和尼赫鲁家族在政治继承问题上面临严峻的考验。英·甘地被刺在印度广大民众中掀起广泛和强烈的同情热潮，国大党借机加强了对旁遮普、克什米尔和阿萨姆的武装控制。同时，随着新闻媒体对她的葬礼大张旗鼓的宣传，随着张扬其烈士行为的选举海报和她儿子拉吉夫·甘地"廉洁先生"形象的树立，年底选举的结果几乎可以预知。拉吉夫不仅仅借助于母亲的烈士形象，在选举中还"打印度教的牌"，印度教教派组织国民志愿团（RSS）在许多方面为国大党而不是印度人民党（BJP）出力，国大党获得史无前例的胜利，得到议会 508 席中的415 席。

拉·甘地上台后，力图改变英·甘地执政时期的一些政策来应对所面临的挑战，他试图在三个方面有所突破：整顿国大党的组织、解决旁遮普问题、推行印度经济的自由化。但由于各种原因，拉·甘地的改革未能达到原先设想的结果。国大党未能保持住先前的势头。在 1989 年的全国大选中，只获得 197 席，比起 1984年的 415 席整整少了 218 席，由于未过半数，又不愿与其他党组织联合政府，国大党选择下台，继 1977 年大选之后第二次成为在野党。

1991 年，拉·甘地遇刺身亡。很难说，如果没有母亲英·甘地遭刺杀事件，拉·甘地是否能上台，但有一点可以肯定的是，他不可能像其外祖父和母亲那样长期执掌印度的政权，并将此权力顺利地传给下一代，在此意义上，拉·甘地的离去标志着国大党的衰弱和"尼赫鲁王朝"的终结。

三、多元格局的挑战与联合政府（1989 年至今）

印度建国初期曾被视为第三世界国家治理秩序良好的典范。在 20 世纪五六十年代，人们还时常抱怨印度普通民众对民主权利的冷漠。如今，在印度各地每天都发生成百上千起的抗议活动，这些活动大部分是和平进行的，但都潜在地带有暴力色彩，暴力事件在印度逐年增加。奈保尔称此为"百万叛变"。[1] "百万叛变"的形势改变了世人关于印度人对政治冷漠的印象，相反觉得这是一个热衷政治的民族，同时不得不对印度稳定、有序和有效的政府形象提出疑问。

近十余年来的政府频繁更迭进一步加剧人们的担心。虽然印度的民主选举制度得到维持，已经进行过 14 次大选，但一些重大的变化已经出现，下表反映了印度 1952—2004 年历次大选的结果：

1952—2004 年印度人民院大选结果

年份 / 席位	1952	1957	1962	1967	1971	1977	1980
总席位	489	494	494	520	518	542	542
国大党	364	371	361	283	350	154	353
人民同盟	3	4	14	35	22	—	52
人民党	—	—	—	—	—	297	31
印共	16	27	29	23	23	7	11
印共（马）	—	—	—	19	25	22	36
地方党派	19%	18%	18%	31%	17%	11%	10%

1　[英] V. S. 奈保尔：《印度：百万叛变的今天》，黄道琳译，生活·读书·新知三联书店 2003 年版，第 55 页。

续表

年份 席位	1984	1989	1991	1996	1998	1999	2004
总席位	508	529	511	543	543	543	539
国大党	415	197	227	140	141	114	145
印度人民党	2	85	119	161	182	182	138
人民党	10	143	56	46	6	21	11
印共（马）	22	33	35	32	32	33	43
印共	6	12	13	12	9	4	10
地方党派	16%	11%	12%	28%	32%	35%	35%

资料来源：J. C. Aggarwal & N. K. Chowdhry, *Elections in India, 1952—1996: Constituency Profiles, Results and Analysis Focussing Poll 1996*, Shipra Publications, 1996, p. 182; 1996 年后的数字来自 2004 年的 *Economic and Political Weekly*。

上表显示，在 1952—1989 年三十余年里印度举行过 9 次大选，基本是正常的 5 年换届选举；而在 1989—1999 年的 10 年里就举行了 5 次大选，政府频繁更迭反映出"治理危机"。"治理危机"还反映在进入 90 年代后，国大党一党独大局面已经完全丧失，没有哪一个党能在人民院拥有过半数席位，因而不得不组织联合政府。在印度，迄今为止，主要有过三种形式的联合政府：几个党联合竞选，从而获得议会中的多数而组织政府，如 1977 年的人民党政府；第二种是选举后没有一个党获得过半数，几个小党联合并在一个大党的支持下组织政府，如 1989—1991 年间的联合政府；第三种是虽没有一个党过半数，但第一大党的席位超过 1/4，又有其他小党愿加盟，因而组成以该大党为核心的联合政府，如 1991 年的国大党政府，1999 年的印度人民党政府，以及 2004 年上台的国大党政府。无论哪种形式的联合政府，都加大了政府制定政策的难度和执行政策的效率，从而进一步加深人们的怀疑：印度还能顺利治理吗？

已经有人提出应该加强中央的权力集中，例如实行总统制，来防止印度巴尔干化的危险。但是现存制度的支持者们认为：印度多样性的宗教、语言、种姓、阶级和区域仍需要 1950 年印度宪法所创立的公开、多元、参与型的制度。他们担心一种权力集中的制度将会更少的代表性、更少的负责性、更多的脆弱性，将把印度引向真正的巴尔干化，这也正是权力集中的支持者所力图防止的。

也有不少的学者从印度的群众运动和印度政府处理印度群众运动的经验中看到印度民主积极正面的因素。他们认为各式各样的群众运动的活跃标志着印度政治正在由精英民主走向大众民主；印度和非印度学者进行的各种各样的详尽研究表明殖民统治、民族主义斗争、社会经济变迁以及建立在大众选举基础之上的五十余年的党派竞争政治已经开始深远地改变印度的社会结构、价值观和政治生态。因此，虽然这一加速的变迁过程已经在印度已有的社会群体中产生实质性的紧张局面，但由民族精英创立的新的政治制度逐渐在沟通、调和和调解这些紧张局面的过程中发挥重要作用，并且对整合印度异质性的社会结构和区域多样性有所贡献。今天，通过调和妥协的方式缓解社会矛盾和政治冲突已经成为印度人的政治态度和取向，形成印度政治文化的基本特征。因此，可以说，印度民主的危机是表面的，民主的深化是其实质。然而，印度式民主需要应对和解决的困难还很多，种姓问题、种族问题、分离主义问题、宗教问题、妇女问题、贫困问题、就业问题，等等，这些都是印式民主所面临的巨大挑战。

第三章 民族之重构

- ◎ 『发现印度』：20 世纪印度教民族主义的历史与社会探源
- ◎ 印度教：近代以来印度社会变化的主要动力
- ◎ 种姓制度与印度的民族问题
- ◎ 印度多民族国家整合的困境

"发现印度"：20世纪印度教民族主义的历史与社会探源

　　1992年底至1993年初，印度发生了印度教与穆斯林两大教派的严重冲突。光天化日之下，大批狂热的教派主义分子们成群结队地沿街杀人放火、洗劫商店、轮奸妇女，社会陷入无序状态，据不完全统计，仅在冲突最严重的加尔各答和孟买地区，就有千余人丧生。

　　印度的教派冲突提出了一些值得研究的问题：为什么在印巴分治近半个世纪之后，印度教徒和穆斯林之间的矛盾仍未能解决，反而有愈演愈烈的趋势？为什么印度独立后的三位杰出领导人先后被印度教派主义分子和地方民族主义分子刺杀身亡？[1] 印度国大党同这些教派主义分子的分歧何在？为什么国大党政府不能对他们采取更为严厉的措施？最后，人们不禁会问，这种日益嚣张的教派主义将

1　三次刺杀事件分别是：1948年，圣雄甘地被国民志愿团成员那图拉摩·高士刺杀；1984年，国大党政府领导人英·甘地总理被自己信奉锡克教的卫士刺杀；1991年，英·甘地的继任者拉吉夫·甘地又死于泰米尔民族主义者之手。

把印度引向何方？本文试图通过对印度教民族主义的历史起源及其发展的社会背景的分析就以上问题作一番粗浅的探讨。

一、印度教民族主义者的历史观和政治主张

印度教民族主义意指印度社会中一些人主张通过复兴印度教，振兴印度教传统文化，改造印度国民软弱涣散的心理素质，克服印度社会中教派林立、种姓对立、社会分散、缺乏内聚力等弊病，将印度建成一个统一而强大的现代国家。这一思潮同时具有强烈的教派主义和民族主义的价值取向，因而被称之为印度教民族主义（Hindu Nationalism）。

印度教民族主义思潮发端于20世纪初，沙瓦尔卡尔（V. D. Savarkar）被公认为这一思潮的肇始者和最主要的理论家，他发表于1923年的《印度教特性》（*Hindutava*）一书是该思潮的理论源头。该书宣扬"印度是印度教徒的印度"，这也是日后印度教民族主义者们的口号和奋斗目标。

值得指出的是，沙瓦尔卡尔所指的"印度教徒"同一般人所理解的有所不同。沙瓦尔卡尔所说的"印度教徒"不仅仅指那些履行日常印度教宗教仪式、信奉印度教教义、参拜印度教神庙的信徒们，而且还包括所有崇奉印度本土文化的印度人。具体说来，他的"印度教徒"具有如下特征："1. 所有教派，无论其源于吠陀或非吠陀，只要它将从印度河到印度洋的土地作为其父母之邦，其教徒都应被看作是印度教徒。2. 所有印度教徒属于同一民族。3. 他们继承了共同的文化遗产（指价值观和世界观而非日常宗教仪式）。4. 他们承认

印度为神的土地。"[1]

由于沙瓦尔卡尔用广义的文化而非单纯的宗教行为来定义印度教徒，他的"印度教徒"一词就有了更广泛的涵盖性，它不仅指正统的印度教徒，而且包括了佛教徒、耆那教徒、锡克教徒等，因这些宗教均起源于印度本土，属于印度本土文化的一部分。不仅如此，沙瓦尔卡尔还将印度穆斯林和印度基督教徒也纳入他的印度教徒范畴，因为伊斯兰教和基督教虽然起源于国外，但绝大多数的印度穆斯林和印度基督教徒的祖先或者本人原先本是印度教徒，只是后来因为各种原因而皈依伊斯兰教或基督教，他们的日常生活习惯和价值观仍然是印度的。

沙瓦尔卡尔及其追随者们扩大印度教徒的涵盖面，目的在于让印度教民族主义有更广泛的群众基础，同时让印度穆斯林和印度基督教徒同化于印度教徒。但与此同时，他们又对印度穆斯林和基督教徒实行打压。他们认为，伊斯兰教和基督教起源于国外，同印度本土文化格格不入，阻碍印度人的认同感，是妨碍印度统一的分离主义势力，因而必须对其进行限制和打击。他们的"印度是印度教徒的印度"也就成了在印度打击一切非印度教团体，让非印度教社团在印度处于次等公民地位的同义语。印度教民族主义的一位重要领导人高瓦克在《我们和我们的民族品格》一书中公然声称："非印度教教徒们必须接受印度教文化，使用印地语，必须学会尊重印度教，必须以印度教的民族和文化为荣耀，他们必须不再自认为外族人。换言之，必须完全服从印度教民族，一无所求，不应有任何特

1　D. N. Dhanagare，"Three Constructs of Hinduism"，*Seminar*，No. 411，Nov.，1993，pp. 25-26.

权，更不应享有任何优惠权，甚至不应有公民权。"[1]

　　印度穆斯林首当其冲成了印度教极端分子打击的对象。穆斯林在印度是仅次于印度教的第二大宗教社团，人口在 1980 年代时已达 8 400 万（印度因而成为世界上穆斯林人口大国），因而被印度教民族主义者们当作实现其"印度是印度教徒的印度"目标的最大障碍。

　　为了打击印度穆斯林，印度教民族主义者们不惜曲解印度历史。印度是个多民族的社会，在西方殖民主义者统治印度以前，阿富汗人、伊朗人、阿拉伯人、蒙古人都曾先后入侵印度，入侵过程往往是在剑与火中完成的，历史上曾发生过不少入侵者焚毁印度教神庙、强迫印度教徒皈依伊斯兰教、对印度教徒征收歧视性的特别税的事件；但另一方面，入侵者一旦在印度确立起自己的统治时，更多的是执行宗教宽容政策，采取一些保护和维修印度教神庙的措施。印度教民族主义者们往往强调前者，对后者则视而不见。他们将公元 1200 年至 1800 年的印度历史划归穆斯林统治时期，并将这一时期描绘得一团漆黑。按照他们的历史逻辑，既然反对西方殖民主义统治是正当的，那么他们也完全有理由否定历史上的穆斯林统治并肃清其影响。

二、从阿约迪亚毁寺建庙事件的前前后后看印度教民族主义社会基础

　　显而易见，印度教民族主义能从 20 世纪初的一种思潮发展成今日印度政治中一股举足轻重的势力，说明其纲领与口号能吸引相

1　转引自江亦丽：《橘黄旗下的联盟》，《南亚研究》，1994 年第 2 期，第 58—59 页。

当一部分印度教群众，在印度社会中有大批的追随者，因而拥有相当广泛的社会基础。这一点在 1992 年年底发生的阿约迪亚毁寺建庙事件及因之而引发的印度各地教派冲突中得到充分的体现。

阿约迪亚清真寺位于北方邦，是印度伊斯兰教最重要的清真寺之一。此寺原本是供奉罗摩的印度教神庙，在莫卧尔帝国初期被穆斯林焚毁，并在原址上重建起今天的清真寺。此寺因而被教派主义分子们看作是印度教的耻辱，他们要求平毁清真寺重建罗摩庙。印度独立后不久，1949 年 12 月 22 日夜，一批印度教徒闯入该清真寺，将罗摩的神像安放在清真寺内。当地政府为了防止事态扩大，派出警察关闭了清真寺，但又让罗摩神像留在清真寺内，暂时将寺庙之争搁置起来。

从那以后，印度各地的教派主义分子们数十年如一日不遗余力地做各种宣传鼓动和组织工作。在他们的宣传小册子中，印度穆斯林到麦加或麦地那朝圣被攻击为里通外国的行为；一些印度穆斯林在中东产油国打工挣了点钱被大肆渲染以引起印度教徒的妒忌之心；他们还故意在印度教徒中散布谣言说穆斯林不执行节制生育，有朝一日印度穆斯林的人数将会超过印度教徒，印度教徒在自己的祖国将处于少数民族的地位。总之，在他们的心目中，只有印度教徒才是真正的爱国者、印度国家主权和统一的捍卫者，穆斯林则是叛国者和异类。

印度的一些学者自觉或不自觉地参与为印度教民族主义造势的活动。一些历史学家和考古学家热衷于考证阿约迪亚是罗摩的出生地，并论证清真寺的某根石柱就是原印度教神庙的遗留物，说如果继续挖掘的话，必能找到更多的证据，这无异为平毁清真寺煽风点火。一些作家和影视工作者也不甘落后，1987 年初，长达几十集的歌颂罗摩大神的电视连续剧在晚上黄金时间播放，一时万人空巷。

从 80 年代起，围绕阿约迪亚清真寺的冲突开始重新紧张起来，1984 年，世界印度教大会在全印发起平毁阿约迪亚清真寺、在其原址上重建罗摩庙的运动。世界印度教大会 1964 年成立于印度的孟买，其纲领声称"采取行动，唤起民众，团结各印度教派，巩固与加强印度教社团"[1]。80 年代以来，该组织在海外印度侨民中募到大批捐款，为印度教民族主义活动提供经费。海外印侨长期生活在异国文化环境中，饱尝作为次等公民之苦，他们对自己的印度教传统文化怀有一种特殊的感情，热望印度早日富强，但苦于找不到出路，他们中许多人因而将希望寄托在国内印度教复兴运动上。

在一阵阵紧锣密鼓声中，1989 年 9 月，世界印度教大会在北印各地组织了一次为重建阿约迪亚神庙工程献砖活动。紧接着，1990 年 8 月，印度最重要的教派主义政治组织印度人民党（BJP）发起从索曼纳塔神庙[2] 向阿约迪亚的长途进军，波及十个省邦。这些活动终于导致阿约迪亚清真寺于 1992 年 12 月 6 日在一群狂热的印度教教派主义分子的欢呼声中被夷为平地。该事件很快成为印度各地印度教徒和穆斯林教徒冲突的导火索。

值得注意的是，长期以来，人们习惯地认为，生活在农村中的农民，受传统文化影响较深，易成为印度教民族主义的社会基础，而城市地区居民由于受现代文明熏陶，宗教观念淡薄，不易跟着教

1　Petervan der Veer，"Ayodhya and Somnath：Eternal Shrines，Contested Histories"，*Social Research*，Vol. 59，Spring，1992，p. 100.

2　索曼纳塔（Somanatha）神庙位于马哈拉施特拉邦，该庙曾被莫卧尔王朝第一位皇帝巴卑尔焚毁，1950 年，在印度教教派组织的积极推动下，该庙得以重修。

派主义者们跑。但在 1992 年底 1993 年初的印度教派冲突中，广大农村地区却比较平静，最激烈的动乱发生在印度商业最发达的孟买和加尔各答等大城市。[1]

实际上，教派主义的追随者们并不都是虔诚的宗教信徒，城市居民的宗教观念比起他们的前辈及居住在农村的农民们已经淡漠了许多。大多数印度教徒对穆斯林平时并没多少仇恨，对教派主义分子也没多少好感。据大量有关的报道，那些参与平毁阿约迪亚清真寺的狂热分子，那些在街上闹事的人，"大部分是住在城里，受过教育的年轻人，尽管他们自己声称是为了争取印度的统一事业而奋斗，但他们其实是些被社会遗弃的孩子，他们中的许多人住在贫民窟里，没有正式固定的工作，收入有限，却喜欢喝可口可乐、嚼口香糖，他们仇恨富人，同时也幻想着有一天自己能富起来"[2]。

印度的城市大致可分为两类。一类是原来的政治和文化中心，如德里和海德拉巴等。这种城市中，居民往往按种姓、宗教社团聚族而居，后来虽然城市发展了，但这种居住格局并没根本改变。另一类则是像孟买和加尔各答这样随着西方入侵工商业发达而发展起来的城市。在这类城市里，居民不可能再按种姓和宗教派别分开居住，但这类城市往往受另一类问题所困扰，即由于人们的经济状况变化比较大，而且家庭经济的变化趋势同该家庭的种姓地位的高低不相一致，一些原本在社会上地位较高的种姓可能在经济竞争中失利，一些低种姓则可能改善自己的经济状况，这种变化使得一部分

1　本文所述 1992 年底 1993 年初发生在印度一些大城市的教派冲突情况，主要根据发表在印度 Seminar 杂志 1993 年第 402 期和 411 期的专题讨论会的文章整理而成。

2　Amiga Kumar Gagchi, "Communalism and the Limits of Enlightenment", Seminar, No. 411, 1993, p. 40.

不得志的高种姓对现实心怀不满，这种情绪成为教派主义产生和发展的社会基础。此外，在城市中，城市居民从小就被家庭和社会灌输只有自己的种姓和宗教社团才能给自己提供帮助，给自己以安全感。政客们为了捞取选票也往往有意地利用宗教和种姓感情，竭力使老百姓相信，如果有来自他们同种姓、同宗教社团的人在政府内当官，他们的事就会好办得多。

教派势力在城市的发展还同长期以来印度教民族主义分子们十分注意在城市中发展他们的组织有关。他们在各街道设立办事处，设法解决当地居民的一些实际生活问题。为了扩大影响，他们往往在临街办公室外设置一块黑板宣传他们的政治主张及传播各种消息，以此来联系一般的群众。各个办事处再配以移动电话，一个偌大的几百万上千万人口的大城市就能被他们有效地控制起来。此外，他们还对年轻的志愿人员进行军训，当动乱在孟买城发生时，受过军训的教派主义分子的人数超过了当地警察。重要的是，不少印度政府官员，出于各种目的，或公开加入教派主义组织，充当领导人物，或在幕后出谋划策，这已不是什么秘密。

1992年底1993年初的教派冲突反映了印度现代社会中城市居民道德水准的普遍下降。许多人并不同意印度教民族主义的主张，更反对社会动乱，但当动乱发生时，很少有人敢于站出来主持公道，因为他们受到警告或威胁，如果不与教派主义分子们保持一致，也将一道受到惩罚，出于自卫的本能，许多人不得不随声附和。还有一些人受利己心的驱使，乘动乱之机浑水摸鱼。一位目击了苏拉特城动乱的西方学者写道："许多印度教徒，无论其阶级背景如何，都已发狂，他们认为这种无法无天的行为是正当的，是解救印度的一条必经之路。医生、律师、工程师们的妻子在相互打听哪家商店有她们可穿的鞋子，母亲交代儿子去哪家商店抢她需要的衣料，甚至父子一道开着车去抢商店，社会道德下降到最低点。"[1]

大城市中大批的流动人口更为动乱增添了一支生力军。据有关报道，位于印度西部的苏拉特城近年来工业发展迅速，人口从1971年不足50万猛增到今天的170万，其中大部分是来自农村的流动人口，年龄在15—25岁之间，收入低微且不固定，生活条件极为恶劣，往往几人合睡一床，一人上班了，另一人接着上床睡觉。这些年轻的劳工们大多尚未结婚或结了婚将妻子留在乡下，他们唯一的娱乐消遣是晚上看黄色电视录像。当动乱发生时，他们中一些人趁火打劫，有的成了可怕的性犯罪者。

根据以上印度和西方学者关于阿约迪亚寺庙事件前前后后的报道和分析，我们发现构成印度教民族主义社会基础的主要为以下人群：组织和领导教派冲突的教派主义分子；自觉或不自觉地为毁寺建庙制造舆论的学者名流；慷慨解囊赞助教派组织的一些海外印侨；公开或暗地支持教派主义组织的各级政府官员；求告无门生活无着的失业青年；道德水平下降的城市市民以及城市中大批的流动人口。他们受不同的利益驱动，齐集在"印度是印度教徒的印度"的大旗下，于1992年底1993年初在印度制造了震惊世界的教派冲突。

三、印度教民族主义与独立后印度的政治

大而言之，活跃在今日印度政治舞台上的是三股政治势力，第

1　Jan Breman, "A Muslim Pogrom in Surat"，该文提交给了1993年阿姆斯特丹讨论会，尚未正式发表。

一股是以印共（马）为代表的左派力量；第二股是以印度教民族主义政党印度人民党（BJP）为核心的右翼政治势力；而执政的国大党则是介于以上两者之间的第三股势力。它们在关于印度的民族和国家问题上既有相一致的地方，同时也存在着相当大的差异。

国大党对印度民族和国家的看法集中地反映在尼赫鲁《印度的发现》一书中。尼赫鲁在书中明确表示印度要成为与美、苏并驾齐驱的世界大国，书中写道："印度以它现在所处的地位是不能在世界上扮演二等角色的，要么做一个有声有色的大国，要么就销声匿迹，中间的地位不能引动我。我也不相信任何中间地位是可能的。"[1] 他高度强调国家统一的重要性："统一总比分裂好，那种统一是地理、历史、文化和其他方面的统一；但最有力的因素却是世界时势的趋向，民族国家在今天是太小的单位，而小邦不可能独立存在。甚至许多较大的民族国家能否有真正的独立都是令人怀疑的，这一来，民族国家就为多民族国家或一些大的联邦所代替了。"[2]

为了实现国家统一民族团结的目标，国大党政府从独立起就采取让宗教与现实政治分离的政策，不允许宗教干预政治，规定国家工作人员可以在自己家中或寺庙里祭祀做礼拜，做一个好的宗教信徒，但一旦他在公众场合执行公务时，必须将自己的宗教信仰放到一边。国大党的口号是"我们首先是印度人，然后才是印度教徒；我们首先是印度人，然后才是穆斯林"。这种政教分离的主张在印度被称作世俗主义（Secularism），以区分于从宗教和种姓小集团利益考虑问题的教派主义。尼赫鲁及大部分国大党人认为只有通过这种

1　《印度的发现》，第 57 页。

2　同上书，第 705 页。

办法才能逐步克服印度社会中根深蒂固的教派和种姓矛盾，加强全体印度人民的认同感，实现印度统一富强的目标。

印度共产党人同样主张印度的统一和富强，反对分裂，同样地反对印度教民族主义势力。早在独立前，他们就反对按照宗教划分民族的理论，认为这是"反动的不切实际的和违背民主自由的利益的。不同的种族和宗教共处一国，并没有天然的不可避免的麻烦"[1]。同时，共产党人对印度国大党的世俗主义及其成效抱怀疑态度，他们从当时苏联解决民族问题的模式中受到启发和鼓舞，主张只有当工农力量崛起，发扬阶级友爱精神，才能打破种姓和教派的藩篱，最终解决印度的教派问题。[2]

在关于印度的民族和国家统一问题上，三种政治力量都主张复兴印度，克服印度的分散状态，建立一个统一和强大的印度，就此而言，他们都是民族主义者。但他们在如何谋求印度统一及让国民加强对民族国家的认同上意见相左。印度教民族主义者力图通过提升印度教在印度社会中的地位，打击排斥非印度教徒，来强制全体印度人认同于印度教；国大党人想以世俗主义为灵丹妙药来解决印度社会的千年痼疾；共产党人则相信只有通过社会革命，建立工农政权才能最终解决印度的各种问题。

三股政治力量为了各自的目的，在不同时期结成不同的联盟关系。国大党为了维护自己执政党的地位，既要防止工农力量的崛起，又要警惕印度教教派势力过分膨胀。在五六十年代，由于国大党一党独大，它可以有左反左，有右反右，能比较认真地执行其世俗主

1　《今日印度》下册，第163页。

2　同上书，第171页。

义政策。但是，自60年代中叶以后，随着国大党内老一辈领导人相继去世，党内派系分裂，经济长期停滞不前，国大党的统治地位不断受到来自左右两方越来越强有力的挑战，不得不更多地采取时而联左时而联右的调和策略，开始明里暗里将世俗主义原则弃之一旁来迎合教派主义势力，有人统计过，英·甘地夫人生前曾71次朝觐印度教圣地，这同其父尼赫鲁疏远教派主义的做法十分不同。

国大党同印度教民族主义势力之间复杂而微妙的关系反映在独立后不到半个世纪的时间里印度教教派组织曾先后三次被国大党政府宣布为非法，接着又让其恢复活动。第一次被禁是由于印度教教派主义分子刺杀圣雄甘地；第二次发生在1975年，印度教教派组织伙同其他一些政党反对国大党政府，英·甘地宣布实行紧急状态，禁止反对党的活动；最近的一次是在阿约迪亚事件引发动乱之后，拉奥领导的国大党政府曾再一次禁止教派组织的活动。但是，国大党政府似乎并不想彻底取缔教派主义组织，每次禁止之后不久，长则一年，短则几个月，又让其恢复活动。

其实，国大党政府也有自己的难处。八九十年代印度教民族主义势力在印度的泛滥不仅有国内原因，还受国际大气候变化的影响。独立之初，印度国大党政府自视甚高，认为自己当之无愧应成为战后新独立国家的样板，这种自信心反映在独立后不久国大党政府便提出一整套诸如世俗主义、混合经济、不结盟主义等内政外交方针政策，宣称自己选择了所谓的既吸取社会主义和资本主义精华同时又能避免二者弊病的"第三条发展道路"。但是，到80年代末，印度人民不得不痛苦地看到印度在许多方面已落后于其他第三世界国家，国大党政府不得不决定改变原先实行的一些政策，这就为政治上的反对派提供了一个攻击国大党政府和壮大自身的机会。

正是在这种政治背景下，印度教民族主义在印度盛行起来，他们攻击国大党政府的世俗主义。他们认为，东亚小龙腾飞靠的是政治威权主义，一些中东伊斯兰国家得益于神权政治，作为第三世界一员的印度，别无选择，只能建立以印度教为立国之本的威权主义政治。在其他政治力量暂时提不出更好更有吸引力的治国方策的情况下，印度教民族主义思潮得以泛滥，在印度大行其是。

四、印度教民族主义的未来

90 年代印度的教派冲突以及日益壮大的印度教民族主义势力促使人们思考这么一个问题：印度教民族主义将把印度政治引向何方？

重温近代以来的西方资本主义国家发展历史或许对我们思考这一问题有所帮助。在西方近现代时期，随着资本主义的发展，市场的扩大，旧帝国的瓦解，新的民族国家的形成，时代的变迁要求人们打破对旧的宗教和地域的忠诚，认同于国家的整体利益；但资本主义发展却导致两极分化，社会矛盾和冲突因而加剧。为了缓解和转移国内的阶级矛盾，西方国家要么向外殖民扩张；要么将国内一小部分人树为异类加以打击，长期以来，犹太人被有意丑化成为富不仁的吸血鬼，在欧洲各国饱受歧视，20 世纪三四十年代希特勒甚至以此为由在德国实行法西斯专政就是最典型的例子。

今日印度无疑也面临着当年欧洲国家所遇到的一些相似的问题，感受到由现代化所造成的种种紧张和压力。显而易见，今日印度已不可能重走西方国家所走过的路，向外殖民扩张几乎是不可能了，在此条件下，将国内一些非印度教社团当作异类加以打击，以此来掩盖阶级矛盾，整合社会，为统治阶级利益服务的思潮便应运而生，从而为印度教民族主义的泛滥提供了历史条件和社会基础。印度教民族主义者们能否最终实现自己的目的呢？答案是否定的，因为：

首先，印度教民族主义势力的社会基础初看起来似乎十分广泛而深厚，但印度教教派组织的领导人无法长期让社会各阶层的人跟着他们走。对大多数人说来，当务之急是解决就业与吃饭问题，"当他们破坏清真寺时，他们不平衡的社会心理短暂地得到平衡，但往后怎么办，毕竟他们更需要的是就业机会，物价不断在上涨，生活变得日益艰难"[1]。教派主义不可能制定出一种可以满足社会不同阶层需要的经济政策，而教派冲突造成的社会动乱只能加剧大多数人的痛苦。

其次，印度教民族主义者们提出"印度是印度教徒的印度"的口号，其依据是印度教徒占印度人口的85%左右。但是，在印度教徒内部存在着严重的种姓差别和种姓歧视，印度有近一亿的贱民和几千万的部落民，他们是很难在政治上与高级种姓保持一致的。

再次，印度教教派主义分子打击的主要目标是印度的穆斯林和基督教徒，他们在印度社会及在国际上绝不像当年生活在欧洲的犹太人那么软弱。任何印度政府也不敢冒同伊斯兰世界和西方国家关系恶化的危险听任教派主义势力继续泛滥。

最后，如果让教派主义势力继续发展，印度将出现极大的社会动乱，这是印度绝大多数人民不愿看到的。尽管印度社会现在仍存

1　Dipankar Gupta, "Claiming Ceded Ground", *Seminar*, No. 411, p. 18226.

在大量不尽如人意的地方，但在独立后的几十年里，在国大党政府的领导下，毕竟取得了很大的进步，绝大多数人的生活或多或少得到改善，人民不愿动乱。此外，比起第三世界其他国家，印度有较完善的议会民主制度和较强大的中产阶级，这些因素都将限制教派主义的进一步发展。实际上，以印共（马）为代表的左派力量已明确表示愿与国大党结成统一战线来遏制印度教教派主义的泛滥。[1]

总之，印度教民族主义和教派势力在当今印度大行其道有其深远的历史根源和广泛的社会基础，今后仍将影响印度的政治。但从长远的观点看，印度教民族主义并不能真正解决印度的问题，也不可能长期支配印度的政治。

---

1 笔者1993年底访问喀拉拉邦时，承蒙印共（马）领导人南布迪里巴德接见并在印共（马）总部回答了笔者提出的一些问题。本文对印度各派政治力量的分析主要受这次谈话的启发。

印度教：近代以来印度社会变化的主要动力

印度教自古以来是印度社会最重要的特征，也是近代以来印度社会变化的主要动力。印度教是世界上最古老的宗教之一，已经有几千年的历史，信众达八亿多，主要生活在印度，占印度人口的82%以上。印度教维护种姓制度的合法性和神圣性，公开主张人与人之间的不平等，这种不平等建立在"纯洁"与"污渎"的观念上，"纯洁者"为高种姓，"污渎者"为不可接触者，在高种姓与不可接触者之间，排列着数不清的中间种姓；为了使各种姓严格遵守本种姓的行为规范，印度教律法把履行"达摩"（dharma，种姓行为规范）规定为每个种姓最高的人生和宗教价值。

印度教在印度社会的现代转型中扮演了一个非常重要的角色，无论是由英国殖民者所触发的西方自由主义思想的传播，还是甘地等人领导的民族运动，都利用了印度教中的思想资源，并将之作为社会整合的工具。而自独立以来，印度一直实行民主制度。民主制度和民主的观念从理论上主张人的平等，与印度教传统可谓格格不入，然而值得注意的是，这两种似乎水火不容的事物在印度却长期和平相处，相互影响，相互改变，形成印度新的政治文化传统，成为近代以来印度社会变化的主要动力。

一、西方自由主义的传播与 19 世纪印度教改革运动

英国统治印度促进了西方自由主义思想在印度的传播，承担继承印度教传统和传播西方自由民主思想双重历史使命的是印度知识分子。第一代印度自由主义思想家的代表是罗姆·摩罕·罗易。他出身于孟加拉一婆罗门家庭，却仰慕西方资产阶级思想家著作中阐释的民主、自由思想，认识到印度的社会、宗教存在许多问题，试图通过学习西方来克服印度社会的弊病。他决心首先从宗教改革入手，变革的方法就是采用西方宗教形式对印度教进行改造，他反对多神论和偶像崇拜，主张像西方宗教只有一个上帝一样，印度教徒只礼拜梵，梵是唯一的神，并为此于 1828 年建立梵社。1830 年梵社庙堂正式开放，任何人，不分种族、肤色、信仰，只要崇信一神，都可进入。在梵社内，不允许进行偶像崇拜和任何祭祀，不允许侮辱和诽谤任何别的宗教的信仰和习惯。受西方人文思想的影响，罗易还倡导妇女教育，反对童婚，尤其严厉批判萨提——寡妇在其丈夫的火葬柴堆上自焚——的陋习，要求废除此一野蛮非人道的做法，保卫妇女的生命权利，从而揭开近代印度宗教社会改革的序幕。

二、民族主义运动的兴起与印度教教义的政治化

如果说，第一代的印度自由主义者是以主张改革印度教社会为标志的话。第二代的印度自由主义者则投身于民族运动当中。被称

为印度民族主义之父的提拉克第一个认识到，除非将大众动员起来参与政治斗争，否则任何变革包括议会改革都不可能获得成功。为此目的，提拉克利用印度教传统来为现实政治斗争服务，用提拉克自己的话说："一个人如果没有对自己宗教的自豪感，怎么能有民族自豪感呢？"

当然，真正将印度民族主义和民主思想带给印度人民的是甘地。甘地主义的思想核心是非暴力主义。甘地通过对印度教的一些基本原则的重新阐释，将民主与平等思想输入印度社会。印度传统文化具有十分强烈的精英主义倾向，正是这种精英主义将种姓制度以及婆罗门在社会中的支配地位合法化。这种精英主义导致了精英的印度教和大众的印度教的分野。

甘地同时强烈地批判以上两种形式的印度教，在他看来，这两种都是以自我为中心，缺乏社会良心和献身精神，但他能理解无知识大众的态度，而不能接受精英们对社会中广泛的不公正、大众的极度贫困、女性的苦难、不可接触制度的非人性及数百年来外国统治下的屈辱所抱持的冷漠态度。传统印度教所倡导的修行往往使得精英们脱离广大群众，不关心世间冷暖、政治风云，置身在风起云涌的民族解放运动之外，这在甘地看来，是一种自私的表现。

为了让印度社会精英们改变自己的人生态度，去掉私心，投身民族斗争，甘地对"梵我同一"的宗教学说做了重新阐释。梵存在并体现在所有的生物中，特别是人身上，要使自己与其成为一体，就意味着自己须与所有生物特别是人成为一体，梵不能独立于他们，那么修行之人就不能脱离他们获得"梵我同一"。要使自己与其成为一体就要分担他们的痛苦，与他们一道受难、一道斗争，减轻和清除他们的苦难，一句话，为他们服务。个人所要追寻的真理，其性质不是精神的，而是社会和政治的；不是印度教圣人们所主张的梵和个人的关系，而是与非真理和不公正进行最有效斗争的方式和最好的生活方式。追求真理的唯一道路是遵从道德并付诸行动。

通过这种阐释，甘地改变了印度宗教中消极无为的成分，促使社会精英积极投身印度的民族运动中。

甘地不仅仅要将印度社会中的精英分子推入斗争中，更重要的是要把广大群众争取到运动中来。群众加入民族运动，最令印度资产阶级担心的是，一旦群众觉悟提高，必然会导致暴力的社会革命，这也是甘地与其他国大党领导人不愿看到的。甘地的办法是坚决地贯彻非暴力的原则。印度人民的运动是一场坚持真理的运动，只有认识真理才能坚持真理，只有心明眼亮才能认识真理，而只有充满爱心的人，才能心明眼亮；而暴力与爱是根本不相容的，非暴力与真理才是双胞胎。这种"爱"的哲学连接了东西方的文化，使印度的民族主义者们站立在一个高于英国统治者的道德位置上，为自己的斗争获取合法性，这种运动哲学既有利于动员群众，更有利于防止群众在动员起来后失去控制，走上暴力革命的道路，打乱印度民族运动领导人的计划与步骤，导致目标的落空。

正是通过对印度教基本教义和西方宗教的糅合，将传统宗教学说政治化，甘地建立起非暴力主义学说。非暴力主义是一种民主斗争学说，它为独立后印度建立并实施民主制度做出了贡献。甘地因而既被认为是一位印度教的改革家，又是印度历史上最伟大的民主主义者。

三、印度教与独立以来印度的民族国家建设

印度独立后，人们对印度教传统与民主的制度和理念能否兼容深怀忧虑，尤其是看到与独立伴随而来的"印巴分治"所造成的教派仇杀的严重后果。因而，尼赫鲁提出"世俗主义"的口号。尼赫鲁为印度提供的发展思路是：民主主义＋社会主义＋世俗主义。尼赫鲁的社会主义意指采用苏联社会主义计划经济模式来发展经济；民主主义指印度实行英美的民主政治制度；世俗主义指印度坚持将政治与宗教相分离，在尊重人民的宗教信仰的同时，防止印度成为神权国家。尼赫鲁及其他一些领导人认为只有通过这种办法才能逐步克服印度社会中根深蒂固的教派和种姓矛盾，加强全体印度人民的认同感，实现印度统一富强的目标。

然而，印度的民主制度没有给印度人民带来所向往的富强，印度的经济增长率大大低于东亚国家，生活在贫困线以下的人口居高不下。东北和西北边境省份长期动荡不安。而印度社会内广大的中低种姓的政治意识日益觉醒，成立自己的政治组织，凭借人数上的优势，将自己的代表人物选入权力机关，而不是像过去那样投高种姓的票。他们将过去获得的投别人票的权利称为"第一次民主"，投自己人的票的权利称为"第二次民主"。这些变化使得高种姓感觉到深刻的危机，他们祭出"印度教民族主义"的大旗，以此来整合印度，维护印度教的社会等级秩序。

印度教民族主义者们面临两难的境地：一方面，由于印度教徒

占人口 80% 以上，他们不愿放弃"一人一票"选举制度给自己带来的好处。但这种人数上的优势是潜在的，因为印度教徒不是一个整体，在印度教徒中，有 24% 以上的人属于表列种姓和表列部落，25% 属于低级种姓，而且，不同地域的印度教徒信奉不同的神，对印度教民族主义鼓吹得最为积极的是印度北部一些邦的高种姓。因此，他们要将印度教徒潜在的多数变为现实的多数就必须对印度教教义和主张作某种修正。早在 1923 年，沙瓦尔卡尔就发表了《印度教特性》一书，该书在提出"印度是印度教徒的印度"的口号的同时，对"印度教徒"作了新的界定，它不仅指印度教徒，还涵盖佛教徒、耆那教徒、锡克教徒，因为这些宗教起源于印度本土，属于印度文化的一部分。不仅如此，他还将印度穆斯林和印度基督教徒也纳入印度教徒的范畴，因为伊斯兰教和基督教虽然起源于国外，但绝大多数的印度穆斯林和印度基督教徒的祖先或本人原先本是印度教徒，只是后来因为各种原因而皈依伊斯兰教和基督教，他们的日常生活习惯和价值观仍然是印度的。

独立以来，印度教民族主义者们一直力图将印度教变为印度的宗教、印度的生活方式和价值观，从而达到整合印度的目的。20 世纪 80 年代以来，这股势力开始在印度政治舞台上崛起，进入 90 年代后，这股势力的政治代表——印度人民党在大选中多次获得胜利，迅速取代印度百年老党——国大党，成为印度第一大党，并且多次组织政府，执掌政权。虽然 2004 年大选结果出人意料，获得胜利的是国大党而不是印度人民党，但印度的各种政治派别不会放弃印度教这一工具，他们将继续调整自己的策略，来达到政治上胜出的目的。

综上所述，我们看到印度教与近代以来印度政治的密切关系：一方面，印度教传统在造就、维护和加强印度现代政治制度上功不可没；另一方面，我们也看到现代政治制度实行以来，印度社会已经有了重大的变化，原来处于社会底层的人们，已经觉醒，开始争取自己的权利，印度教的等级秩序正在发生革命性的变化。

种姓制度与印度的民族问题

前《印度快报》记者拉·赛蒂于 1983 年 8 月在中国社会科学院和北京大学东南亚研究所演讲时，声泪俱下地诉说了印度贱民在印度社会中的悲惨遭遇和自己因写了一些同情贱民的文章而遭报馆解雇的亲身经历，引起了听众的深切同情。这位低种姓出身的卡纳塔克人对印地语非常反感，当在座有人问是否能用印地语同他对话时，他断然拒绝道："不，印地语不是印度的国语。"贱民受压迫是种姓制度造成的，在印度由来已久，卡纳塔克人不愿说印地语是民族问题，也为一般人所知，但是，种姓制度与民族问题有什么联系，至今还很少人作过专门的论述，本文试图回答这个问题。

一

种姓制度是一种社会制度。在这种社会制度下，人们按照自己的出身分别属于不同等级的社会集团，并且终身固定不变，在职业、婚姻、社会交往以及社会生活的各个方面都受其严格制约。在世界许多地区的古代历史中也曾有过种姓制度，但在印度，种姓制度最为森严，存在时间最久，一直延续到今天。种姓制度可谓印度社会最鲜明的特征。

种姓制度给印度社会带来了严重的恶果。首先，种姓制度规定了各个种姓所应从事的职业的范围。在种姓制度形成之初，印度社会有四大种姓，分别是：婆罗门、刹帝利、吠舍、首陀罗。婆罗门是祭司，刹帝利是武士，吠舍是商人和农民，首陀罗则是供人役使的奴隶。以后，又根据从事职业的具体门类的不同，在四大种姓之下又细分出许许多多的次种姓。职业的种姓限制使生活在印度社会的人们缺乏选择职业的自由，阻碍了人们的职业流动和社会流动，限制了人们的创造精神。

其次，种姓制度对人们的婚姻作了极为严格的限制。在印度，不同种姓的人不能通婚，甚至同一种姓由于从事不同的职业或者居住地区不同也不能通婚。违犯者将受到开除出种姓或降低种姓身份的处分。这种限制的结果使得近亲结婚成为一种常见的现象，普遍的近亲结婚极大地影响了印度的人口素质。同时，婚姻是加强人们之间联系和扩大人们社会交往的重要途径，婚姻的种姓限制阻碍了人们社会交往范围的扩大，也不利于不同种姓的人们相互融合。

种姓制度还对人们的社会交往作了最严格的限制。在印度广大农村，不同的种姓住在村子的不同地方，有各自的街道。婆罗门不接受低种姓的食物，贱民不能到村子和水井中去取水，婆罗门甚至认为连贱民的影子也会玷污自己。不少地方，贱民的孩子不能同高种姓的孩子在同一教室上课，不能在同一寝室睡觉，不能在同一膳厅用餐，许多贱民的孩子只能在教室外的走廊上听课，或者坐在指定的教室某一角落里上课。尽管基督教是讲人人平等的，但在印度的基督教教堂里，有专门为贱民教徒准备的板凳，他们不能与高种姓出身的教徒坐在一道。种姓制度对人们社会交往的严格限制，造成了人们相互排斥和严重隔阂，使得印度人社会交往的范围极其狭小，对下面我们将谈到的民族问题产生重大影响。

种姓制度始于何时何地是研究印度社会的学者们长期争论不休的问题。一些学者认为种姓制度的形成是雅利安人入侵印度、征服印度土著人的结果；许多学者不同意这种看法，他们认为片面强调雅利安人在种姓制度形成上的作用是错误的，种姓制度的形成是雅利安文化和印度土著文化互相融合的产物；有的学者则认为种姓制度的形成同雅利安人无关，早在雅利安人进入印度以前，印度河流域已经存在种姓制度了。在这个问题上，我同意印度社会学家古里的意见，他认为："印度的种姓制度是印度雅利安人文化的产物，最初形成于恒河和朱木拿河流域，然后再推行到其他地方去。"[1]

雅利安人向东部恒河流域的推进大致在公元前 1000 年—公元前 500 年，这是印度历史发展的重要时期。在这一时期中，印度社会中出现了国家组织，奴隶制代替了氏族公社，印度社会也由此从野蛮时代进入了文明时代。

印度的奴隶制和国家组织的形成具有与雅典、罗马不同的特点。古代雅典由于靠近地中海，工商业发达，海外贸易兴隆，在氏族公社内部产生了两个新因素：一、不同部落的人杂居现象频繁发生，打破了氏族联系的纽带，使社会不得不成立统一的中央管理机

---

1 G.S. Ghurye, *Caste and Race in India*, Popular Prakashan, 1979, p. 176.

关以取代旧的氏族公社来管理它的人民；二、工商业阶级凭借自己的财富，对旧氏族贵族展开了斗争，并取得了胜利，从而使旧氏族贵族失去了自己的地位与特权。罗马的情形与雅典大致相同。恩格斯说："在罗马，氏族社会变成了闭关自守的贵族，贵族的四周是人数众多的、站在这一社会之外的、没有权利只有义务的平民；平民的胜利炸毁了旧的氏族制度，并在它的废墟上面建立了国家，而氏族贵族和平民不久便完全溶化在国家中了。"[1] 而印度同雅典、罗马不同，雅利安人在公元前 2500 年以后从中亚进入印度，随着生产力的发展，雅利安人内部开始分化，祭司和武士阶层的财富和权势都在增强，他们把自己的职业世袭化，使原先由社会分工而产生的职业差别变为衡量社会地位高低的标准，从而在雅利安人内部产生了婆罗门、刹帝利、吠舍三大阶层，这样，原先没有剥削、没有压迫的氏族社会开始解体。但由于雅利安人是个游牧民族，缺乏商业活动，商品货币不发达，氏族血缘联系纽带特别牢固，婆罗门、刹帝利这些旧氏族贵族仍牢牢掌握着氏族内部的统治权，因此，印度的氏族制度尚未走到尽头。雅利安人就是带着这种浓厚的氏族公社解体时期的残余，带着贵族和平民之间等级对立的观念，带着视不同氏族的人为敌人的氏族遗风进入恒河流域的。在恒河流域，雅利安人由游牧生活转为农业定居生活，从而与土著人杂居，这种杂居是伴随着雅利安人征服和奴役土著人实现的。雅利安人作为征服者，把印度土著人沦为奴隶，并为了维护这种永久的奴役，把土著人划为首陀罗，列为种姓制度下的第四等级。首陀罗种姓的产生，标志着印

1　［德］恩格斯：《家庭私有制和国家的起源》，《马克思恩格斯选集》第 4 卷，人民出版社 1972 年版，第 165 页。

度种姓制度的形成。

综上所述，印度种姓制度形成大致有两个主要因素：一、雅利安人及当地土著人中浓厚的氏族残余，造成雅利安人内部分为三个等级，并且导致雅利安人与印度土著人的严重对立；二、雅利安人征服和奴役印度土著人。种姓制度形成之初，四大种姓可分为明显的两部分，婆罗门、刹帝利、吠舍是再生族，首陀罗是一生族，他们之间在肤色、鼻子高低及其他外表特征上有显著的差异，首陀罗被其他种姓蔑称为黑色的没有鼻子的人。因此，种姓制度带着一个时代的深刻烙印。

二

种姓制度破坏了印度各民族人民内部的团结。

恩格斯说："不仅一个民族与其他民族的关系，而且一个民族本身的整个内部结构都取决于它的生产以及内部和外部的交往的发展程度。"[1] 种姓制度造成人与人之间的隔阂，限制了人们的交往范围；它的等级观念，毒害了人们的思想，渗透到社会生活的各个方面。例如，到恒河沐浴是印度教徒的一项重要宗教活动，每年在谁先下河，谁后下河的问题上总要引起不少的冲突，以致阿拉哈巴德高等法院在 1974 年不得不颁布一个法令，按沐浴者的种姓身份排定他们到恒河沐浴的先后次序。[2] 种姓制度还造成在印度社会中只有种姓的忠诚，而缺乏同胞间的互助精神，一个西方人这样描述他在印度目睹的一件事："一个过路人生病了，躺在村道上已整整十来天了。由

1　[德]马克思、[德]恩格斯：《德意志意识形态》、《马克思恩格斯选集》第 1 卷，第 25 页。

2　B. I. Kuruyev, *Language and Ethnic Issues in India*, New Delhi, 1981, p. 307.

于村里的人不知他的种姓身份，怕污渎了自己，因此，没有任何人去关心他。他就这样在全村人的眼皮底下死去，先是小孩用石块扔他，后来又任由豹狼啃他。"[1]

种姓制度使得一个统一的民族分裂为许多对立的集团，各个集团往往以种姓利益代替民族利益，导致民族内部持续不断的种姓冲突，妨碍了全民族人民的共同利益。一个典型的例子是卡纳拉人民族，他们主要居住在今天的卡纳塔克邦。直到 20 世纪 60 年代，这里的政治斗争是围绕两大种姓集团的利益而展开的，他们是林格亚特（Lingayat）集团和沃卡林格（Okkaliga）集团，在 50 年代重新划分省邦时，林格亚特集团主张把说卡纳塔克语的迈索尔、孟买、卡纳塔克和海得拉巴土邦的一部分合并为一个邦。这个建议遭到沃卡林格集团的反对，他们主张把迈索尔与其他说卡纳塔克语的地区分开。他们之所以反对，是因为他们担心如果按照林格亚特集团的主张办，在新成立的邦中，林格亚特集团的势力就会占优势，而沃卡林格集团的利益就会受损害。

种姓制度造成民族内部人群间的冲突，最突出地表现在印度种姓与贱民间的斗争。贱民被排除在印度四大种姓之外，他们没有种姓身份，实际上是第五种姓，处在社会的最底层，倍受印度种姓的压迫和凌辱。几乎在印度的每个民族内都有贱民，他们总人口近一亿，占印度人口六分之一左右。他们在经济上受剥削，在政治上受压迫。对于他们经济上的悲惨状况，一个贱民组织的领导人这样写道："贫困阶层和贱民尤其是日益加剧的贫富分化的受害者，生活的

1　John Murdoch, *Review of Caste in India*, Rawat Publications, 1977, p. 51.

必需品、住房、教育、医疗等他们根本享受不到，穷困的母亲把孩子扔入河中，忍受不了饥饿的父亲毒死自己的儿子。"[1] 印度种姓对贱民的迫害愈演愈烈。独立以后，几乎每个邦都发生了杀害贱民的事件，1955—1976 年贱民被迫害的事件有 22 470 起，1977—1981 年则高达 64 511 起。[2]

面对残酷的剥削与压迫，各地的贱民为自己的生存展开了斗争。1950 年代初，贱民们在当时通过的宪法中有关维护贱民权益的条文推动下，开展了拒绝搬运尸体、抬轿子的运动。贱民采用的比较普遍、历史较久的斗争方式是脱离原来信奉的印度教而改信其他宗教。他们认为使他们遭受不公平待遇的是印度教，只要摆脱不平等的印度教，皈依其他主张平等的宗教，他们就能摆脱压迫。在不同的历史时期，贱民们皈依的宗教也不相同，在莫卧尔帝国时期，贱民们主要皈依伊斯兰教；英国人统治时期，主要皈依基督教；20 世纪初，民族解放运动兴起后，皈依佛教；1947 年印度独立以后，又开始皈依伊斯兰教。宗教皈依并不能给贱民带来自身的解放，皈依其他宗教的贱民状况依然如故：经济上仍然一贫如洗；政治上，不仅印度教徒仍把他们当作贱民，即使他们所皈依的宗教的其他教徒也仍把他们当作不可接触者。种姓制度的毒素已渗透到印度的各种宗教之中。

尽管改信宗教只不过是一种消极的反抗，但也激起印度种姓制度维护者的仇视，他们对改信宗教的贱民进行了残酷的迫害。1981 年 2 月 19 日泰米尔纳杜邦米纳克西普拉姆村的 1000 多名贱民皈依

---

1 R. A. Skmenjon, *Diversity of India's Minorities*, University of Arizona Press, 1978, p. 62.

2 "The Government and the Killing of Untouchables", p. 12.

了伊斯兰教，以此为起点，在以后几个月中，在泰米尔纳杜邦的其他许多地区掀起了贱民改信宗教的浪潮。种姓制度维护者在国民志愿团的组织下，对米纳克西普拉姆村及其附近的贱民进行了劫掠和残杀，导致 5 个贱民丧生。1982 年初在马哈拉施特拉邦的孟买、绍拉普尔等地也发生了贱民因改信伊斯兰教而受迫害的事件。孟买的印度教教派组织散发了名为《改变信仰——一个民族的危机》的小册子，组织印度教徒上街游行，叫喊"印度是印度教徒的印度"的口号，洗劫穆斯林商店，杀害穆斯林。印度种姓阻挠贱民改信伊斯兰教的目的根本不是为了加强印度教徒的团结，解救所谓的民族危机，印度《政治经济周刊》一篇文章一针见血地指出："婆罗门并不想把贱民同高级种姓结为一体，印度民族团结的谎言丝毫也打动不了贱民们的心，国民志愿团（Rashtriya Swayam Sevak Sangha）以穆斯林入侵的危险作为借口镇压贱民，只是妄图使贱民永久束缚在种姓制度的枷锁之中，反而加深了印度教徒内部的矛盾。"[1]

　　印度历届政府都自我标榜为贱民利益的保护者，而且，也确实通过了不少维护贱民权益的法律和法案。但是，这不过是一种捞取选票、骗取贱民信任的手段。事实上，在印度种姓与贱民的冲突中，印度的行政当局往往站在种姓制度维护者一边。在米纳克西普拉姆村贱民皈依伊斯兰教事件发生后，英·甘地发表了煽动性的演说，鼓动人们去反对皈依的贱民，制造出一些事件，好让政府有借口参与镇压。在 1979 年比哈尔邦贝尔奇村发生 11 名贱民被屠杀事件后，当时的人民党政府的内政部部长查兰·辛格在国会中极力将之说成

1　Asghar Ali Engineer, "Behind the Communal Fury", *Economic and Political Weekly*, Vol. 17, No. 10, Mar. 6, 1982, p. 357.

是两个家族的世仇而引起的械斗，以此掩盖这一事件的种姓压迫的
实质。各地邦政府也效法中央政府这种做法，如 1982 年 1 月 24 日
在中央邦发生 14 名贱民被杀害事件，邦政府极力证明被杀者都是臭
名昭彰的恶棍，以此为杀人者洗刷罪名。[1]

尤其应该指出的是，在种姓制度维护者迫害贱民时，他们得
到了军队和警察的支持。印度的军队和警察与别的国家的军队和警
察不同，他们具有明显的种姓因素，特别是在军官阶层，据统计，
在独立后的 15 年中，有 8 000 人进入国防部，其中只有 9 人是贱
民，印度国防部承认"印度的军队是以种姓为基础建立的"[2]。印度
的警察也主要是由印度种姓组成的。军队和警察的种姓成分决定了
他们在印度种姓和贱民冲突中的态度。在许多地方，当国民志愿团
血洗贱民村时，警察往往视若无睹、听之任之；而当贱民奋起反抗
时，警察则全副武装出动镇压，开枪射击手无寸铁的贱民群众。警
察的这种做法，不仅不会被政府惩罚，反而会受到奖赏。1982 年 4
月 3 日，比哈尔邦马杜巴里县巴鲁艾哈村的贱民与婆罗门地主发生
冲突，马杜巴里县警察出动并开枪打死了 6 个贱民。为此，马杜巴
里县的官员们受到了比哈尔邦政府的奖赏。[3] 警察的这种做法只能
加剧印度种姓和贱民间的冲突，破坏本民族内部人民的团结。

面临如此悲惨状况的贱民，怎么能与有种姓身份的印度人团结
一道？在这种状况下空谈印度各民族内部人民的团结岂不是笑话。

---

1 "The Government and the Killing of Untouchables", p. 14.

2 *Language and Ethnic Issues in India*, p. 292.

3 Ashok K. Singh, "Landlord's 'Law and Order' in Baluaha", *Economic and Political Weekly*, Vol. 17, No. 25, Jun. 19, 1982, pp. 1015-1016.

三

种姓制度还阻碍和破坏了印度各民族之间的相互融合与团结。

印度有许多民族，而且不少民族人口众多，据苏联学者布鲁克统计，世界上人口在 1 000 万以上的民族有 62 个。其中，印度就有 13 个，他们是印度斯坦族、孟加拉族、比哈尔人、泰卢固族、马拉塔族、旁遮普族、泰米尔族、古吉拉特族、坎纳拉人族、马拉维亚族、奥里雅族、拉贾斯坦族、阿萨姆族。但这些民族中没有一个在印度人口中超过半数。人口最多的是印度斯坦族，其人口也只占 1/3 左右。下面，我们考察形成这种格局的原因。

同种姓制度一样，民族也是一个历史范畴。今天世界上绝大多数的大民族本身就是一个不断融合的历史过程的产物。我们汉族是最典型的例子，占世界人口约 1/5 的汉族就是由几千年来生活在中国境内的许多民族长期相互融合而成的。但是印度缺乏这种不同民族相互融合的历史发展趋势。不同民族的融合需要各族人民的长期友好相处，频繁的经济往来和文化交流、没有限制的互相通婚以及较为长期地处于一个统一的政权之下，而种姓制度则阻碍这些条件的形成。

阿育王是印度历史上第一个建立大一统帝国的帝王，也是对种姓制度持否定态度的帝王。他所说的"所有臣民都是我的子女"既是他的帝王思想的反映，也是对种姓制度把人分出等级的一种否定。他崇奉佛教，是因为佛教主张人人平等，反对以人的出身定人的地位高低，尤其是佛教反对婆罗门在印度社会中的特权地位，一个享有至高无上权力的婆罗门集团的存在，显然不利于他的中央集权。

但是,印度历史发展的结果是:孔雀帝国很快衰亡了,种姓制度则依然如故,而且越来越森严,佛教在印度社会中急剧衰落,而维护种姓制度的印度教长期统治了印度社会;统一的印度王朝昙花一现,印度社会长期处于四分五裂之中。

中国的秦始皇与印度的阿育王都生活在公元前 3 世纪,他们都是建立大一统帝国的帝王。秦始皇统一中国后,实行了书同文、车同轨、行同伦、划郡县、设官制、大移民等一系列措施,这些措施既有利于加强中央集权,也有利于各族人民在经济、文化上的交流,从而促进了民族融合的进程。秦始皇之所以能实行这一系列措施,重要原因在于当时中国社会不存在种姓制度,旧氏族贵族的势力在东周时期已被打击殆尽。秦政权虽然为时短暂,但中国历代王朝都比较注意加强中央集权和搞好民族关系。

犹太人在中印两国的不同历史遭遇很能说明种姓制度是多么妨碍民族间的团结和融合了。公元 2 世纪后,先后有犹太人从中东来到印度和中国定居。在今天,印度的犹太人仍然是印度社会中一个独特的集团,他们有自己的宗教信仰、生活习俗。他们对以色列充满感情,第二次世界大战后,以色列国成立,大批的印度犹太人离开印度回到以色列。美国亚利桑那大学教授斯克门洪(R. A. Schermen-hornr)认为印度犹太人离印赴以色列是因为在印度社会中,犹太人缺乏种姓的支持,对自己的前途失去了信心。[1]犹太人以善于经商而闻名于世,当犹太人初入印度时,大多以经商为业。但在印度定居后,由于商业是吠舍的世袭职业,犹太人不得不改换职

1　*Diversity of India's Minorities*,p. 26.

业，从事榨油、木匠等印度人眼里的低贱职业，他们在印度社会中实际处于贱民的地位。种姓制度不允许他们同当地人通婚，阻碍他们同印度当地人进行社会交往。在千百年的历史中，他们一直处于孤立状态之中，这也就难怪他们向往以色列了。而在中国，情况则截然相反。中国对不同民族的通婚没有任何限制，对不同民族的人相互交往也没任何限制，犹太人同中国人一道劳动，相互往来，相互通婚，而且许多人也拜孔子，读四书五经，参加科举考试，入仕做官。自然而然，随着时间的流逝，犹太人在外表特征、生活习惯以至文化传统等方面已与当地居民毫无差异，他们的后裔也就完全与中国人融为一体。

种姓制度造成的人们相互之间的排斥和隔阂，不仅使不同宗教信仰、不同人种的民族难以同化融合，就是信仰同一宗教、住在同一地区、同一人种的民族也无法同化融合。印度教徒占印度人口83%，在大多数人口 1 000 万以上的印度民族中，印度教徒都超过83%。这些民族不仅不能融合，而且对立性越来越强，这也是为什么印度没有一个民族的人口超过全国人口半数的原因。纳拉扬说得很对："尽管印度教徒在这个国家中占压倒多数，但由于种姓制度分裂了印度教大家庭，使他们实际上成了少数派。"[1]

在近代，由于种姓制度造成的民族之间不团结，导致了英国人征服和奴役印度的严重后果。18 世纪下半叶，东印度公司征服印度时，只有一支一万多人组成的军队，英国人靠这样少量的军队能征服幅员辽阔、人口众多的印度，主要依靠分化瓦解的政治谋略。当

1　Bimal Prasad ed., *Jayprakash Narayan's Works*, Manohar Publishers and Distributors, 1980, p. 272.

时，南亚次大陆有三支政治力量比较强大，他们是马拉特联盟、迈索尔、海得拉巴。面对英国侵略者，这三支力量不能团结一致共同对付英国人，反而被英国人利用来自相残杀。英国人先与海得拉巴、马拉特联盟结盟，共同打败了迈索尔，而后又与海得拉巴人一道打败了马拉特人。马克思对此写道："既然在一个国家里，不仅存在着穆斯林和印度教徒的对立，而且存在着部落与部落、种姓与种姓的对立；既然一个社会完全建立在它的所有成员普遍的互相排斥和与生俱来的互相隔离所造成的均势上面，——这样的一个国家，这样的一个社会，难道不是注定要做侵略者的战利品吗？"[1] 印度的历史是一部不断被外族征服的历史，其原因正在于种姓制度造成了整个印度社会人与人之间的隔离和各民族的利己与怯弱。它妨碍印度人形成统一的民族意识，在面临外族侵略时，不能组织起强有力的抵抗力量。

英国人统治印度后，没有废除种姓制度，而是实行分而治之的政策并取得一定效果，这不得不归功于印度的种姓制度。在印度的民族解放运动中，种姓制度破坏了各族人民团结一致地同英国人展开斗争，从而削弱了印度人民的反英力量。在 20 世纪初，印度南方兴起了达罗毗荼运动（Dravidian Movement），这一运动的领导核心是非婆罗门种姓，它具有明显的反婆罗门倾向，这一运动的纲领中重要的一条是要求废除种姓制度，运动的领导人认为印度南方的婆罗门是来自北方的侵略者，南印度属于达罗毗荼人，因此，他们要赶走婆罗门，建立达罗毗荼人的国家。在印度民族解放运动时期，他们公开站在英国人一边，认为婆罗门的统治比英国人的统治

1　[德]马克思：《大不列颠在印度统治的未来结果》，《马克思恩格斯选集》第 2 卷，第 69 页。

更暴虐。达罗毗荼运动的代表在 1918 年给英国孟太古—蔡姆斯福调查团（Montagu-Chelmsford Tour）的报告中说："我们将为保卫英国人订立的法律而战斗到最后一滴血，而不能让权力从英国人手中转移到所谓高级种姓手中，他们在过去一直虐待我们，今后还将虐待我们。"[1] 如果不是因为英国在第二次世界大战中遭到削弱和当时的社会主义阵营的兴起，印度是不可能在 1947 年获得独立的。印度独立后，直至 60 年代，达罗毗荼运动的一些组织仍一直把建立独立的达罗毗荼国家作为自己的斗争目标。今天，建立独立的达罗毗荼国家的口号虽然已经不再提了，但南方几个邦的分离倾向仍十分严重。

　　建立一个不分种族、语言、教派的统一的印度民族是一百多年来印度资产阶级政治家们的理想，但是，种姓制度造成的严酷现实把他们的理想化为泡影。印度独立后，种姓冲突和民族冲突从未间断过，种姓问题和民族问题成了历届印度政府最感头痛的问题。一个统一的民族必须有一种统一的语言，印度作为一个独立的国家也必须有一种全印度通用的语言。独立之初，印度政府就试图将印地语作为印度的官方语言；同时，考虑到当时英语比较通用，因此，在 1950 年颁布的宪法中，将英语和印地语一道作为印度官方语言，并以 15 年为限，15 年后，将印地语作为唯一的官方语言。1965 年，15 年期满之时，印度政府宣布将印地语作为唯一的官方语言，但这一决定在印度许多地区引起反对的浪潮，甚至发生了流血冲突，迫使印度政府同意继续用英语作为官方语言。今天，英语仍是印度最通行的语言，这是对印度独立的绝妙讽刺，也是对建立一个统一的印度婆罗多民

1　*Annals of the New York Academy of Sciences*, 1974, p. 399.

族的鼓吹者的一大打击。在印度,语言是划分民族的重要标志,印度以语种众多、方言多如牛毛闻名于世。这种状况的形成同种姓制度有关。一方面,种姓制度造成人们相互之间的排斥和隔离,人们社会交往范围极其狭小,扩大了各种语言的差异,即使是相毗邻的地区,同一语种,但由于不相往来,随着世代推移,人们在发音语调、词汇选择上也会出现很大差异。另一方面,种姓制度往往人为导致语言上的差异。例如,"在泰米尔纳杜邦,婆罗门地主为了突出自己的种姓地位,尽量在自己的谈话中使用很多从梵文中来的含有夸大和虚饰成分的词汇,非婆罗门则使用标准的泰米尔语,不可接触者,他们大部分是农业雇工,他们的语言被认为是粗俗不甚的"[1]。

种姓制度还极大地阻碍了印度各族劳动人民之间的团结。在印度,杀害贱民事件不会引起其他种姓的劳动者的普遍愤慨,甚至一个邦、一个地区迫害贱民的事件也不会引起其他邦、其他地区的贱民的强烈抗议。泰米尔纳杜邦的人可能对斯里兰卡的动乱予以关注,但对阿萨姆邦的流血冲突则看作如同发生在异国的事件。劳动人民之间缺乏团结往往为高种姓所利用,造成许多教派冲突、种姓冲突、民族冲突的大悲剧。

一种文明要发展与进步,必然将不断去旧革新,克服自身之沉疴弊病,以成就博大宏伟之气象。种姓制度在印度已盘根数千年,该制度不断造成区隔与压迫,显然与自由平等的现代精神背道而驰。因此,只有种姓制度消亡了,真正意义上的印度民族才能喷薄而出。近代以来,虽有识之士已奋其力,前路依旧道阻且长。

---

1 *Language and Ethnic Issues in India*, p. 303.

印度多民族国家整合的困境

第二次世界大战的结果之一是旧的殖民体系的瓦解，亚非出现一大批新独立的民族国家。亚非新独立的国家多为多民族国家，面临国家整合的重任，即运用国家权力将多个民族纳入国家体系之下，并维持国家的统一与稳定。多民族国家整合需要调和不同族际的差异性，并平衡不同民族与国家政体之间的张力。印度的案例既反映了亚非多民族国家整合中遇到的普遍困难和挑战，也具有一定的特殊性。印度是多民族国家，其民族问题还与宗教、语言、族群等问题相互交织，在国家整合的过程中遇到了较为激烈的矛盾和冲突，不仅出现了地方分离主义，而且酿造了政治悲剧。本文通过对第二次世界大战后印度国家整合过程的回顾和分析，思考印度多民族国家整合的主要模式及其面临的主要困境。

一、印巴分治：民族主义与国家建构

印度的独立伴随着印巴分治，原先统一的南亚次大陆出现两个分离的政治实体——印度斯坦和巴基斯坦。人们一般将分治的结果归咎于原殖民政府"分而治之"的政策和印度的教派主义——印度教民族主义和穆斯林联盟的"两个民族理论"。因此，独立之初，印度的舆论就认为："如果印度要作为文明的民主国家存在下去，就必须进行全方位的反教派主义斗争，就必须杜绝所有教派主义毒素之源。"[1]

实际上，印度所谓的"世俗主义"和"教派主义"并不存在泾渭分明的界线，第一个使用"世俗的"这一词语的印度人，是穆罕默德·阿里·真纳，他既是国大党的成员，也是穆斯林联盟的成员，更积极支持建立一个国家（民族）的、世俗的平台。1916 年，真纳在其穆斯林联盟主席致辞中，谈到了"我们共同的、世俗的实体问题"和"领土的爱国主义和民族性的新诉求"，这是现代印度在公开场合首次使用"世俗的"这一概念。真纳努力建立跨宗教的桥梁，其努力的成果最早体现在 1916 年的《勒克瑙协定》中。根据该协定，国大党和穆斯林联盟同意，在为穆斯林提供立法机构的足够席位后，两个组织将为印度自治提出统一的、一致的要求。该协定因而被称为"印度民族主义团结的顶峰"[2]。

值得一提的是，第一次世界大战后，当甘地以支持"哈里发运动"来进行民族主义动员时，真纳表达了不同意见，他不仅让自己远离哈里发运动，并且一再提醒甘地，将宗教事务带入世俗政治存在极大的风险。

真纳由一名忠诚的印度民族主义者转向穆斯林分离主义者是

1　*Hindustan Times*, Oct. 12, 1947.

2　邱永辉：《印度宗教多元文化》，社会科学文献出版社 2009 年版，第 326 页。

在 20 世纪 30 年代末。其中的关键是 1937 年的印度省邦选举及其结果。

以真纳为代表的穆斯林政治精英们最初只是希望以国大党为代表的印度教政治精英们能够充分地倾听穆斯林的要求和声音，保障他们作为少数族群应有的权益。1929 年，真纳要求未来议会中穆斯林应占有 1/3 的席位。国大党从团结的愿望出发，满足了他的这一要求，尽管穆斯林人口仅占总人口 1/4，但穆斯林联盟很快发现，仅此是不够的。1937 年 4 月，根据新法案，印度开始省立法议会的选举，在当时的 11 个省中，共有 1585 个席位，保留给穆斯林的席位是 482 席，几乎占了 1/3。但问题是，选举的结果是国大党得到了 714 席，穆斯林联盟仅得 108 席，即穆斯林联盟并没有得到所有保留给穆斯林的席位，保留的席位许多被国大党获得。这种结果使得国大党更有理由宣称自己是代表全印度民众的政党，而不是仅仅代表印度教徒。以尼赫鲁为首的国大党坚决拒绝穆斯林联盟提出的只能由穆斯林联盟人士占有保留席位的要求，认为那是同民主原则相违背的，国大党内有大批的穆斯林，谁也无权剥夺他们的政治权利。这一选举结果使得国大党获得了几乎所有邦的权力，甚至包括穆斯林人口相对集中的邦。大选后，真纳希望国大党能在穆斯林得到席位较多的省政府中给穆斯林联盟一些部长位置，遗憾的是这一要求也遭到国大党的断然拒绝。当时，尼赫鲁并不把穆斯林联盟放在眼中，他曾说过："归根结底，今日印度只有两种势力，即政府和国大党，其他力量必须列入这两方力量中。"

对选举结果的失望以及国大党自大的态度促使真纳以及其他穆斯林联盟领导人不得不重新考虑自己的政治态度。他们认识到，要在未来的政治斗争中同国大党抗衡，就必须争取全印穆斯林的一致支持，要达此目的，就得求助于教派主义，只有高举教派主义旗帜才能使全印穆斯林认同穆斯林联盟。1940 年，真纳在报上发表文章称："在印度有两个民族，它们必须分享自己共同祖国的管理权。"同年，穆斯林联盟在拉合尔召开会议，会议宣称："认为印度教徒和穆斯林能永远在一个共同的国家中发展那是梦想。把两个这样的民族束缚在一个单一国家中，一个占少数，另一个占多数，一定会导致日益增长的不满和国家机构的毁灭。"[1]

1947 年初，虽然印巴分治已不可避免，但以尼赫鲁为首的国大党领导人对即将到来的印巴分治并没有感到多么痛苦，甚至有某种解脱的感觉，这种心情体现在 1947 年 2 月 23 日尼赫鲁写给在伦敦的梅农的信中：

> 只要联盟（穆盟）脱离在制宪会议之外，制宪会议就可以更为自由地为其所代表的印度部分做其所愿做的事。原来担心穆盟会施加压力，仅给中央政府以有限权力的问题就不会出现。但是，旁遮普和孟加拉，依据民主的原则，由于穆盟抵制的结果当然不会得到恰当的代表；西孟加拉和东南旁遮普能被代表，因为他们的非穆盟代表仍在议会中。由于这两个区域要留在联邦内，不可避免地，这意味着分裂旁遮普和孟加拉，将这两个省的较富裕部分，当然包括加尔各答，带到联邦里。经过这样裁剪留给巴基斯坦的就很难说是一份有价值的礼物了。

1　关于穆盟与真纳"两个民族理论"演进的具体过程，见林承节：《印度近现代史》，北京大学出版社 1995 年版，第 632—634 页。

事实上，这是非党派人士应有的智慧：巴基斯坦从经济上考量是不正常的单位，无法成功地作为独立体存在。[1]

在尼赫鲁看来，穆盟分出去，有利于印度建立一个权力更加集中的联邦，民主原则可以在制宪会议中得到更充分的体现。而巴基斯坦即使独立，它所得到的也只能是不太好的地方，旁遮普与孟加拉的精华部分都留给了印度，剩给巴基斯坦的地块如同"患疥癣的"和"虫咬过的"，尼赫鲁称其"很难说是一份有价值的礼物"。而且，东巴和西巴相距两千多公里，迟早要分离，尼赫鲁甚至预言巴基斯坦的存在不会超过 15 年。对国大党来说，无论是尼赫鲁还是巴特尔，以及其他中期政府成员，所有人在 1947 年都已筋疲力尽；接受建立在此基础上的分治，仿佛是一种解脱。后来，尼赫鲁曾这样形容他对分治的看法："砍掉头后我们再也不会犯头痛病了。"

实际上，尼赫鲁和真纳都属于当时印度社会中同一种人，他们都受过西方的教育，都从事律师业务，真纳身上的世俗主义精神一点也不比尼赫鲁少。也许可以这么说，正是当时西方的世俗主义、民主主义影响了双方的领导人，才有了印巴分治的悲剧。著名印度学者阿西斯·南迪的批评非常到位："殖民地意识形态的心理影响远比其政治经济影响要深远得多，破坏性也大得多。"[2]

二、土邦整合：领土意识与国家认同

英国统治印度的一项遗产是在印度保留了 550 余个土邦。土

1　Benjamim Zachariah, *Nehru*, Routledge, 2004, p. 137.

2　[印]杜赞奇：《历史意识与国族认同：杜赞奇读本》，上海人民出版社 2013 年版，第 95 页。

邦占有 1/3 的国土面积和 1/4 的人口。这些土邦大的如同一个国家，小的只一个村子大小。依据蒙巴顿方案：授予各土邦加入哪一个自治领的自主权利，如果某个土邦不愿加入任何一个自治领，那么它可以保持同英国的旧关系，但是得不到自治领的地位。因此，从理论上，印度土邦有权选择加入印度或巴基斯坦。

早在独立前，国大党就决心在独立后将土邦整合到统一的印度中。尼赫鲁曾说过："小的民族国家是注定要灭亡的，它可能作为一个文化上的自治单位苟延残喘，但是不能成为一个独立的政治单位。"[1] 国大党整合土邦的决心与在独立运动中大多站在英国人一边的土邦王公们（他们被认为在政治上反动、思想上保守，是阻碍印度进步的落后势力）有关，还同印度国大党领导人的政治观点有关，他们都主张独立后的印度应该是一个统一的国家。在他们看来，独立后将土邦纳入印度成一整体而不让其成为国中之国是十分自然的事，这项任务交给了当时的副总理兼邦事务部部长巴特尔。

巴特尔采用的是赎买政策，在经济上保证给予土邦王公以年金；在政治上安排他们进联邦院当议员。年金的数额依据土邦的大小和收入情况，有的年金达该邦政府年收入的一半。条件是土邦王公不再直接过问政务，土邦归入印度联邦成为印度政府直接管辖的一部分。

绝大多数的土邦王公不得不接受这一安排，只有三个邦出了问题：海德拉巴、贾纳迦和克什米尔。

海德拉巴是个大土邦，该邦绝大多数居民信奉印度教，如果

1　《印度的发现》，第 691 页。

根据当地居民的意愿，自然要加入印度联邦，何况其地理位置处于印度中南部，四周都是印度各邦。但该邦的统治阶层是穆斯林，他们不愿加入印度联邦。印度政府最初并不担心，让其观望一年，在1948年8月前做出决定。1948年9月13日，政府见海德拉巴不作答复，便派出两个师的军队开进海德拉巴，四天之内粉碎了土邦军队的抵抗，占领了海德拉巴，印度政府称此行动为"警察行动"。

贾纳迦比海德拉巴小得多，但情形与海德拉巴差不多，不同的是它位于卡提亚华半岛的海岸边，离巴基斯坦的卡拉奇仅480多公里。1947年8月15日该邦王公声称要加入巴基斯坦，印度政府担心如强行吞并会引起该地的社会秩序混乱，因而采用经济封锁的方式，武装印度教徒组成"解放军"进入该邦，控制了该邦。

克什米尔的情况有所不同，克什米尔位于印度的西北部，面积为8.5万平方千米，当时的人口400万，其中3/4是穆斯林，土邦王公哈里·辛格则信奉印度教。这里气候宜人，是休养胜地，更重要的是由于其处于巴基斯坦、阿富汗、中国和印度之间，具有重要的战略地位，同时，它离印度的政治中心德里不远，是通往印度的门户，历史上许多入侵者由此进入印度。克什米尔还是时任印度总理尼赫鲁的家乡，尼赫鲁的祖先是克什米尔的望族，该家族历史上长期掌管克什米尔的政务。

就巴基斯坦而言，克什米尔大多是穆斯林，同巴基斯坦人信奉同一宗教，又同巴基斯坦国土相连，从克什米尔到巴基斯坦有道路相通；克什米尔控制着印度河上游，它是巴基斯坦旁遮普河流的源头，所以巴基斯坦很自然地认为分治后克什米尔应归入巴基斯坦。

独立之初，印度虽想吞并克什米尔，但也看到法理和情理上的难度，于是曾有人提出以克什米尔为交换条件来获得海德拉巴。后来海德拉巴轻松得手，印度对克什米尔的占有欲望便更加强烈。以下因素更强化了印度占有克什米尔的决心：统治克什米尔的土邦王公哈里·辛格要求加入印度联邦。最初当英国人移交权力时，哈里·辛格想与巴基斯坦订立协议，不将自己归入任何一方自治领，希望克什米尔能保持独立地位，成为亚洲的瑞士。巴基斯坦没有答应。哈里·辛格担心归入巴基斯坦会比归入印度失去更多的权力。1947 年 8—9 月，正当他举棋不定时，西南角庞契地区的穆斯林农民起来造反，反对当地的印度教地主。庞契的农民造反得到了巴基斯坦境内穆斯林的支持，他们带着武器越境支持自己的穆斯林兄弟。哈里·辛格将此看作是巴基斯坦有意策划的旨在推翻自己统治吞并克什米尔的行动，因而转向德里寻求支持。1947 年 10 月 26 日，哈里·辛格正式要求归入印度，呼吁印军支援保卫克什米尔首府斯利那加。当时印度总督是蒙巴顿，他提出，一旦军队将闹事者赶出克什米尔后，应该举行公民投票，来决定克什米尔的归属问题，尼赫鲁同意了这一要求。第二天一早，第一支锡克人部队从德里空运到斯利那加，将穆斯林武装赶到西边。针对印度的举动，真纳试图说服巴基斯坦正规军出动，投入战斗，但巴军当时由英国军官指挥，总司令是英国的格莱西将军，他声称在没得到上级奥金莱克元帅的同意前，不能命令部队进行与兄弟自治领的战斗。10 月 28 日，奥金莱克元帅飞往拉合尔，通知真纳，如果真纳执意派兵，他将命令所有的英国军官离开巴基斯坦军队，而当时巴基斯坦的军队装备完全依靠英国。

战斗很快结束了，印度军队没能把穆斯林武装完全赶出克什米尔，当时穆斯林武装有 3 万人左右，占领了乌里和庞契一线。克什米尔以东部分被印度占领，以西部分占整个克什米尔的 1/4，被巴基斯坦控制。

印度没有遵守原先的诺言从克什米尔撤军，也没举行公民投票。尼赫鲁说，要举行公民投票必须先让巴基斯坦武装全部撤出克什米尔。真纳认为，必须同时撤出，双方就这样僵持不下。1949 年 1 月 1 日，由联合国牵头签订了停火协定。同年 7 月 27 日印巴双方代表在卡拉奇签署"停火线协议"，印度占有克什米尔 3/5 的领土，包括克什米尔谷地和南部重要的城镇，从此克什米尔分裂成印控克什米尔和巴控克什米尔两部分。印度在克什米尔的得手除了得到英国人的实际偏袒和土邦王公的拥护外，还与当时造反的农民武装力量中并不是清一色的穆斯林，也不是一致站在巴基斯坦一边有关。比如，克什米尔国民会议实际上是支持加入印度而不是巴基斯坦的，因为在他们看来，印度主张民主改革，理应支持农民们夺取土地的要求，这种要求不可能在保守的巴基斯坦政权那里获得支持。但印度在克什米尔站稳脚跟后，漠视了贫苦的穆斯林的革命性要求，疏远了国民会议，完全站在印度教地主一边，迫使国民会议等克什米尔的非国大党组织只能诉诸教派的支持，由此使得克什米尔问题带有更多的教派色彩，实际上不利于克什米尔问题的解决。国大党政府对克什米尔国民会议诉求的忽视表明，国大党人并不是完全像他们自己宣称的那样坚持世俗主义立场、反对教派主义，尽管他们口口声声反对封建制度，但在涉及印度统治阶级根本利益时，还是毫不犹豫地站在封建地主一边，反对激进的社会变革，因此，它的克什米尔政策既是教派主义的也是反民主的。"在他们眼中,保护印度教封建主的利益比实现克什米尔穆斯林农民的民主渴望要重要得多。""因此,问题的根源在于印度统治阶级所代表的双重标准,一方面,他们把自己的利益看作是印度国家利益的延续;另一方面,在另一些地方,他们把印度民族看作是这个国家占支配地位的宗教(也就是印度教)共同体的延续。"[1]

随着印度占有克什米尔,印度土邦完全被归并;在独立之后的10余年里,印度还成功地收回被法国和葡萄牙占领的殖民地。1971年国大党政府通过宪法第26次修正案,取消了原土邦王公的身份,不再承认其为土邦首领,并废除土邦王公的年金。[2]至此,印度通过不同的方式归并土邦、收回殖民地,完成了国家统一。

三、语言建邦:地方主义与国家统一

土邦整合完成多民族国家整合的第一步,印度国家整合过程还面临一个巨大的困难,就是印度的多语言。印度在独立之初就有几亿人口,但没有一种语言能被一半以上人口使用,最大的语种是印地语,其使用的人数也只占人口总数的30%,他们集中在印度北部恒河流域,该区域被称为印地语腹地;而其余70%的人口不使用印地语,其中1200万人以上使用的大语种多达12个(1991)。[3]

1　Gautam Navlakha, "Invoking Union: Kashmir and Official Nationalism of 'Bharat'", in T.V. Sathyamurthy(ed.), *Region, Religion, Caste, Gender and Culture in Contemporary India*, Vol. 3, 1996, p. 101.

2　Paras Diwan, *Indian Constitutional Amendments*, New Delhi, 1980, pp. 169-170.

3　Robert Hardgrave, *India Government & Polities in a Developing Nation*, Harcourt Brace College Publishers, 1993, p. 11.

鉴于印度的语言状况，1950 年通过的宪法规定，在宪法实施后 15 年内（到 1965 年）将英语和印地语一道作为印度的官方语言。[1] 虽然印度能说能写英文的也不过几百万人，但上层人士、官员和知识分子大多能用英文交流，因此全国性的会议、文件不得不用英文。此外，以尼赫鲁为代表的一些人对英语情有独钟，认为使用英语利于同西方国家交流和学习西方的先进科学技术。

然而，英语毕竟是一种外语，无论是印度教民族主义者还是地方民族主义者，都不可能接受英语长期作为国语，"双语制"只能是一种权宜之计。宪法也规定英语作为行政用语不得超过 15 年。1956 年，印度政府突然宣布取消"双语制"，将印地语作为印度唯一的国语。这一决定在印度各地引发极其强烈的反对，尤其在印度的南部地区，学生上街游行，撕毁国旗，推倒小汽车，警察前往镇压，发生了流血事件。

南方强烈反对的原因除了南方人不说印地语外，还因为南方四种语言都属达罗毗荼语系，拥有自己的悠久文化传统。早在独立前，该地区已经出现分离主义倾向的政治组织，而达罗毗荼语系区域人口数接近全印度人口的 25%，要让这么多人接受只有 30% 的印度人使用的印地语是很困难的。

语言与政治经济文化密切相关，语言区域是历史形成的，与人们的经济交往的范围基本一致，所以语言是划分经济区域、民族区域、政治区域的重要标志之一，按语言划分政治区域有一定的合理

---

1 印度独立后，英语和印地语具有同等法律效力。1950 年印度宪法规定英语在宪法实施后 15 年内（到 1965 年）可以作为官方语言，此后将以印地语代之。由于非印地语邦对印地语作为全印唯一官方语言激烈反对，1963 年 4 月 26 日人民院通过正式语言法案。规定 1965 年后英语继续作为官方辅助语言使用，使用的期限由非印地语邦决定。

性。早在英国人统治以前，印度就已经形成许多语言区域。英国统治印度后，为了实施分而治之的政策，往往将统一的语言区域分为几部分，或将不同语言区域并为一个政治实体。国大党成立后不久就遇到过语言问题，国大党是一个全国性的组织，轮流在各地召开年会，发展组织成员，当1887年在马德拉斯召开第三次大会时，就出现有许多代表以及几位发言人无法用英语沟通的情况。当时，在国大党省一级领导机构内有1/3成员没受过英语教育，在基层"会说英语的是例外"[1]。

渐渐地，国大党认识到在语言基础上实现区域自主的重要性。1920年的那格浦尔年会第一次提出要按语言区域重新划定邦界，并决定首先按语言原则重新组织国大党省级机构。此后，国大党分别在1927年、1928年、1938年和1946年采取一系列的步骤在全国按照语言重组省级组织。因此，人们期望独立后的国大党政府实现诺言按语言重划省邦是很自然的，但是，随着独立的到来，尤其受印巴分治的负面影响，以尼赫鲁为首的国大党政府担心一旦实现按语言划省，有可能加强地方分离主义的倾向，所以对建立语言邦抱冷漠态度。

中央政府的冷漠态度激起一些邦的强烈反应，最先作出反应的是南部说泰卢固语言的地区，他们要求将所有说泰卢固语言的地区合并成安得拉邦。围绕这一要求形成了一个运动，在1952年底，该运动领导人，后被称为安得拉之父的普蒂·斯里拉马鲁宣布开始绝食，不达目的誓不罢休。在群众的压力下，1953年10月，尼赫鲁

---

1 Jyotirindra Dasgupta, "India's Federal Design and Multicultural National Construction", in Atul Kohli, *The Success of India's Democracy*, Cambridge University Press, 2001, p. 52.

不得不同意成立这个邦。之后各地纷纷仿效，都要求建立语言邦。印度在1953年12月任命了邦重组委员会，由最高法院法官法扎尔·阿里为首组成三人委员会，研究以语言、族群、文化和地理为基础的建邦要求。1955年10月，该委员会才提交报告，结论是根据单一的语言或文化来重组邦既不可能也不理想，拒绝"一种语言一个邦"的理论；另外，又承认语言同一性是便于进行行政管理、提高行政效率的一个重要因素，联邦的政治区域通常应当依据语言的要求进行改组。因此提倡有必要以国家统一为基础对整个问题采取一个平衡解决方式。

1956年，印度政府根据做了重大修改的邦改组委员会的建议，决定重新划分和调整行政区域。主要内容有：在马德拉斯、安德拉、孟买、旁遮普、拉贾斯坦、北方邦、比哈尔、西孟加拉、阿萨姆和奥里萨等邦继续存在并对其中若干邦进行邦界调整的情况下，新建通行马拉雅拉姆语的喀拉拉邦、通行卡纳达语的卡纳塔克邦和通行印地语的中央邦。这样，整个印度的行政区域便统一为14个邦和6个中央直辖区。

从表面上看，语言邦重组是在地方主义压力下进行的，有可能增强地方对中央的独立性。但实施后的实际效果是，采用语言邦重组后，印度"巴尔干化"的危险被有效避免了。最典型的是泰米尔分离主义分子要求建立独立的"达罗毗荼国"的愿望没能实现。

泰米尔纳杜是印度南部的一个大邦，独立初拥有人口2500万。早在1914年，一个被称之为"达罗毗荼协会"的组织就寻求建立一个"在英国人统治下的达罗毗荼邦"，"它将捍卫达罗毗荼人民的政治、社会和经济利益"，但是所谓的"达罗毗荼人民"完全依据种姓范畴加以界定。该协会旨在发起"由非婆罗门所有、由非婆罗门管理、为非婆罗门服务的运动"——前提是南印度的婆罗门是外来人。该"运动"就此而言并不是想从印度或任何其他实体分离,而是要在南印度——或更准确地说,在由马德拉斯管区覆盖的南印部分摧毁婆罗门的影响。在 20 世纪 20—30 年代,在"达罗毗荼协会"的基础上成立了正义党,领导人是奈克尔(E. V. R. Naicker),当时他在马德拉斯主持了一场反对印地语作为当地学校必修课的运动,他将该学校的课程设置看作是奴役泰米尔人民的手段,并认为只有通过创立达罗毗荼国家泰米尔人民才能避免被奴役的命运。"达罗毗荼国"或"Dravida Nadu"这一概念包容了四个语言群体:泰卢固、卡纳达、马拉雅姆和泰米尔,涵盖了几乎整个印度南部地区。如果让"达罗毗荼国"的愿望实现,无异于使印度在经历"印巴分治"之后,再经历一次"南北断裂"。

但建立"达罗毗荼国"的愿望实际上没能实现,富有启示意义的是,最终有效地消解建立"达罗毗荼国"要求的恰恰是语言邦的建立。

由于国大党政府在南方成立了四个单独的语言邦,以反对婆罗门统治为旗号的达罗毗荼运动失去了号召力。也许在泰米尔纳杜邦还有人幻想建立"达罗毗荼国",但由于失去其他三个邦的响应,无论在军事上或经济上这都是不可行的,强大的印度不会容忍哪一个邦分离出去;而分离出去的邦也只能孤立于其他印度邦,经济上也不可行。此外,自语言邦实现后,语言邦内的种姓、宗教、族群等身份差异凸显出来。当讲泰米尔语人群的身份认同获得独立建邦的保证时,重要的问题就不再是宣称泰米尔文化的独立身份,而是进入竞选的舞台，决定泰米尔人中哪个集团进行统治。语言邦的重划使得南方各邦之间以及各邦内部都难以形成一种合力以对抗中央政府，而这种合力对一个分离主义运动是必需的。原先比较积极主张建立"达罗毗荼国"的德拉维达进步联盟（DMK）在 1957 年邦议会选举中仅获得 205 席中的 15 席。[1]

到 1960 年末，这种形势迫使 DMK 领导人逐步放弃建立"达罗毗荼国"的想法，在 1961 年它被非正式地取消，1963 年在纲领中正式取消。值得强调的是该观念在 1965 年的反印地语骚乱期间并没有在泰米尔纳杜邦死灰复燃，即使那时新德里与该邦的关系正处于最低点。1968 年，DMK 在泰米尔纳杜掌权一年之后，某些激进分子曾再一次提出建立"达罗毗荼斯坦"的要求，但是被它的领导人否决了，将其贬低为"泰米尔政治中的一股暗流"，认为它败坏了泰米尔政治。从那以后很少再听到主张独立的声音。

最关键的是，自语言邦建立后，南方各邦不再可能形成一个整体与中央闹分离，有效避免了印度"巴尔干化"的危险。

所以从长远看，语言邦的建立促进了印度地方政治和经济的发展，并在此基础上增进邦际交流，从而使全国连接成更加紧密的统一体，从大局上是有利于多元统一的立国原则的。

四、部落整合：族群差异与国家力量

从一般常识上讲，独立后的印度最大的分离主义隐患不是来自南部，而是东北部。那里同缅甸和前东巴基斯坦（现孟加拉）接壤，

1　*The Success of India's Democracy*，p. 89.

主要是部落族群居住的山区，森林密布、交通不便、远离中央，在人种、语言、宗教、生活方式、地缘关系，乃至历史联系等方面，都同印度核心地带存在明显的差异。

历史上，今天印度东北部地区长期处在中央王朝的实际控制之外。英国人统治印度时，也不主张对大部分的东北部地区实行主权控制，而是想依靠一项"最小的干预"的政策，并允许以"传统制度"治理该区域中更偏远的地区。当骚乱或暴动发生、英国人认为不可接受时，他们会诉诸惩罚性的回应，这往往会引起生活在东北部的各族群对印度中央权威和驻扎在该区域的英国军队的不满。这种不满一直持续到印度独立，并为以后的新德里政权带来巨大的问题。英国人在东北部的统治方式也留下了该地区区域间边界模糊混乱的问题，在这些区域中主要生活着大量的部落或部落群，他们生活的区域缺乏明确的边界。

独立以后，印度统治者失去了英国人当年对该地区抱持的从容态度，他们认为自己现在面对一些制造麻烦的邻居——东巴基斯坦、缅甸等，所以没有别的选择，只能确定和守卫国土边界，并加强对东北部地区的控制。但由于历史的、地域的诸多原因，巨大的困难随之而来。

使事态更为糟糕的是，次大陆的分治割裂了传统的贸易路线。印巴分治前，该地区的商业贸易沿河谷和河流而下到达吉大港港口；分治后，河流的下游地区归入东巴基斯坦，因而东北部地区被迫与它从前的市场分割开，被隔离在发展极端落后的交通线的一端，仅凭一条狭窄通道同印度主体部分相连，很容易被中断。同时由于原有的经济区域被政治因素破坏，使得东北部地区必须从印度的其他地方输入商品，商品价格变得极其昂贵。这严重妨碍了该区域的经济发展，经济发展的迟缓又进一步加剧当地民众的不满情绪和社会动荡。

由于东北部的不同社会族群所居住的区域之间非正式划界的界线缺乏明确性和共识，这进一步困扰着这些区域人民的生存和发展。印度中央政府试图将这些界线正式化。当一群部落发展起一种共同的"族群性"的感觉从而提出建立一个拥有自主权利的政治实体时，中央政府往往采取建立一个邦或联邦特区的做法来回应这样的要求，但这种做法也常遭遇麻烦，当一些不属于这个部落共同体的部落发现自己已被划在新区域的界线之内时，就会起来反对，有时甚至诉诸公开的抵抗。而新建立的邦或联邦特区内的主体群体对一些被划入的边缘少数群体也持一种不认同的态度，他们不满于其他社会群体在自己的新辖区中存在，或者让"陌生人"移居自己的区域。此外，该地区还以宗教的多样性著称，基督教、印度教、佛教、伊斯兰教，甚至还有犹太教，世界上的主要宗教在这里无一缺漏。宗教有时能为该地区的群体提供一种身份的认同感，但也能够在他们中播下分裂的种子。

总之，影响该区域安定团结的因素很多。这就是东北部的各邦同大部分"主流"邦的不同所在。

在前面已指出，在大部分邦中，内在的异质性破坏了邦一级的团结，它可能产生出分离主义运动。同样也可以这样看东北部问题，但这里我们碰到的异质性倾向于走得更远。它们不只是破坏邦一级团结，而且破坏了谈判的政治和更普遍的政治安定。

当团结的纽带断裂时，呼唤分离的大门就会再次开启，有时要求从邦中分离，有时要求从印度分离。区域中的分离主义势力强烈地倾向于发动反对邦政府或中央政府的武装斗争和骚乱。东北部各邦与邻国的接近更加强了这种分离主义的趋势，购买武器的资金则来自走私木材、毒品交易等。

总体来说，尽管面临众多的问题与挑战，印度中央政府在处理东北边疆问题上还是取得了重大成果的。在反对该地区各种分离主义运动中，印度中央政府发明出对付分离主义的方法。大致说来，分为三个步骤：首先，运用军事力量同颠覆力量战斗；其次，当反叛者陷入疲态时，提出谈判；最后，当反叛者相信，不管付出多大的伤亡，他们都不可能实现分离的愿望时，再用民主的"肉包子"来争取他们，在一场选举后将权力给予他们。在东北部的一些邦，人们常看见如下场面，几年前还是反叛中央的非法武装的"将军"，现在依据印度宪法宣誓后担任部长或其他官职，他们坐在飘扬着三色旗的政府公务小汽车上，有的还穿上了印度武装警察的服装。[1]

那加兰的动乱持续时间最久（几乎 30 年），也最血腥。但在1975 年，那加兰邦长与造反的地下组织签署了西隆（Shillong）和平协定，在此协定下，造反者答应放弃暴力斗争，交出所有的武器、弹药，放弃建立分离的那加斯坦的要求；中央政府则同意终止镇压活动，释放被关押的 200 名那加人，并宣布对叛乱的地下组织成员的暴力行为及其他犯罪行为不予追究。同时，为那加部落划出一个单独的邦，并许诺从宪法上保证他们文化的、族群的、政治的以及

1　Shekhar Gupta, *India Redefines its Role*, Oxford University Press, 1995, pp. 24-25.

经济的权利。那加人在 20 世纪 50 年代开始游击战，最后认识到在决心坚定的政府及其军队面前不可能获得独立，才不得不接受谈判。在精心考虑之后，新德里做出的回应是：新邦被宪法赋予特殊的地位，外邦人被禁止在该邦获得工作或拥有财产。在宪法中还加上这样的条款：由那加人垄断该地区矿产资源所有权。

同样的，在米佐兰，处于地下的米佐国民阵线的领导人拉尔登甲（Laldenga Bei）在经历 20 余年的流血斗争后，认识到即使他和他的追随者们在丛林战中生存下来，他们也无法获得独立主权。在那加人与联邦政府签订协定 10 年之后，米佐兰的政治领导人也开始为自己的妥协寻找台阶，并说服他们的追随者：当理性的自由在印度可以得到的时候，战斗是无用的，主权并不意味着自由，自由比主权更重要。米佐国民阵线与印度政府在 1985 年签订协定后转为公开合法的组织，在按协定经特别选举程序后上台执政，又在随后一次选举中失败，完成了他们被纳入印度政治主流的过程。新德里再一次以在那加兰使用过的策略成功解决了米佐兰问题。

阿萨姆的分离主义运动则提出一种不同的挑战。阿萨姆是东北部最重要的一个邦，也是印度资源最丰富的邦，土地肥沃，适合种植茶叶、黄麻、大米、柑橘、菠萝、甘蔗和蔬菜，早在 1890 年，这里就发现了石油，今天该地出产了全印度 50% 以上的石油天然气。而原先这里地广人稀，成为周边地区尤其是孟加拉人的移入地。

大量移民的涌入挤占了原住民的生存空间。孟加拉人在英国人统治时期开始大规模移入，印巴分治后也没停止。从西孟加拉邦移入的大多是印度教徒，属国内移民；从孟加拉国移入的大多是穆斯林，属国际移民。随着大批移民的进入，阿萨姆人发现孟加拉人处于领导地位，而他们自己则处于从属地位，"教师是孟加拉人，学生是阿萨姆人；医生是孟加拉人，病人是阿萨姆人；律师是孟加拉人，委托人是阿萨姆人；店主是孟加拉人，顾客是阿萨姆人；政府官员是孟加拉人，请愿者是阿萨姆人"[1]。

移民的涌入同国大党政府的纵容态度有关，如果阻止移民涌入的话，会影响国大党在西孟加拉的选票，也会影响国大党在阿萨姆的选票，因为国大党依靠非法移民们投自己的票。有分析认为："国大党取胜是因为有广泛的群众支持，包括当地农民、当地和外来的穆斯林、茶叶园的劳工。国大党要依靠他们的支持。也就是说，穆斯林移民成为阿萨姆政治舞台上的支点。"国大党领导人伯鲁阿就曾说过："只要这里的阿里们和苦力们都站在国大党一边，其他的就不需要管了。"[2]

到 1979 年，许多新移民也得到了选举权，阿萨姆人的愤怒终于爆发。1979 年 3 月阿萨姆学生会（AASU）和阿萨姆人民斗争联盟（AGP）联合举行甘地式的运动，招来军警的镇压。这场运动本来是和平的和非分离主义的，但由于政府处理不当，结果转化为一个大规模的、暴力的分离主义运动。这场反对孟加拉移民渗透的群众运动使该邦的经济瘫痪了，使原油的输出中止了，更阻碍了茶叶和花梨木供应到内地市场。该运动持续 5 年（1978—1983），导致8 000 人死亡。新德里政府在派出军队残酷镇压的同时，也与运动组织方进行了旷日持久的谈判。1985 年，双方达成协议，从宪法上保证阿萨姆人族群的、语言的和政治的安全。依照协定举行的阿萨姆

---

1 Myron Weiner, *Sons of Soil*, Oxford University Press, 1978, pp. 115-116.

2 Ibid., p. 116.

地区选举将运动的组织者阿萨姆人民斗争联盟（AGP）送上权力舞台，但在随后一次选举中它又败选了，最后四分五裂，国大党重新掌权。

五、问题：教派主义与国家政治

军事行动与政治对话谈判的双重策略并不是在所有地方都能获得成功，在旁遮普[1]就遇到极大的麻烦，并付出了血的代价。

旁遮普问题很大程度上是"印巴分治"的后遗症。前面章节中曾谈到，在长期的印度教和伊斯兰教的交往融合中，产生出一个新的宗教——锡克教，锡克教徒主要散居在今天的印度和巴基斯坦的旁遮普地区。锡克族不是一个在地缘上人口集中的民族，加之人口太少，独立之初仅500余万人，因此，印巴分治时，本着"两害相权取其轻"的规则，选择加入印度联邦。在随着"印巴分治"而来的难民潮中，他们在西旁遮普的土地和财产被剥夺，失去寺院和圣地，生命和财产遭受的损失比任何社会集团都大。但是，由于空前的人口迁徙，原来作为旁遮普主体的穆斯林离去，而印度教徒和锡克教徒从巴方移入，三者之间的人口比例发生重大的变化，锡克人变得前所未有地集中。据1941年的统计数字表明，未分割的旁遮普的印度教徒在该地区占26%，锡克教徒占13%；但到1951年，印度教徒占61%，锡克教徒占到35%，这种人口相对集中的情况为他们提出建立自己的民族家园和得到更大的民族自治权的要求提供了便利的条件。

---

1 旁遮普意为五河之地，指印度河的5条支流萨得鲁季河、沃亚斯河、拉威河、吉那布河和切勒姆河汇流处，旁遮普地区是人类最早的文明发祥地之一。

其实，建立锡克人民族家园的要求在独立前就已经有人提出。1943 年 6 月，锡克人政党阿卡利党通过了要求建立"自由旁遮普"的决议。翌年 8 月又正式提出建立独立的"卡利斯坦"，即锡克人的国家。印巴分治后，1949 年 4 月，在阿卡利党的领导下，召开了全印锡克教徒会议，首次提出了建立语言邦的要求。到 1960 年，阿卡利党已多次要求建立单独的旁遮普邦。然而，代表印度教徒利益的人民同盟、印度教大会和圣社等则要求把旁遮普、喜马偕尔和巴地阿拉与东旁遮普邦合并为"大旁遮普邦"，以保持印度教徒在人数和实力上的支配地位。虽然国大党在 1956 年就实行语言邦重组政策，但考虑到旁遮普地区的特殊地位迟迟不愿答应锡克人建立单独语言邦的要求。旁遮普东邻首都德里，西接克什米尔和巴基斯坦，通向克什米尔的主要公路和铁路都经过旁遮普，重要的运河流向拉贾斯坦；军队也需要旁遮普人的配合来进行与巴基斯坦的战争。印度在 1965 年和 1971 年与巴基斯坦战争期间，旁遮普的农民、运输工人和商人为其提供了有力的支援。印度政府生怕语言邦的建立会使中央失去对该地区的控制，危及整个印度的国家安全。

但语言邦原则既已在他邦实行，很难单独拒绝锡克人的要求，这使得印度政府相当被动。1965 年第二次印巴战争的爆发逼得印度政府没有退路，为了获得锡克人的支持，中央政府不得不于 1966 年答应阿卡利党的要求，在旁遮普地区建立旁遮普语言邦。流行旁遮普语的县组成一个邦，仍沿用旁遮普邦的名称，平原地区使用印地语的县组成一个新的哈里亚纳邦。原旁遮普邦首府昌迪加尔的归属由于双方争执不下，决定将其改为中央直辖区，并作为两个邦的共同首府。1966 年 11 月 1 日，新的旁遮普语言邦终于建立起来，

锡克人占新邦人口的 60% 以上，印度教徒从原来的 63.7% 下降到
37.5%。

语言邦的建立没有从根本上给旁遮普地区带来安定。一些人想
在建立语言邦的基础上进一步实现建立"卡利斯坦"（锡克人国家）
的目标，争取更大的自主权。在 20 世纪 80 年代初，锡克教徒在阿
卡利党的领导下，不断发动种种运动，包括组织大批教徒示威游行，
封锁铁路、公路，阻断交通等。

旁遮普地区的分离主义运动之所以在 20 世纪 80 年代愈演愈
烈，同该地区自 60 年代以来的印度绿色革命进程有关。旁遮普地
区被视为绿色革命成果最大的地区，甚至被称为印度的粮仓和"面
包篮"。但旁遮普的锡克人抱怨自己没有获得应有的好处，绿色革
命的好处主要被大中型农场主和城里人所分享。1971 年旁遮普邦
有 800 余万名锡克人，70% 生活在农村。绿色革命在取得短暂的成
功后，很快面临新的问题。首先是粮食价格问题，农场主们要求稳
定而有利可图的粮食价格，降低生产资料价格，要求政府保证并增
加各种农业补贴。而中央政府在一定程度解决了粮食危机之后，对
农业生产者的这些要求往往打折扣。其次，旁遮普农业虽然发达，
但工业却很落后，工业收入只占财政收入的 12%，低于印度的平
均水平（16%），旁遮普人因此指责印度中央政府由于旁遮普地处
印巴战争前线而不愿在旁遮普投资。再次，农业生产的特点不同于
工业，农业投资有边际效益递减的现象，土地经营规模不是越大越
好，化肥、农药、灌溉也不是使用得越多越好，经营农业的利润比
不上经营工商业，所以旁遮普人感到自己成了边缘人，特别是贫困
阶层的锡克人的生活越来越糟糕。最后，绿色革命繁荣时期，一些

具有企业家精神的锡克教徒外移，而旁遮普农业的繁荣吸引印度教徒劳动力进入该邦。每年都有大批的印度教徒从相邻的印度北部地区来当地打工，他们中有些人在旁遮普长住了下来，更增加了锡克人的恐惧。

面对旁遮普的动乱局面，英·甘地施展其政治手腕，试图通过培植自己的势力来分化锡克人阵营，以此来控制旁遮普邦的局势。

在1977年的选举中，阿卡利党与人民党结盟，获得邦议会的58席，而国大党只有12席，邦政权转到阿卡利党手中。为了从阿卡利党手中夺回政权，国大党转而支持锡克教极端主义分子宾德拉瓦尔。宾德拉瓦尔1947年出生在一个锡克农民家庭，1965年被父母送到一位锡克圣人那里学习锡克教经典。1977年老师去世，时年30岁的他继承了圣人的称号，很快成了锡克激进主义最有力的鼓吹者。他要求所有的锡克教徒都应该按照先贤们吩咐的那样携带武器。除了传统的剑外，他劝他的追随者们携带现代武器，如步枪和手枪等，他本人就总是携带一支带有皮套的左轮手枪和一副装满子弹的背带。

1978年4月，宾德拉瓦尔领导的锡克教派与另一锡克教派尼兰卡里派（the Nirankaris）之间爆发武装冲突，双方互有伤亡，宾德拉瓦尔呼吁对尼兰卡里派教徒进行报复，称这次冲突中死去的人为"殉道者"。冲突结束后，一些锡克人感到有必要成立一个军事组织。在英·甘地的儿子桑贾伊和她的高级副手、来自旁遮普的宰尔·辛格的支持下，一些激进的锡克青年成立了卡尔萨党，该党视阿卡利党为主要反对派，从而推动了锡克教极端主义分子宾德拉瓦尔的崛起。国大党公开支持宾德拉瓦尔。宰尔·辛格为宾德拉瓦尔新成立的政党提供财政支持，虽然后者——如同一份政府白皮书中所宣称的——"公开声明要求建立一个独立主权的锡克国家"。

1979 年，宾德拉瓦尔指定的候选人（来自国大党）在选举中输给了管理锡克教神庙的委员会，但国大党仍继续支持宾德拉瓦尔。作为回报，宾德拉瓦尔在 1980 年的国会选举中为国大党的候选人四处活动，这场选举将权力带回给英·甘地。

1980 年大选后，获胜的英·甘地让宰尔·辛格当上了内务部部长，但是又不让他在旁遮普政治中占据支配地位，她任命宰尔·辛格的主要对手，一个具有更多世俗思想的锡克教徒——达尔巴拉·辛格（Darbara Singh）当上了该邦的首席部长，此人在旁遮普采取强硬路线来对付锡克教和印度教极端主义分子。而宰尔·辛格继续在新德里支持和保护宾德拉瓦尔。英·甘地在这两个锡克人之间摇摆不定。

当来自宾德拉瓦尔领导的锡克教徒的暴力行为不断升级，使得旁遮普政府不得不决定逮捕宾德拉瓦尔时，宰尔·辛格安排警车将他从相邻的哈里亚纳邦安全地转移到旁遮普寺庙中。不久，旁遮普邦首席部长达尔巴拉·辛格将宾德拉瓦尔逮捕。这一行动引发了群众性暴力，包括谋杀、火车脱轨和飞机劫持。宰尔·辛格按英·甘地的指令行事，将宾德拉瓦尔从监狱放出，告之国会没有证据说明宾德拉瓦尔是犯罪活动的背后支持者。

这项决定产生了糟糕的结果，旁遮普的警察——他们现在成了宾德拉瓦尔暗杀的目标——士气大为低落，宾德拉瓦尔似乎成了英雄，成功地挑战了国家的权威。他肆无忌惮地策划进一步的暴行，当他的一位亲密同伙被与其对立的锡克政客杀害时，宰尔·辛格和英·甘地参加了悼念仪式，并同宾德拉瓦尔合影留念。

从 1982 年以后，国大党政府与锡克极端主义分子举行了一系列谈判，英·甘地本人最初直接参与谈判，后来通过中间人参与，她一次又一次摇摆于调和和强硬之间——前后不一的方式，解决不了任何问题。1982 年，暴力冲突持续不断，宾德拉瓦尔躲在阿姆利则的金庙中。到 1983 年年末，他号召信徒们将暴力活动升级——任意杀害印度教徒，在印度教神庙施暴。这导致新德里做出决定，在旁遮普实施直接统治。同时，宰尔·辛格——英·甘地当时让他当上了印度的总统——仍与宾德拉瓦尔保持每天的接触，英·甘地也时常通过特派员这样做，直到 1984 年 6 月，即她派军队进入金庙前的一个月。

1984 年 6 月 6 日，中央政府指挥的武装部队大举进攻锡克教圣地——阿姆利则金庙，杀死了盘踞在那里的宾德拉瓦尔及其追随者。这一行动进一步激化了中央政府与卡利斯坦极端派之间的矛盾。1984 年 10 月 31 日，英·甘地在她自己的官邸被她的锡克卫兵刺杀。

英·甘地被刺身亡加剧了印度的危机，随后数天内 3 000 多名锡克教徒在德里和其他地方被杀害。大部分的屠杀是由国大党的支持者策划和实施的，通常由地位显赫的党的领导人组织。警察被国大党一些高层领导人限制住，没有及时有效地干预和中止大屠杀。

随后旁遮普几乎经历了近十年的恐怖主义威胁，以及印度安全部队严厉的镇压。政府先是采取惯常的做法，施加强制的力量来维持最起码的秩序，伴以调适性的倡议来缓和不满情绪和说服温和派恢复"正常的"制度。旁遮普恐怖主义活动的平息在很大程度上依靠中央政府的军事镇压，大约有 6 万人的武装部队投入了战斗。在近十年的时间内，大约有 2.5 万人死于这场动乱，其中包括 1 780 名政府官员和保安人员。[1]

这一旷日持久的分离主义运动直到 1992 年才平息下来。旁遮普的民族冲突被认为是印度独立以来在政治上和心理上最具创伤性的事件。但旁遮普事件也产生了一个积极的结果，许多新德里的高层领导人坚定地认识到，在政治上玩弄宗教感情是愚蠢的，鼓励宗教少数集团中的极端主义更加愚蠢。

六、结语

在全面回顾独立以来印度政府在维护国家统一、应对分离主义运动造成的危机的过程后，回到开头提到的问题上，在一个多民族、多宗教、多语言、多族群的国家，国家整合的主要模式及其面临的主要困境是什么？

第一，印度试图通过"世俗主义"进行民族国家建构，但承受着教派主义的巨大压力。在印度民族国家建构的早期阶段，无论是国大党还是穆盟的领导人，都提出了"世俗主义"的主张，试图以此团结不同宗教、种姓的民众，强调民族身份的共识，寻求民族独立。但在民主政治的实践中，穆盟认为自己在选举中和利益表达时有着天然的劣势，选择了宗教民族主义与"两个民族"的理论，而印度教的教派主义组织也抗议国大党在"世俗主义"旗号下"偏袒"穆斯林。最终出现了印巴分治的悲剧，南亚次大陆从内部撕裂，诞生了印度和巴基斯坦两个不同的民族国家。

---

1 *The Hindu*, Jul. 3, 1995.

第二，印度国家整合的过程中试图调和国家权力与地方主义，在捍卫国家统一的同时，平衡不同文化族群的利益诉求。印度进行土邦整合、语言建邦、东北部部落整合的过程中，都不同程度地使用了国家强权，这有助于实现国家的统一。与此同时，印度政府承认了不同民族和族群的多元文化，满足了南方语言邦重组的要求，避免了"南北分裂"的局面，在东北部对当地部落和族群做出适当让步，维系了国家的稳定。邦领导人需要依靠中央政府掌握地方权力，中央政府也要依靠邦领导人执行中央政策和发展政治支持。中央政府不能维持失去民心的邦政府或无限期地在一个邦中实行总统治理，虽然这能在短时间里有助于恢复稳定，但它自身不能创造那种稳定。因此，政治和功能上的相互依靠是中央—邦之间关系的核心。"当邦一级的运动寻求恢复更大的平衡时地方主义可能将日益强调联邦主义，它不会对联邦的整体性构成威胁。"[1]

第三，印度的国家建构与民主政治实践并行，民主政治给多民族国家建构增添复杂性。在克什米尔问题上，国大党政府领导人过多照顾印度教封建主的利益，忽视穆斯林群众的民主改革诉求，暴露出国大党所鼓吹的民主的阶级局限性；为了获得阿萨姆地区穆斯林的选票，国大党政府在阿萨姆放松了对来自孟加拉地区移民的限制，从而导致20世纪80年代印度东北边疆的危机；而同时发生的旁遮普危机在很大程度上同英·甘地在该地区玩弄政治游戏有关，英·甘地为了同阿卡利党争夺旁遮普邦的统治权，竟然扶植极端主义武装分子，结果使旁遮普陷入腥风血雨之中，英·甘地自己也付出了生命的代价。

---

1 *India Government & Politics in a Developing Nation*, pp. 148-149.

第四章 发展之探索

印度会崛起起吗？

独立以来印度的经济发展

 1947 年 8 月 15 日印度从英国统治下获得了独立。独立后的印度政府将发展本国经济摆在了重要的位置上，形成了独具特色的印度发展模式。印度经济发展的道路是不平坦的，既有不俗的成绩，也存在严重的问题。本文试图分析印度经济发展的起步条件、政府政策和发展模式、经济成长过程与表现，并在此基础上对影响印度经济发展的诸因素作一番分析。

一、独立后印度经济发展的条件：殖民主义的历史遗产

 分析独立后印度的经济发展，必须从独立前殖民地时期说起。英国作为世界上一度最强盛的资本主义国家，统治印度近两百年，其对印度的统治已不可避免地改变了传统的印度社会。印度的独立过程基本上是一场和平的政治权力交接，没有发生过重大的社会革命，从而使得英国殖民统治的历史遗产继续影响独立后的印度经济发展。

在独立前，印度经济已被纳入世界资本主义体系中。在 19 世纪英国人凭借其经济优势和政治统治权，破坏了印度传统的农业与手工业相结合的村社经济，将不公平不合理的"工业的英国与农业的印度"的经济结构强加在印度身上。进入 20 世纪后，英国通过资本输出和公共工程建设加大了对印度经济干预的力度。正如列宁所说："资本输出在那些输入资本的国家中对资本主义的发展发生影响，大大加速这种发展。"[1] 随着外资的进入，公路、铁路、港口和水利工程等一大批基础设施建立了起来，印度的工业有了一定程度的发展。西方资本在获得丰厚利润的同时，也客观地促进了印度的经济发展。以英国资本在印度最大的投资项目铁路为例，独立时印度已有铁路里程 6 万多公里，其里程数和密度都远远高于同时期的中国。中国的国土面积是分治前印度的两倍多，但中国当时的铁路里程仅为印度的 1/6。20 世纪初，印度的民族资本已准备向重工业领域发展。1911 年塔塔钢铁厂建成投产，这是当时亚洲最大的钢铁企业，展现了印度民族工业的发展水平和印度资产阶级的魄力。一战时期，英国为了战争的需要，一方面鼓励印度的企业加班加点生产，供应前线的需要；另一方面，提高关税，防止其他国家的商品乘虚而入，填补本国产品短缺留下的真空，客观上保护了印度民族工商业的发展。在此时期，印度出现投资办厂的热潮，1913 年时，在印度政府注册的工厂只有 2 744 家，1922 年增加到 4 744 家。民族资本获得了丰厚的回报，一战时期因而被印度企业家们称为创业的"黄金时代"。随后，在两次大战期间，印度的一些工业部门尤其

1　［苏］列宁：《帝国主义是资本主义的最高阶段》，《列宁选集》第 2 卷，人民出版社 1995 年版，第 629 页。

是水泥业和制糖业得到较快的发展。到二战时，印度虽然还称不上是个工业化国家，但工业水平比大部分亚洲邻国都高。比如钢产量，作为当时衡量一个国家工业水平的重要指标，独立时印度的钢产量名列世界第六，远高于同时期的中国。

尽管如此，对殖民地时期印度经济的发展水平不能评价过高。在整个英国统治时期，印度的经济增长率是很低的，据统计，1820—1870年间印度实际国民生产总值的年均增长率仅为0.1%；1871—1913年间为0.4%。尤其值得指出的是，殖民地时期的印度农业水平极端落后，生产关系中存在大量封建因素，同时，抵御自然灾害的能力十分薄弱。据有关材料，从1900年到1946年，印度人口增长了38%，土地播种面积增长13%，粮食作物的面积增加1%，年均产量仅增加0.37%。人口增长率大大超过粮食增长率，[1] 广大人民的生活水平不仅没有得到改善，反而恶化了，不时发生的大饥荒夺去了大批印度人的生命，印度成了饥荒的代名词。这种虽然有某些经济指标出现增长，但整个国民经济结构畸形，经济严重依附外国资本和国际市场的变动，经济增长率低而不稳，人民生活水平没有相应改善的经济现象，被一些学者称为"有增长而无发展的经济"，独立前印度经济便具有这种典型特征。

总之，独立时印度经济中已有一些现代工业部门，资本主义生产关系有一定的发展，但前资本主义因素仍占主导地位。尤其是由于长期的殖民统治，农业十分落后，绝大多数人口生活在农村。正如一位西方学者所指出的："殖民主义一面改变前资本主义关系以适

---

1 《印度经济》下册，第5页。

应自己的目的，一面又保存前资本主义，这正是殖民主义留给印度的有害遗产。"[1]

二、"第三条道路"：独立后印度经济的发展模式

同其他战后新独立国家相比，印度当时普遍被西方社会看好，因为它拥有许多其他新独立国家不具备的优越条件：地大物博，人口众多，这意味着它拥有多种经济资源和很大的国内市场；有一个稳定而且制度化程度颇高的现代政府；有一个效率较高的文官系统；有一大批懂管理、善经营的企业家；有一定数量的科技人员；有较先进的工业部门和基础设施。

印度发展道路的奠基人是甘地和尼赫鲁。曾经有一段时间，甘地和尼赫鲁之间在独立后印度发展道路问题上存在严重的分歧。甘地寄希望于印度农村的未来发展，而不是城市的工业化；尼赫鲁则强调印度应尽快实现工业化。尼赫鲁曾十分明白地说："我是极其赞成拖拉机和大型机器的，而且我深信，为了向贫穷作斗争，为了提高生活水准，为了国防以及其他种种目标，印度的迅速工业化是十分必要的。"[2]尼赫鲁还认为印度的工业化应该学习苏联的计划经济的做法；而甘地却对机器和工业化十分反感，早在1908年他就在《印度自治》小册子中说道"机器是近代文明的一个重要标志，它代表一种大罪恶"，"我实在不能在机器上找到一点简单的好处，但要指出它的罪恶，却可以写成几本书"。[3]在二三十年代，甘地在《贱民》

1　"Semi-Feudalism or Capitalism", p.54.

2　《印度的发现》，第537页。

3　《印度自治》，第113、116页。

和《青年印度》杂志上继续发表相同的观点。

两人的观点分歧发展到越来越严重的地步，以致尼赫鲁 1934 年 7 月 24 日在其日记中写道："我越来越相信，巴布[1]和我之间不可能在政治上进一步合作了，我们最好是分道扬镳。"[2]

关键时刻，印度大资产阶级出面，分别对尼赫鲁和甘地施压。他们先是迫使尼赫鲁放弃其"左"倾的立场。1934 年 5 月，21 名印度工商界的头面人物齐集孟买开会，会后在报纸上联名发表《反对尼赫鲁的孟买宣言》，指责尼赫鲁的言论破坏了印度民族主义运动的内部团结，尼赫鲁对苏联的赞赏将会迫使资本流出印度，延缓印度民族工业的发展，还可能彻底毁灭印度现存的社会经济结构，将印度引向苏式社会主义的方向。同时印度资产阶级对甘地的反工业化的言论也表示不满。最后，尼赫鲁和甘地双方都作了妥协，尼赫鲁不再鼓吹苏联的社会主义，甘地不再反对工业化。1944 年，印度资产阶级的头面人物再度齐集孟买，发表《印度经济发展计划》，主要内容是由政府负责发展重工业和基础工业，其他领域则鼓励私有经济自由发展。这一要求既迎合了当时知识阶层希望由国家控制经济的厚望，又能解决印度私营资本不足的缺陷。

这样，在印度独立即将来临时，印度资产阶级内部已经就独立后印度的发展道路达成了一致的意见。尽管国大党内存在不同的派系集团，但他们都在某种程度上承认了近代以来先后影响印度的自由主义、民族主义和社会主义的某些基本价值取向，同时又剔除了其中某些相互矛盾冲突的内容，将对印度资产阶级有利的部分糅

---

1 "巴布"意为"先生"。

2 转引自《1936 年的贾瓦哈拉尔·尼赫鲁与印度资产阶级》，第 25 页。

合在一起，提出印度独特的解放和发展道路，尼赫鲁称之为"第三条发展道路"。

采用"第三条道路"，在一定程度上有利于缓和国内的阶级矛盾。印度人民大众历来对工商业者抱有鄙视的态度，国家资本而非私营资本的发展更能获得一般群众的支持。"第三条道路"的旗号还有利于印度在战后世界政治中得到一个宽松的国际环境，使得印度在国际政治舞台上左右逢源。一方面，印度时刻不忘在国际上标榜自己是世界上最大的民主国家，在鼓吹"自力更生"的同时，从没有拒绝过来自西方的援助和投资。另一方面，印度打着"社会主义"的旗号，积极争取苏联及社会主义阵营的支援，仅在1959年开始的第三个五年计划期间，苏联提供给印度的贷款达39亿卢比。仅1959年一年，在印度就有3座年生产能力为百万吨级的钢铁厂动工兴建，它们分别由西德、英国和苏联援建。当时有人不无调侃地说："尼赫鲁时代的工业化在很大程度上成了国际事业。"

三、独立后印度政府经济发展政策的演变

自1951年印度制定并实施第一个五年计划至21世纪初，印度政府的经济发展政策大致经历了3次大的变化与调整。

1951—1965年期间，尼赫鲁政府将发展重点放在工业尤其是重工业上，初步建立起一个较完整的国民经济体系。1966—1980年，英·甘地（1966—1977年和1980—1984年任总理）政府对原有的经济政策作了某些调整，实行所谓的"发展新战略"，其核心内容是"绿色革命"，印度农业取得了一定的进步。此后印度又进入了一个新的时期，印度政府打出经济"自由化"的旗号，几番风雨，几番

挫折，20 世纪 90 年代后，尤其在近些年来，印度经济再次出现发展的新势头。

1. 尼赫鲁的工业化政策及成效

根据"第三条道路"的精神，印度在 1948 年和 1956 年先后两次公布了发展工业的政策。在 1948 年 4 月公布的第一个工业政策中，宣布印度将建立公营经济和实行公私经济并列发展的方针；同时，欢迎外国资本在符合印度民族利益的前提下向印度工业部门投资，政府保证 10 年内不实行国有化政策。1954 年，尼赫鲁访问中国，回国后，提出要在印度建立社会主义国家的口号。1956 年 4 月，国大党政府发表第二个发展工业的决议，强调优先发展重工业，并强调公营经济在国家经济中的支配作用。

独立后印度的工业发展政策具有很强的"自力更生"的取向，主要体现在政府长期实行"进口替代"的工业化战略，或者说，印度是战后发展中国家中实行进口替代战略最突出、时间最长的国家。印度领导人对这一战略的执着，既是基于以往的历史经验，害怕过分依赖进口将导致对外国资本的依附；也是出于对现实国际贸易中印度出口商品与外国进口商品间巨大价格差距的仔细考量。印度本国生产的在国际市场具有竞争优势的产品同外国的进口产品在价格上存在巨大的差距。例如印度出口的黄麻制品在国际市场上的价格同印度要进口的外国汽车价格相比过低。印度因而必须发展本国的汽车制造工业，以减少甚至不进口外国汽车，以免受不平等的国际经济关系的剥削。此外，印度自信于自己庞大的国内市场，认为印度工业产品即使在国际上缺乏竞争力，也还有广阔的国内市场供其发展。总之，印度的领导人认为，像印度这样的大国，又是贫穷的发展中国家，走"进口替代"的工业化发展道路是应该并且也是可能的。

　　工业化战略实施的结果，在印度初步建立起了较完整的国民经济体系，增强了印度本国资本的力量，壮大了印度的国力。若以1946—1947 年度的工业生产指数为 100，1961—1962 年度该指数达到 151.5，增长了一半多。1947 年印度的钢产量为 125 万吨，1962年达到 481 万吨。印度刚独立时，工业部门中外国资本占 55%，本国资本仅占 45%；到 1956 年时，本国资本已占 63.7%，外国资本退居第二位，占 36.3%。1976 年时，本国资本占到 82.1%，大大超过外国资本。印度纺织、制糖等轻工业进一步发展，而钢铁、化学、机械、冶金等重工业发展速度更快。在 1951—1965 年的 15 年中，工业的年均增长率约为 8%。在最初的 3 个五年计划中，生产指数分别增长 9.8%、13.1% 和 19.6%。到第 3 个五年计划结束时，印度就基本奠定了促进工业长期发展的重工业和基础工业的基础。[1] 直到今天，印度仍是南亚地区唯一称得上拥有较完整工业体系的国家，这很大程度上归功于这一时期的工业化政策。

　　国有资本的壮大对于像印度这样民族、宗教、阶级矛盾尖锐的国家具有重大的意义。独立后的第一个 10 年被一些学者称为最危险的 10 年，印巴分治造成的政治经济困难、原土邦中一些不愿归并入印度造成的危机以及南部的分离主义倾向，使得不少人产生印度可能会"巴尔干化"的担心。但印度最终平稳地渡过这一危险期，不能不归功于国力的增强。国力的增强有助于加强中央对地方的控制

1　殷永林：《独立以来的印度经济》，云南大学出版社 2001 年版，第 119 页。

能力；同时，工业的发展、中央政府税收的增加、地方财政对中央依附性的增强，加强了地方对中央的向心力，使印度避免了"巴尔干化"的危险。

2."绿色革命"的兴起及成果

印度的工业化进程在 60 年代中期开始遇到严重的问题。首先是资金不足的问题。"进口替代"的本意是减少进口以节约宝贵的外汇资源，但要生产出原来靠进口的产品，必须建立现代化的工厂，而工厂的设备甚至原材料印度本国均不能供给，需从外国进口。因此，"进口替代"政策实施的结果不仅没有减少反而增加了外汇的支出。其次，印度工业产品的销售，由于质次价高，在国际市场上缺乏竞争力，因而主要依靠国内市场。而印度绝大多数的人口在农村，城乡处于贫困线以下的人口长期在 50% 以上，他们一贫如洗，购买力很低，连日常生活必需品都无力购买，更谈不上购买化肥、拖拉机、汽车等工业产品了。种田的买不起生产资料；田主则满足于坐收地租，不愿对土地进行投资。农业维持在简单的再生产条件中，产量低而不稳，农民收入低，相应的购买力就低，购买力低则工业产品缺乏市场，因而形成恶性循环。因此，到 60 年代中期，印度领导人开始认识到印度要进行工业化，必须提高农业的生产力。[1]

在印度的学术界和政治圈里，对印度的农业应如何发展始终存在两种不同的意见。一种意见强调制度性变革对农业发展的重要性，认为制约印度农业发展的最关键因素是印度农村中的封建和半封建生产关系，必须将广大的农民从这种落后的生产关系中解放出来。

---

[1] 关于印度独立后农业发展情况，可参阅王红生：《20 世纪印度农业资本主义问题初探》，齐世荣、廖学盛主编：《20 世纪的历史巨变》，人民出版社 2000 年版，第 230—245 页。

只有实现耕者有其田，发挥农民的劳动积极性，才能提高印度的农业生产力，解决印度农村的贫困问题。另一种意见强调科学技术在农业发展过程中的作用，认为土地改革虽然重要，但土地不是分得越碎越平均才好，更重要的是加大对土地的投入，尤其是资本和技术的投入。前一种意见多为社会主义倾向较强的学者和政治家们所鼓吹，后一种意见在相当长一段时间里被指斥为右翼保守。两种意见的争锋不仅发生在印度，而且也发生在其他的发展中国家。

在印度独立后的近二十年时间里，前一种意见在以尼赫鲁为首的国大党和印度政府高层领导中占了上风。尼赫鲁在青年时代曾受过欧洲的某些社会主义思潮的影响，他曾说："我相信，解决世界问题和印度问题的唯一途径是社会主义，除此之外，我看不出有任何办法可以消除印度人民的贫困、大量失业、堕落和屈辱。"[1]在尼赫鲁的坚持下，"建立社会主义类型的社会"写进了1955年召开的国大党60届年会决议，写进了印度宪法，体现在独立后最初十余年国大党政府的内外政策上。

进入60年代后，尼赫鲁的"社会主义道路"受到了越来越严峻的挑战。挑战来自国内和国外两个方面：国内的挑战来自日益严重的粮食短缺。印度在第一个五年计划期间，有效地提高了国内的粮食产量，从而降低了粮食进口。但在第二个五年计划期间，粮食生产出现下滑的局面。为了解决粮食危机，印度按480号公法从美国大量进口粮食，美国则借机对印度的内政外交加强了干预的力度。1958年，福特基金会召集一批美国专家研究印度的农业粮食生产，

---

1 *Nationalism and Colonialism in Modern India*，p. 173.

为提高印度的粮食产量献计献策，并制定一份农业发展规划。1959
年，该专家组提交一份题为《印度的粮食危机及其解决步骤》的报
告。报告称"增加粮食产量是今后 7 年印度政府的主要工作，如果
不能扭转目前的下滑势头，到 1965—1966 年度，印度的粮食短缺
将达 2600 万吨"，报告提出解决的办法是集中物力财力，加大对生
产条件好的地区和增产潜力大的作物的投入，以尽快地提高粮食产
量，解决危机。[1]

　　面对来自国内外的强大压力，印度政府只能接受美国的建议。
1960—1961 年印度政府先是选择 3 个县为试点，随后又扩大到每邦
一个县。这就是以后所说的农业精耕县计划。到 1964 年，农业精耕
县计划又进一步扩大为农业精耕地区计划，全国有 114 个县的 1 084
个乡被纳入这个计划。这是第一阶段，在此阶段，印度政府对该计
划的成效还是心存疑虑，迈出的步子并不大。一方面是实验地区粮
食增产的效果还没有显现出来；另一方面，要全面铺开，印度政府
在人力、物力、财力上都感到力不从心。最主要的原因是以尼赫鲁
为首的国大党政府仍信守其"社会主义道路"，将该计划视作一种权
宜之计，不愿倾其全力。在第三个五年计划（1961—1965）期间，
政府在农业方面的开支，主要还是集中在乡村建设计划和农业合作
社等方面。[2]

　　1964 年，尼赫鲁去世，随后，印度面临的国内外形势发生较大
的变化。1965 年发生印巴战争，1966 年印度粮荒严重，当年不得
不从美国进口粮食 1 000 万吨。美国进一步施加压力，说如果印度

1　*Indian Agricultural Development Since Independence*，p. 5.

2　《印度农业新战略》，第 8 页。

在农业方面不采取更有效的办法的话，美国将采取战场上救伤不救死的原则，将印度视为不可救药的国家，放弃对印度的援助。[1]作为对美国压力的回应，在1966—1967年度，印度政府将精耕区计划所覆盖的面积扩大到22 946万亩，几乎占全国耕地面积的10%。另外，政府明显地加强了对农业的政策扶持力度。主要措施有：提高和稳定农产品价格，政府设置农产品最低收购价格，由公营粮食公司保证在收获季节按不低于最低价格的价格收购农户手中的余粮；对各种农业生产资料和农产品进行财政补贴，政府每年耗费巨额资金对化肥、种子、农药、农用水电以及其他农业生产资料进行补贴，对粮食收购价格和销售价格之间出现的差额也进行补贴；扩大农村信贷以支持农户购买农用物资；大规模利用外援进行农业投资；增加政府财政支出中的农业份额。这些政策同尼赫鲁时期印度政府的政策具有明显不同的价值取向。尼赫鲁强调发展工业，尤其是重工业，将资金大量地投在重工业上；新政策则强调农业的发展。尼赫鲁时代追求农产品的低价格，以支持印度的工业化；新政策则保护农产品的价格，以扶持和促进农业的发展。尼赫鲁时期注重土地制度改革、农村基层组织建设和合作社建设；新政策则将钱花在改善农业生产的条件上。尼赫鲁政府所做的更多的是宣传鼓动工作；新政策则"不满足于高喊口号，而要面对问题采取讲究实效的方针"。这些新政策由于在许多方面不同于尼赫鲁时代的发展战略，因而被称为"发展农业的新战略"。由于土地改革一般被认为具有较多的"红色"色彩，这种偏重于技术，以技术引进、加大投资来解决农

1　*Indian Agricultural Development since Independence*，p. 5.

业发展问题的做法,就被称为"绿色革命"。

3. 80 年代以来的调整和改革

"绿色革命"在解决印度粮食短缺、发展农业资本主义等方面的作用是显著的。但它不能完全解决印度经济的根本问题,不仅如此,它还产生或引发一些新问题。首先,不是所有农作物在"绿色革命"中都获得增产。增产主要依靠国外引进的高产优良种子,主要是从墨西哥引进的小麦种子,因此,小麦产量有了明显的增加。另一主要作物水稻却增长有限。一些印度人经常食用的五谷杂粮甚至出现减产。印度农业的总体水平仍十分低下,其人均和单位面积产量甚至尚未达到一百年前日本农业的水平。其次,新战略并没有在印度所有地区取得成效。仅仅在旁遮普、哈里亚纳、北方邦部分地区,以及安德拉邦沿海地区增长幅度较大,这些地区只占印度一小部分,而且原本就是自然条件较好的地区。广大落后地区的农业状况没有太大的改变。"绿色革命"的结果之一是扩大了地区间发展的不平衡性。再次,不是所有农户都从"新战略"中受益。只有实力较强的农户才有可能从银行中得到优惠贷款。只有拥有一定规模土地的农户,才愿意并买得起拖拉机、化肥、农药,才打得起机井,并且能产生效益。只有有文化、懂经营、有企业家精神、有胆有识的农户才能抓住机遇。这些人充分享受新战略带来的好处,各种补贴、低息贷款、新技术带来的好处都落在了他们的头上,他们获得很高的收入,却只交极低的税。而那些无地的雇工或少地的农户,不仅得不到以上的好处,反而面临粮价上涨、就业机会减少、被地主夺佃的威胁。地主们发现在新战略下经营农业有利,纷纷从佃户手中收回土地。总之,农业发展新战略使农村社会的分化加剧了,少部分人拥有土地，在乡镇上有自己的企业、旅馆或商店，家庭里有人在各级政府任职，子女在大学甚至海外求学；大部分人却一无所有，衣食无着。

在城市工业方面，印度根据"第三条道路"模式大力发展国有企业，投入了大量宝贵的发展资金，然而产生的是大量效率低、浪费大、官僚主义盛行的病态企业。投入一万多亿卢比的公营企业每年需要巨额补贴，成为国家财政困难的重要原因之一。私有企业则由于各种各样的规章制度的束缚得不到发展的空间，层层的政府审批和许可证制度使私有企业失去许多商机，政府不许解雇工人的硬性规定使工厂管理发生困难，难以提高效率。凡此种种，造成了国民经济长期低迷的现象，从 50 年代初到 70 年代末，30 年间国民生产总值年均增长率仅 3.5%。考虑到同期人口增长的因素（年增长率在 2%—3%），这一时期印度人均国民生产总值的增长实际处于停滞状态。一些经济学家将这种增长率称为"印度教增长率"（Hindu rate of growth），以区别于东亚的"儒家资本主义"（Confucian capitalism）速度。

进入 80 年代，中国的改革之风刮到了南亚次大陆。对比东亚、东南亚一些国家和改革后的中国的发展，印度领导人和人民群众对独立后印度经济的表现深感失望与焦急。印度一家报纸的一篇社论这样写道："50 年代开始时，许多国家如韩国、泰国、马来西亚和印尼等发展水平与我们是相仿的，而现在用各种标准看都远远走在印度的前面。"[1]80 年代末，年轻的拉吉夫·甘地认识到："印度没赶上

1　*Economic Times*，New Delhi，Jan.26，2000.

19 世纪工业革命的公共汽车,也没能搭上第二次世界大战后兴起的电子革命的第二辆公共汽车,现在不能再错过目前正发生的电子计算机革命,我们要用现代技术将印度带进 21 世纪。"[1]在他的领导下,印度政府在 80 年代后期进行经济改革,放弃独立以来实行的经济半管制政策,开始实行"经济自由化"政策。

印度 80 年代以来的经济改革道路是不平坦的。80 年代开始的经济改革促进了经济增长,在 10 年之内,国内生产总值年均增长率达到 5.5%,这是印度历史上以往任何一个 10 年都没有过的。然而,进入 90 年代,印度突然面临一场突如其来的经济危机。首先是工业生产水平下降。1990—1991 年度,由于国际石油价格大幅上涨,印度的国际收支陷入空前危机。1990 年外汇储备一度降到不足 10 亿美元,仅够维持两周的进口。印度在国际上的举债信用几乎丧失殆尽。1991 年,拉·甘地被刺身亡,改革派阵营失去一位主帅。

但印度的经济改革进程没有就此停顿下来,拉·甘地未竟的事业由继任的拉奥总理继续推行。90 年代初,拉奥政府实施以"自由化、市场化、全球化和私有化"为特色的被称之为"四化"的新经济政策。主要包括以下内容:1.取消或放松各种经济管制,基本废除许可证制度;2.取消或削减各种不必要的财政补贴,改革税制,缩小财政赤字;3.实行市场自由化,引进竞争机制;4.改革公营企业经营机制,实行有限度的私有化;5.改革银行金融体制;6.降低关税,放松管制,实行外贸自由化;7.积极引进外国投资。

---

1 孙培钧等:《印度:从"半管制"走向市场化》,武汉出版社 1994 年版,第 14 页。

90 年代的拉奥改革既是 80 年代以来印度经济改革的延续，也被视为 80 年代改革的一次飞跃和突破。印度真正的经济改革被认为始于 90 年代，在此之前的改革被描绘为"缺乏果敢精神的、不平衡的、慢吞吞的和肤浅的"。"90 年代初的改革纲领，相反，是有目的的和公开的，力图对经济制度和功能进行根本性的转变。英·甘地的措施代表从'计划管制'向'计划管理'的转变；拉·甘地的做法是增强高收入群体的购买力；90 年代的改革纲领是一种更为根本性的努力——'解放'经济，当然是将经济从国家的干预中解放出来。"[1]

拉奥政府改革的一个主要成就是在很短时期内遏制了经济下滑趋势，使国民经济恢复增长。印度国内生产总值增长率 1991 年曾下跌到 0.8%，在实行经济改革的第二年上升到 5.1%，以后逐年上升，1996 年度达 8.2%。尤为难得的是在 1994、1995 和 1996 三个年度年均增长率高达 7.5%，创造了独立以来的新纪录。

在经济增长加速的同时，印度对外收支状况好转，外汇储备迅速上升。国家财政赤字占国内生产总值的比率从 1990 年的 8.5% 下降到 1991 年的 6.5%，到 1992 年又下降到 5.7%。外汇储备从 1991 年 7 月的 10 亿美元增加到 1992 年 7 月的 60 亿美元，国际收支平衡的差额在政府能够控制的范围之内。到 1993 年基本实现经济的稳定增长，连世界银行也感叹"印度经济恢复的速度令人惊奇地迅速"[2]。

改革是一项艰难的事业，旧有的弊端不可能在一夜之间通过一纸法令加以革除，新的举措也不可能在短时间内产生明显的效益。印度公营企业管理不善、效率低下的状态没能得到扭转，企业亏损

1　Byres，*The State，Development Planning and Liberalization in India*，Delhi，1998，p. 5.

2　World Bank，*India：Reducing Poverty Accelerating Development*，2000，p. 2.

的情况仍很严重，1995 年度公营企业 241 家中赢利的只有 130 家。还有，印度对石油进口的依赖性增大；外债也较高，在 1996 年度，印度的外债总额为 990 亿美元，其中 250 亿美元要在以后的 4 年内还清，仅 1996 年就要还 80 亿美元。[1] 农业部门发展缓慢是拉奥改革时期印度经济中的另一个不足之处，拉奥政府经济改革的重点不在农业，只在工业和外贸；对农业只进行贸易和价格政策的改革，对农业的支持多重视补贴，不太重视公共投资，未能积极促进农村基础设施的建设和现代化，尤其是安全的饮用水、基础教育、基本医疗卫生和乡村公路建设等方面注意不够；最重要的是，拉奥政府对农业部门，尤其是公共系统领域，没有进行制度性的改革，以充分有效地调动资源和利用设施。拉奥政府也有自己的苦衷，按照印度联邦制的规定，有关农业发展的具体事务属邦政府管理范围，中央政府能做的事情有限。

同时，改革意味着社会利益的再分配和调整，意味着一些人得利，一些人的利益受到损害。改革为一些人提供了创业发财的机会，但这只限于社会上一小部分人，大部分人感受到的是生活和工作的压力。可能在经过一段时间后，绝大多数人的状况或多或少能得到改善，改革的红利能像水流一样从沙漏的上层渗透到底部，但至少在改革的初期，通货膨胀、失业率增长和收入差距加大是常见的现象。这时，充分有力的各项社会保障措施是必要的，否则很可能导致社会动荡。但限制社会公共开支的增长恰恰是改革的必要措施之一。印度独立后不久便提出建设"社会主义社会"的口号，英·甘

---

1 World Bank, *India Five Years of Stabilization and Reform and the Challenge Ahead*, 1996, p. 36.

地执政时期为了获得选举胜利，维护国大党的统治地位，实施了一些有利于平民的措施。城市里实行各种福利补贴，在农村给农民分配房基地，实行农产品价格补贴、扶贫计划，等等。这些意味着国家要承担大量的社会公共开支。拉奥政府的改革把发展经济摆在首位，而把兼顾公平放在其次。拉奥政府虽然并未取消以往的各项优惠平民的政策，而且在有些年份，考虑到议会选举的压力，还不得不增加这方面的开支，但总的说来，在拉奥执政期间，社会公共开支增长率很低，1989—1991 年间社会公共开支在政府总开支中所占比重平均为 25.3%，1992—1995 年间增加到 25.4%，只增加 0.1%，而全国 26 个邦社会部门的平均开支从 1987—1991 年的 43.01% 下降到 1992—1995 年的 39.96%。[1]

总的说来，改革推动了全国经济的发展，但改革的力度和效果在不同地区表现得很不平衡，以致原来比较发达的地区变得更发达，而从前相对落后的地区显得更贫困。1994 年度印度商业联合会的调查报告指出，经济改革开始之后最富的是旁遮普，人均年收入为14 188 卢比，是全印人均收入的 206.1%；位于中间的是泰米尔纳杜，人均收入 8 941 卢比，是全印人均收入的 107.9%；比哈尔最低，人均收入 3 816 卢比，是全印人均收入的 46.1%。[2]

1996 年大选，国大党所得议席从 1991 年的 227 席下降到 140席；而印度人民党从 119 席上升到 161 席，取代国大党成为议会第一大党，拉奥不得不下台。

国大党下台后，印度经历了两年的政治动荡时期，先后几届的

1 张淑兰编著：《印度拉奥政府经济改革研究》，新华出版社 2003 年版，第 101 页。
2 同上书，第 113 页。

联合政府上上下下，直到 1999 年第 13 届大选后，印度人民党与其他党组成了以瓦杰帕伊为首的联合政府，印度才进入新一轮的稳定时期。上台后不久，瓦杰帕伊政府就公布了由 13 个政党签署的《治国方案备忘录》，表明继续经济改革的决心。由于此时印度人民党的势力已比较稳固，可以做到把前几届政府未能实施的难度较大的经济领域的改革提上日程，如价格管制机制、劳工市场改革等。从中央到地方都对现行政策进行重大调整，以加快经济改革和全球化的进程。外商向 35 种优先发展的工业投资持股 74% 以下无须批准；软件开发、非传统能源、粮食大宗处理、公路、港口、桥梁、汽车以及投资在 150 亿卢比以下的电站，外资可控股 100%；消费品工业向外资开放；私营企业和外资在保险、国防工业可参股 26%，在银行可参股 49%（如果外国银行分行邀请印度私营银行参股可达 74%）。国家在非战略性公营企业中的控股一般下降到 26%。国外金融机构在印度证券市场上投资比例限额由 40% 提高到 49%。企业境外直接投资外汇限额由 5 000 万美元增至 1 亿美元。学习中国经验，设立经济特区吸引外资和促进出口，并设立农业和园艺出口加工区。[1]

印度人民党上台正值 1997 年亚洲金融危机爆发后不久，印度基本成功地抵御了这场金融危机，在 1997—2000 年连续 3 个财政年度里经济增长率仍分别达到 5.0%、6.8% 和 5.9%，不仅与同期其他一些东亚和东南亚国家经济大滑坡形成对照，而且也是独立后历史上发展较快的。但印度经济中农业总产值约占整个总产值的 1/4，

---

1 孙培钧、华碧云：《印度的经济改革：成就、问题与展望》，《南亚研究》，2003 年第 1 期，第 5 页。

农业生产又受自然条件的限制，时有起伏，歉收必然使经济增长速度受到一些影响。印度经济发展速度 1998 年以后的 6 年与 1998 年以前的 6 年相比有所放缓（见下表）。

1998 年前后 6 年印度经济年均增长率比较

单位：%

	1998 年 4 月以前的 6 年	1998 年 4 月以后的 6 年
国内总产值	6.86	5.32
农业总产值	2.13	−1.00
粮食生产	1.5	−1.2
工业总产值	8.56	4.47
国内资本形成	9.50	5.26

资料来源：Business Line，Chennai，March 9，2004[1]

　　这一时期印度经济的亮点是软件业。多年来印度政府在发展信息技术和软件业方面采取了重大的步骤并取得了骄人的成就。1988 年印度软件业总销售额尚不足 5 000 万美元，2000 年度上升到 88.5 亿美元。另据世界银行对各国软件出口能力的调查结果，今天印度软件业的出口规模、质量和成本 3 项综合指数均居世界首位。信息产业的发展是印度经济改革政策的直接成果。为了发展软件业，印度政府将软件技术园区由南向北推进，形成全国性的软件技术网络。印度先后建成 17 个软件园区，1 300 多家海内外公司在这些园区内注册。印度政府为园区内的国内外软件企业提供了一系列优惠条件。这些政策同改革前的"半管制"经济政策形成强烈的对比。有印度学者把这种增长模式概括为"软件导向经济"（Software-lead

---

1　转引自孙培钧、华碧云：《解读印度经济的崛起》，《南亚研究》，2004 年第 1 期，第 3 页。

economy)。[1]

但是我们不能仅仅看到软件业的成就。财政赤字居高不下,公债负担使印度政府捉襟见肘,公营企业改革举步维艰,失业人数增加,贫困问题严重,这些长期困扰印度经济发展的问题并没有得到根本缓解。尤其是城乡弱势群体的利益没有得到印度人民党政府的足够重视。虽然为了改变农业的落后面貌,瓦杰帕伊政府提出要进行"第二次绿色革命",将提高农业产量和增加农民收益作为政府促进农村繁荣的战略核心。为了解决农村贫困问题,印度政府致力于建立适合农村情况的社会保障制度,内容包括给丧失劳动能力的老年农民发放补贴,资助贫困无房户建房,对贫困户子女发放教育补贴,等等。但这些措施要么停留在纸面上,要么在实施中大打折扣。资料显示,瓦杰帕伊政府执政期间,印度政府对农村投资逐年下降,农业所占国内生产总值比重由此前的 14.5% 减至不足 6%,农村发展开支年均减少约 3000 亿卢比。与农村发展密切相关的农村就业计划、农业特区计划、乡村工业、农村基本建设均得不到有效落实。印度人均粮食消费由 1997—1998 年度的 174 公斤减少到 2003—2004 年度的 151 公斤,为二战以来的最低水平。[2]一位生活在离孟买 70 公里的乡村的农民抱怨:"印度人民党统治这个国家已有 5 年了。他们说印度已经取得了巨大的进步,正在成为一个世界大国,但是为什么,为什么他们没有为我们这样的贫苦农夫做些事情,哪怕是一丁点事情呢?"[3]如果说国大党拉奥政府在推行改革的过程中由于关心弱势

1　孙培钧:《印度经济 50 年》,《南亚研究》,2000 年第 1 期,第 37 页。

2　钱峰:《印度农民自杀悲剧》,《环球时报》,2004 年 6 月 9 日。

3　*India News*,May.13,2004.

群体的力度不够而出局的话，那么印度人民党这个具有更多城市背景、更多依靠印度中产阶级支持的政党能在即将到来的选举中摆脱同样的命运吗？印度人民党也明了自己的危机，所以当2003年第三和第四季度印度经济增长率分别达到破纪录的8.4%和8.9%时，赶紧宣布将原定于2004年9月进行的全国大选提前半年进行，以免错过"阳光灿烂的好感觉"。

2004年5月13日印度第14次全国大选结果揭晓，连任呼声很高的印度人民党只得187席，而国大党却获得221席，印度人民党下台，由国大党组织联合政府。经过国大党党内协调，曼莫汉·辛格出任总理。曼莫汉·辛格是一位经济学家，被誉为印度经济改革的设计师，在拉奥政府时期任财政部部长。许多政治分析专家认为，印度人民党竞选失利很大原因在于，尽管瓦杰帕伊政府发展经济很有一套，外交政策成效显著，但在广大农村以及一些不发达地区，数以亿计的印度人仍为未突破每天1美元的收入标准而苦恼。穷人们对投票显示出浓厚的兴趣，这是他们唯一的参与政治的途径，而改革的主要得利者中产阶级则将选举看做"政治游戏"，抱冷漠态度，这对印度人民党打击不小。同时，印度人民党的失败也是国大党采取了有效的选举策略所致，国大党重点攻击瓦杰帕伊政府在农业、失业和反腐这三大方面的问题，将目标锁定为贫困选民、妇女和年轻人，事实证明，这一招果然奏效。

其实，哪一个政党上台并不是太重要，无论哪个政党上台都肯定要坚持经济改革的路线方针。拉奥这样做，瓦杰帕伊这样做，"经济改革设计师"曼莫汉·辛格更会这样做。一位关注印度政治经济问题的西方记者这样写道："随着辛格担任总理的机会在上周增大，孟买交易所迅速地从恐慌中恢复了过来。印度人民党始终是勉强的改革者，而辛格是一个货真价实的改革者，一个比印度其他任何政治家更了解仍然需要做什么的人。"[1]

四、印度经济发展的成就与问题

当一大批亚洲国家和地区摆脱殖民统治获得独立时，对这些新的前途，西方的政治界和思想界同时存在两种不同的观点。一种悲观的观点预测新独立国家将无法克服面临的巨大困难，将长期陷于种族矛盾、阶级冲突、社会动乱而不能自拔。另一种则乐观地认为，独立后的新国家如同 18 世纪、19 世纪时的欧洲国家，只要学习西方，走西方走过的道路，必定会成为现代化的国家。半个多世纪的实践证明，以上两种观点都应该进行修正：新独立国家并没有解体，也不是日益衰败，而是大有进步；同时，新独立国家的现代化进程进行得十分艰难，走的也不完全是西方走过的道路。

从前面对印度独立以来经济发展进程的粗略回顾中，我们看到印度经济在过去的六十年里取得了很大的进步。如果说 1960 年代出版的《亚洲的戏剧》一书反映了当时西方对新独立国家普遍而浓重的悲观主义情绪的话，那么到 80 年代初，悲观的态度已开始逐步被乐观的论调所取代。1977 年，美国研究印度问题的学者专家五十余人召开印度发展问题专题讨论会，对 1947—1977 三十年里印度的政治、经济、科学技术等方面进行全面的评估，以为美国政府制定对印政策提供参考。会后出版了《印度：一个中等大国的兴起》

---

1 《国外社会科学文摘》，2004 年第 7 期，第 6 页，转引自 2004 年 5 月 22 日英国《经济学家》周刊，吴言译。

一书。该书主编梅罗教授在结语中说道："尽管在许多问题上学者们意见不一，但大家一致强烈反对那种认为印度无力发展自己的陈旧论调，许多人都在自己的文章中指出，印度已经取得实质性的甚至是不平凡的进步。印度保持了自己的统一，并在一个充满敌意的世界环境中维护了自己的独立。在国内建立了政治、经济、科技基础，外贸增加，使自己在国际上的作用日益加强。独立后的前 30 年，我们看到印度打下了跻身主要世界强国行列的基础，而后 30 年我们将看到这一愿望的实现。"[1] 从那以后，又过了二十余年，在这二十余年里，印度取得了重大的进步，证明梅罗教授的预言不虚。六十年前印度基本上是一个农业国，国内生产总值中农业占 55.8%，工业占 15.2%，服务业占 29%；这些比率到 2000 年时已分别变为 25.3%、30.1% 和 44.6%。1950 年度印度的粮食产量只有 5080 万吨，现在已过两亿吨大关，增加了 3 倍以上。工业生产增加了 16 倍，发电量增加 69 倍，钢材增加 22.2 倍，化肥增加 750 倍；识字率从 18.3% 上升到 62%；预期寿命从 32 岁上升到 61 岁；科技人员的人数占世界的第 3—4 位。印度现在不仅能生产一般的工业品，而且能生产自己的汽车、飞机，导弹、卫星技术已跻身大国的行列，尤其是新兴科技产业——软件业，印度已占据国际领先地位。[2] 2000 年，美国财政部长塞莫斯在孟买对印度未来的发展趋势表达了乐观的看法，他认为到 2020 年印度的生活水平将比 2000 年提高 5 倍。[3] 有些经济学家看好印度未来的发展潜力，因为印度有丰沛的劳动力资源、健

1　J. W. Mellow（ed.），*India：Arising Middle Power*，*Western View*，1979，p. 357.

2　《印度经济 50 年》，第 35 页。

3　同上文，第 37 页。

全的法制、成熟的市场、日益壮大的中产阶级队伍、一大批有经验善经营又有雄厚实力的企业家，等等。就印度人民自己而言，他们现在比以往任何时候更加自信，1994 年 5 月，当时的拉奥总理在美国访问时，顶住美国政府和世界银行、国际货币基金组织的强大压力，在外交政策、印度发展模式和改革速度等方面坚持了印度的既定政策，就是这种自信心的体现。

我们对印度独立以来的经济发展成就充分肯定后，有必要对印度经济发展中存在的问题有一个客观清醒的认识。

首先是经济发展速度问题。尽管就增长率而言，80 年代后的印度是世界经济增长最快的国家之一，但纵观独立以后半个多世纪印度经济的发展速度，在一定程度上仍然可以说不够理想。印度的经济在许多指标上同东亚和东南亚国家之间有一定距离。这些国家在战后初期同印度的状况差不多，但在几十年的发展之后，它们纷纷将印度抛在了后面，下表显示出这种趋势。

战后亚洲新独立国家和地区经济发展比较

国家与地区	1957 年人均 GDP（美元）	世界排名	1993 年人均 GDP（美元）	世界排名
韩国	144	75	7660	28
新加坡	400	14	19850	14
马来西亚	230	/	3140	34
泰国	93	/	2110	50
菲律宾	163	/	850	76
印尼	73	/	740	77
斯里兰卡	129	81	600	90
巴基斯坦	70	104	430	98
印度	73	101	300	109

资料来源：Cal Clark，*Comparing Development Patterns in Asia*，p.17

　　上表显示，1957 年印度的人均国内生产总值已落后于大部分亚洲新独立国家，这说明长期的殖民统治给印度带来了恶果，这种恶果不可能在短期内根除。同时上表也显示独立之初印度同其他几个有相同殖民统治经历的亚洲国家间的差距并不太大，比如印尼。印度和印尼都是亚洲大国，都长期受殖民统治，地理、气候和物种等方面都比较相似，两国在 1957 年时人均国内生产总值都是 73 美元，在世界排名上也是一样的；但到 1993 年，印尼的人均国内生产总值上升到740 美元，印度仅为 300 美元，不及印尼的一半，世界排名已落后印尼 32 名。

　　印度人均国内生产总值增长的缓慢同这一时期整个国内生产总值增长缓慢密切相关。在 70 年代时，当发达国家由于石油危机而放慢经济发展速度，年平均经济增长率停留在 2%—3% 的水平时，新加坡为 9.4%，韩国为 24.8%。进入 80 年代，印尼、泰国、马来西亚等国经济发展开始加速。相比之下，印度的速度要慢得多，根据世界银行的研究，在 1965—1980 年印度国内生产总值的年均增长率为3.6%，1981—1990 年为 5.8%，1991—1995 年为 4.6%。[1]

　　评估独立后印度经济发展的最好参照系可能是中国。1950 年时，印度总体经济水平高于中国，当年印度的国民收入为美国的 2.3%，而中国仅为美国的 1%；印度钢的自给率为 75%，中国不到 50%；印度石油自给率为 8%，中国几乎为零；印度氮肥自给率为 16%，中国为 11%。此后，中国的经济发展速度始终快于印度。1950—1973 年间，印度国内生产总值的年均增长率为 3.7%，1974—1992

1　世界银行编著：《1991 年世界发展报告》，中国财政经济出版社 1991 年版，第 182 页；
　　世界银行编著：《1997 年世界发展报告》，中国财政经济出版社 1997 年版，第 234 页。

年间为 4.7%；同期中国分别为 5.1% 和 6.4%。在人均国内生产总值的增长方面，印度在两时期内分别为 1.6% 和 2.4%，中国为 2.9% 和 5.2%。近年，中国的经济发展速度仍然领先于印度，中印两国的经济发展水平已有不小的差距。2002 年，印度的人均国民收入为 487 美元，中国则为 989 美元。

其次，印度长期以来存在大量的贫困人口，这既是印度经济发展缓慢的结果，又是经济发展缓慢的原因。独立以后的很长一段时间内，印度人口的自然增长率一直在 2%—3% 之间，印度独立之初人口不过 3.6 亿，到 2000 年时，人口已超过 10 亿。印度的城市化程度比较低，2000 年城市人口在全国人口中占 28%，只比 1975 年的 21.5% 增加了 6.5%。又由于人口增长率很高，在过去近六十年里，印度农村人口大大增加了。据 2003 年的统计资料，印度农村人口约占全国总人口的 70%。农村滞留了大量的剩余劳动力，土地吸收不了这么多的劳动力，造成劳动力极为廉价，妨碍了农业技术的革新，影响了农业生产力的提高，导致农业发展缓慢以及农村的贫困。很多年轻人不得不到城市谋生，缓慢的工业化和城市化又无法吸纳这些多余的劳动力。这些人最终汇聚在城市边缘地带，形成大片的贫民窟。在那里蚊蝇成群，疾病蔓延，吸毒、卖淫盛行，成为社会的毒瘤。2002 年，由于严重旱灾，印度农业生产出现 5.2% 的负增长。

印度大量人口的贫困还由于社会分配不公造成严重的收入两极分化，一些人巧取豪夺，抢占了大量的社会经济资源，而广大的劳动人民却不得温饱。80 年代以来，政府实施了对农村中最贫困家庭的青年进行技能培训、以工代赈、保证贫困家庭每年最低限度的就业天数等政策。

普遍的贫困使得大量的年轻人无法受到良好的教育，1990 年，青年识字率只有 64.3%。2000 年，青年文盲率仍有 20%，女青年文盲率则为 35%。文盲的大量存在和识字率的偏低影响到印度劳动力的素质。

从前面列举的一些数字看，在 20 世纪 80 年代以前，印度经济发展的速度与邻近有类似经历的国家相比相对滞后。对于造成这种情况的原因，学术界有不同的说法。有人说是英国殖民统治的恶果；有人认为是源于印度政府的软弱和政策失误；也有人断言系印度教文化的某些消极影响所致；还有人归因为印度没有进行过激烈的社会革命。孰是孰非，笔者在此不打算细加评论。

关于独立近六十年来印度经济的表现，《亚洲发展模式比较》一书的作者在对印度和东亚、东南亚的经济发展作了比较后，得出这样的结论："总之，印度经济是矛盾的，它既是富裕的又是贫穷的，它有一个先进的工业基础，包括拥有某些具有国际竞争力的高技术产业，这是大部分第三世界国家所羡慕的；'绿色革命'使得粮食产量快于人口的增长；更重要的是，它有一个很大的、教育良好的中产阶级支持进一步发展和工业升级换代。但是，其大部分重工业仍是相对过时和无效率的，农村贫困和就业不充分仍是印度发展的巨大障碍。"

印度的"第三条道路"

　　发展是人类面临的共同任务，对于新独立的亚非国家说来尤其如此。独立后的印度在六十余年的发展实践中形成了如下鲜明特征：打着民主社会主义的旗号，并在很长一段时间里学习并采用苏联的计划经济模式来努力实现工业化；经济发展政策具有高度的稳定性与连续性，并成功地进行过三次重大调整。虽然印度经济不曾像某些东亚国家那样创造过奇迹，但一直在以一定的速度增长。总体说来，印度在独立以来的六十余年里走的是一条资本主义发展道路，印度经济发展过程中出现的种种特点同印度社会结构以及印度资产阶级的构成及其特性有关，可以说，印度资产阶级是印度国家发展政策的决定性因素。

一、"孟买计划"

　　一般认为，在独立之初，印度有三种关于发展的主张：资本主义的、社会主义的以及印度式的。这三种意见在当时国大党内部分别以巴特尔、尼赫鲁和甘地为代表。甘地认为西方式的工业化模式对印度将是不人道的，社会效果是不理想的，他所向往的印度发展是建立在分权的、以印度的村社为基础的政治和经济结构上，每个村庄围绕农业而组织，有极大的自给自足性，由村庄手工业生产出消费者所需要的产品，诸如布匹、鞋子和肥皂等。尼赫鲁和巴特尔则强调建立一个集权的工业化国家，它能够保卫印度的自由和满足广大民众的需求。尼赫鲁曾十分明白地说："我是极其赞成拖拉机和大型机器的，而且我深信，为了向贫穷作斗争，为了提高生活水准，为了国防以及其他种种目标，印度的迅速工业化是十分必要的。"[1]尽快实现工业化是当时亚非新独立国家和地区领导人的普遍愿望，他们基于本国落后挨打的历史教训以及经济落后人民生活极度贫困的现状，都认为只有尽快实现工业化才有出路。但在如何实现工业化，尤其在界定政府在工业化中的作用问题上，存在不同的意见。尼赫鲁认为，资本主义是一种过时的、剥削的、不道德的制度，他对苏联工业化的成就十分赞赏，主张印度应该向苏联学习，推行科学的经济计划，走社会主义的发展道路，并认为这是不可抗拒的历史潮流。巴特尔则不信任计划经济，对含混的社会主义理念不以为然，提倡私有经济的发展，他因而被看做党内右翼势力，代表印度大资产阶级的利益。

在殖民地时期，印度最初一代的现代工商业者是从买办商人起家的，他们在 19 世纪中叶前后经营鸦片和棉花贸易，从中获取巨额利润后再投资办厂，因此，最早投资兴办资本主义工商企业的是一批鸦片商和棉花商。[2]另一个值得注意的地方是，印度的本地大工商

1　《印度的发现》，第 57 页。
2　孙培钧等：《印度垄断财团》，时事出版社 1984 年版，第 19 页。

业者具有很强的地域性和族群性，他们最初从商业种姓和族群如马尔瓦利人、古吉拉特人和帕西人中发展起来，通过经理行制度，在全印度形成商业网络。也是他们控制了印度工商业者联合会，该组织是印度当时规模最大、地位最高、影响最大的工商业者组织。

1944年，当时印度最著名的八大资本家齐聚孟买，发表了《印度经济发展计划》，该计划有两项主要内容：一是关于如何吸纳外资建立合资公司，充分利用外国资本以发展本国民族工业；二是要求政府帮助发展重工业以及基础工业。印度的大资产阶级在政治和经济实力上都不如欧美资产阶级，一些投资大、收益慢、风险大但又为国民经济发展所必需的项目非得国家主持操办不可。这个后来被称作"孟买计划"的资产阶级纲领为独立后印度政府的经济政策奠定了基础，显示出印度工商业资产阶级在印度发展道路选择上的地位和作用。

独立前，印度国大党领导人与印度大资产阶级已经就独立后印度的发展道路达成共识。1947年11月，国大党全国委员会在一份文件中宣称印度的发展目标是：

> 我们的目的应当是组建一种使行政效率和个人自由结合的专政制度，组建一个实行最大限度生产而不发生私人垄断资本和财富集中并使城乡经济保持适当平衡的经济结构。这样一个经济结构可以替代唯利是图的资本主义私有制经济和集权国家的严密的控制。[1]

---

[1] 《关于经济政策和纲领的决议，1924—1954》，第20页，转引自《南亚译丛》，1983年第3期，第10页。

尼赫鲁将这种同当时其他的资本主义和社会主义国家有所不同的政策称之为"从一切现存制度（俄国的、美国的以及其他的）中吸取精华的第三条道路，它寻求创造某种适合本国历史和哲学的东西"[1]。

所谓的第三条道路，实质上是一种国家资本主义的道路，它力图通过国家与政府对经济的干预来完成资本主义工业化。具体说来，印度的"第三条道路"建立在如下理念的基础上：1.殖民剥削造成印度经济的停滞与贫困，因而独立后的印度应该在经济上尽可能少地依赖西方资本主义，而寻求一种"自力更生"的发展。2.以尼赫鲁为首的印度领导人，受英国费边社会主义的影响，主张由国家来支配经济活动，加强国家对经济活动的干预与指挥。3.工业，尤其是重工业被视为成功发展的关键所在。4.只有在国家领导下的工业化才能解决印度的贫困问题，应该将主要力量放在工业部门而非农业部门的发展上。[2]

二、国家资本主义主导下的工业化道路

印度独立后，印度大资产阶级与政府之间保持了共识，但随着形势的变化，双方也出现了矛盾与分歧，并不断地进行调谐。

尼赫鲁时期，尽管尼赫鲁本人的社会主义倾向不断加强，但他始终不忘安抚印度的工商业者，许诺"现有的工业将尽可能不收归国有"。1955年4月11日，尼赫鲁在人民院中说："我惊奇地听到

1　［印］R. K.卡朗吉亚：《尼赫鲁先生的想法：一次访问记》，第100—101页，转引自《南亚译丛》，1983年第3期，第1页。

2　Cal Clark，K. C. Roy，*Comparing Development in Asia*，London，1997，p. 96.

这个再三提出的建议：（有人说）我们必须没收或者剥夺外国资本。我不能想象比这更缺乏思考和没现实感的事情了。那是与现实无关的。除非在战争风暴或者革命中，事情不是按照法律或者政策，而是按历史动力发生的时候，任何国家也不能做这种事。让我们不要惊喜于这种剥夺外国资本的谈论吧，那是不值得的。我们不是一个穷国，需要滥用策略而使我们失去世界的善意和信誉，并且也许会在我们的心灵里留下一种做坏事的感觉。"[1]

尼赫鲁倾向于"建立更新式的公营工厂"，而不是将旧的外资和私营工厂国有化。他在一次讲话中说："谈到工业财产的问题，我们的做法是，除非是为了占有某个战略要冲以利于计划工作，政府是绝不应取得任何旧有工厂的。这种做法的理由是明显的。从工业上说，我们是一个不发达国家，我们需要建立成百座工厂。难道我们不该利用我们手头掌握的一切资源去建立新厂——公营工厂，而要取得属于别人的那些老的，也许是陈旧不堪的工厂吗？我不怀疑，正如我们曾受到蒸汽和电力的出现的影响一样，在未来十年、十五年或者二十年内，原子能的出现将会使我们全部工厂的管理方法迥然不同。这是我们为什么不应该在我们五年能建立更新式的其他工厂的时候，用仅仅取得私人财政的办法来浪费国家的资源的另一个原因。"[2]

由于尼赫鲁实行新建公营企业而不是将原有私营企业国有化的政策，印度私营工商业仍然具有巨大的发展空间。轻工业仍然是私人资本的自由活动的空间，重工业则大部分为国家垄断，但在若干

---

1 中共中央对外联络部编印：《关于民族主义国家的国营经济》，1964 年，第 3 页。

2 同上书，第 4 页。

主要部门中，国家资本仍未占优势。首先，从工矿业的投资看，国家资本的比重还不到一半，1960 年时只占 37.3%，到 1965 年预计达 48.2%。其次，在工矿业中，国家资本主要是发展重工业，而轻工业特别是棉纺织业、麻纺织业、制糖、食品加工等主要部门，仍然是私人资本自由活动的天地。即使在重工业中，国家资本也尚未在所有的部门中起决定性的作用。在机车和机床的产量方面，公营企业均占 60%，化肥产量则占 85%，但在其他几个主要部门，如钢铁、煤、石油，国家资本仍未占绝对优势。G. D. 比尔拉说："毫无疑问，单单一个私营部门是无力建设印度的。私营企业可以更有效、更快和更省地生产任何产品。但是私营部分只有在拥有足够资本的时候才能出面经营。如果需要巨额资本，而动员这笔资本又为私营部分力所不及，那么，由国家出面把私营企业无力发展的经济部门掌握在自己手中，一点也不反常。"4 年之后，他进一步指出："那些认为公营部分会妨碍私营部分发展的人是目光短浅的。公营部分将成为私营企业的动力。"[1]

事实证明，印度政府与私人资本之间是可以形成互补互利机制的。印度政府通过如下方式为私人资本的发展创设或改善条件：提供贷款和担保；包销股票债券和参与投资；提供廉价的原料和机器；向大企业订货。"大企业在获取新建或扩建工业的许可证方面处于有利地位"，"采取工业许可证形式的管理制度限制了进入工业的自由，从而助长了生产的集中。"国大党全国委员会还提到，大企业在从银行和金融机构筹借资金方面比小企业处于有利的地位也是引起

1 《关于民族主义国家的国营经济》，第 66 页。

集中的一个辅助因素。[1]

印度国家垄断资本的发展进一步增强了私人垄断资本的实力。1960 年 5 月，时任印度财政部长的德赛对记者说："在过去的四五年中，私营部分扩大了 4—5 倍，如果没有公营部分，私营部分就不能获得这个成就，因为谁会给它们必要的钢铁和机器呢？"1962 年 2 月，尼赫鲁在一次演说中公开承认，印度工业家们在过去 12 年中所赚到的钱比以前 100 年还要多。到 20 世纪 70 年代末 80 年代初，垄断财团的数目在增加，它们的实力也有了进一步发展。92 家垄断财团控制了印度全部私营公司资产总值的一半左右，其中最大的 20 家垄断财团就占了 1/4 以上，这些印度最大的资本家是真正左右印度经济生活的决定性力量。[2]私人资本通过参加公营企业的管理机构、合办合营企业、参加官方咨询机构等方式，对公营企业的发展也产生了某些有利的影响。

在第一个五年计划（1951—1955）期间，印度的工商业资产阶级虽也抱怨计划过于谨小慎微，将注意力过多集中在农业发展，并表达对国家控制企业的不满和对外资扩展的担心，但总的说来对政府的政策是满意的，批评是温和的。印度最大的财团之一比尔拉的掌门人曾说："可能我们今天是全心全意与政府站在一起的社团。我们与政府之间一致的地方远远超过社会上其他社团与政府的关系。"工商业者主要的抱怨集中在政府的再分配和社会福利措施上。印度工商业联合会反对在经济发展的初期阶段就想实现所有的目标，认为那将给经济造成巨大的负担，反对用征税的办法来减少社会不公

1　参见《印度垄断财团》，第 47 页。

2　参见同上书，第 31 页。

平。在他们看来，创造财富比公平分配更重要。[1]

尽管有工商业者的抱怨，尼赫鲁政府仍坚持在发展经济的同时兼顾社会公平问题。尼赫鲁曾明确表明自己的立场："我呼吁印度所有工业家在思考工业化时应该想到印度人民惊人程度的贫困，当然，我们都希望工业增长，但它必须是对四亿人民有利的增长，而不是对少数一些工业家和资本家有利。提高人民群众生活水平必须在所有工业增长的方案中摆在最优先的位置，而不只是工业重建的附带物。"[2]

1955年4月国大党阿瓦迪年会通过《关于建立社会主义类型社会》的决议后，尤其是在宣布1956年工业政策决议后，印度工商业者喜忧参半。喜的是"二五"（1956—1960）计划比"一五"计划更雄心勃勃，显示了政府对工业发展，尤其是重工业发展的高度重视，这是印度工商业者一直期盼的。他们的反面意见主要集中在三个方面：1. 反对对经济实行"全面计划"，怀疑"全面计划能否与民主相容"，"在一个全面计划体制下，能否使经济发展得更快？""全面计划既不会导致更快的进步，也不会完成目标。""中央严密组织设计经济计划，其危险是巨大的，行政部门承受不了计划产生的紧张。"2. 主张依靠大工业促进消费的发展，反对中小工业和乡村工业，农村工业破产虽会造成失业，但这是短期的。3. 反对将私营工商业的作用放在极不重要的地位，认为除了重要部门之外，其余一切应交由私营工商业经营，公营部门缺乏效率。[3]

1　Baldev Raj Nayar，*Business Attitudes Towards Economic Planning in India*，pp. 856-857.

2　*Selected Works of Jawaharal Nehru*，Second Series，Vol. II，New Delhi，1984，p. 585.

3　*Business Attitudes Towards Economic Planning in India*，p. 859.

　　私营企业主们深感其经济潜力与政治权利不相匹配，利用一切时机对政府施加压力，要求改变既定政策。在"四五"（1966—1970）期间，政府与工商界的分歧扩大，相互间矛盾更加尖锐。工商业者们要求在"四五"计划中摒弃以前的做法，建立新战略。"用指导性计划取代全面计划"，将计划建立在自愿而不是需要的基础上；将公营部门限在农业和经济基础部门，取消所有对私营企业的限制和控制，削减公营部门的投资，优先发展农业和消费品工业，终止任何形式的土地改革；更多依靠发公债，减少对外援的依赖。尽管出于备战与意识形态的考虑将大量资本投入到重工业中，但效果不好，如将钱投入农业、轻工业，经济效果将大不一样。

　　总之，从1944年"孟买计划"提出到1965年第四个五年计划制定，这20年里，印度工商业者的态度有了较大变化。在提出"孟买计划"时，大资本家们赞成国家对经济制定全面的计划；同意国家实施有力的经济控制；支持实行工业战略；主张推行激进的农业改革；支持大规模的赤字财政和严厉的税收政策。但20年后大资本家们则要求废止集中性的计划，采用指导性计划；实行更彻底的放任自由的经济；从重工业战略后退，依靠消费品工业推动经济增长；反对激进的农村改革；主张依照资源来制定计划，减少税收。之所以发生这样的变化，是因为"利益的驱动"，"孟买计划"的制定既是为了应对当时国内外压力，也同当时印度工商业者的实力有关，在经过20年的发展后，尤其是独立15年后的工业化进程，原有的政策已经不能满足印度大资产阶级的需要，他们自然要求政府修正自己的政策。

　　同别的亚非国家一样，出于自身利益的考虑，私营资本也想参与政治，影响政策的执行。以塔塔为首的西部（古吉拉特）垄断财团于 1956 年 9 月组成一个所谓的"非政治非党派性的社团——自由企业论坛"，宣布要为保卫"私营部分"和"自由企业"而斗争。塔塔比印度其他财团更西方化，历来崇奉经济放任自由主义，对政府的改良主义政策乃至激进的"社会主义"倾向非常不满。在大财团中，它与政府的关系较冷漠，对政府的指责和批评最多。塔塔财团是印度数一数二的大财团，借 20 世纪初的民族主义运动之机开始集资创办钢铁企业，在两次世界大战中获得进一步发展，因此它同国大党在独立前是命运与共的，而独立后国大党由政府发展某些重工业部门的工业化政策多少影响了塔塔集团相关部门的发展。相比之下，以比尔拉为首的东部财团同政府的关系比较和谐，因为政府发展重工业有利于他们发展轻工业。1959 年，该组织与某些印度前王公贵族势力联合组成自由党，成为印度政治中的右翼势力。自由党在国会中直接代表财团利益发言，公开反对国大党政府的经济政策，要求最大的经济自由。1962 年第 3 届大选中，自由党首次参加选举，旗开得胜，一举在人民院中获得 22 席。1967 年第 4 届大选中该党的席位翻了一番，增加到 44 席，成为人民院中最大的反对党。但有趣的是，到 1971 年第 5 次大选时，它只得 8 席，1977 年大选时自由党在政治舞台上消失了。实践证明，印度民众对商人根深蒂固的排斥心理使得工商业者很难直接参与政治。

三、绿色革命与新富农阶层的崛起

　　1964 年尼赫鲁去世，其继任人在党内党外都不具有尼赫鲁的威信，1967 年大选中，国大党在一些邦失利。在这种局面下，1966 年 1 月上台的英·甘地政府暂停五年计划，进行 3 年的整顿，开始在经济发展政策上作某些调整。主要体现在农业和农村政策的调整上。

独立后不久,印度政府开始推行以取消中间人地主、改善租佃农地位和限定最高土地占有额为主要内容的土地改革。印度土地改革在取消中间人地主方面取得较大进展,而在限定最高土地占有额方面,则困难重重。尽管如此,如果认为经过几十年土改之后印度土地占有情况同独立之初没什么两样,那也是错误的。印度的土改政策虽没能实现"耕者有其田"的目标,但还是多少改变了印度社会中原有的土地变动模式。土改后,原来的地主们由于占有土地规模变小,不得不采取资本主义经营方式以维持家庭收入;富裕农户增强了经营土地的积极性;农村无产者大军人数在增加,为城乡资本主义发展提供了劳动力。一句话,土地改革促进了印度农村资本主义因素的发展,为印度农业资本主义发展提供了必要的条件。但仅有土地改革还不足以保证农业资本主义的充分发展。农业资本主义如同工业资本主义一样,具有高投资、高土地生产力、高市场取向的特征。这些既是资本主义生产的特征,也是资本主义发展的条件。始于20世纪60年代中期的绿色革命为印度农业发展提供了这些条件。

农业资本主义经营方式发展的结果,是一个新的社会阶层的崛起。他们中既有原来的地主,也有新富裕起来的农民,其共同特征是采用资本主义经营方式,有些学者称他们为"正在形成的农业资本家"。

当然,印度各地情况千差万别,随着社会经济的发展,许多地方的农村也出现了一批"恶霸"。Pradhan Prasad 这样描述比哈尔的状况:

独立后，印度的农村出现了很大规模的公共工程。农村中一些人获得这些工程的合同。在早些年，这些合同大部分是由那些来自农村中产阶级的人接手，他们不属于封建贵族。随着时间的推移，新的农村富人继承了"胜者为王"的落后传统，依靠所掌握的武力为自己牟取利益。公共工程项目，主要同道路建设相联系，它推动了一个运输业主阶层出现，他们也来自农村上中层阶级。这类人开始与土地贵族形成更紧密的联系（通过联姻等手段），后者需要前者的武力来限制贫下中农们的经济和政治意愿。一个新的农村寡头集团（由传统的封建精英、承包商和运输业主组成）出现了，它的经济力量随着对公共资源的掠夺的数量的增加而增加。[1]

从这段描述中我们看到印度农村出现了一个特殊阶层，他们拥有土地、四处承包工程、垄断运输业务、把持村庄选举，而且往往使用武力，如同旧中国的"恶霸"。这些村庄寡头就成了农民们最凶恶的敌人，八九十年代后，印度的共产党人将主要斗争矛头对准了他们。

值得注意的是，随着新富农阶层在经济上的崛起，他们日益显露出政治上的抱负来，通过各种方式向政府施加压力，促使政府调整政策来满足他们的要求。

两个来自不同种姓的富农可能相互之间不会接受对方的食物，但却会走到一起为争取更高的农产品价格和更低的农业

1　Gail Omvedt, *Reinventing Revolution*, *New Social Movements and the Socialist Tradition in India*, M. E. Sharpe Inc., 1993, pp. 32-33.

税收而斗争。他们利用种姓组织为工具，通过选举政治为自己谋求政治上的支配权。富农们尽管还没有形成全国性的阶级组织，他们在地理上仍处于分散状态，但已开始寻求自身在经济上和文化上的霸权地位。[1]

20世纪七八十年代，查兰·辛格被认为是印度新富农阶层的代表人物，他在自己的著作和演讲中，总是不遗余力地为新富农们的利益鼓与呼，总是大力攻击"代表城市利益的院外集团"以及"寄生的知识分子阶层"。1977年印度大选被认为是印度新富农阶层起了作用。在这次大选中，国大党第一次败北下台。人民党上台，查兰·辛格在该届政府短暂地担任了总理职务。他的支持者是北印1 000万贾特（Jatt）农民。1978年，作为人民党政府的内政部长，查兰·辛格建立全印农民组织，以此作为广泛的基础来提高他自己在执政党中的地位。为了展示他的力量，他在德里举行的大规模农民集会上登台演讲。该次集会有80万人参加。他们搭乘火车、大卡车、牛车和拖拉机来到首都展示他们的力量。

1980年，在马邦的纳西克地区，约希（Sharad Joshi）组织了一场"农场主运动"。马邦盛产洋葱、甘蔗和棉花，当地的农场主们要求更高的收购价格和降低投入成本，他们用拖拉机设置路障并包围政府机关——希望邦政府让步。1988年，约希再次从邦政府赢得重大利好，后者一笔勾销了租赁到期农场所欠的贷款，并提高了棉花的收购价格。同年，在北方邦和比哈尔邦，一个名叫提卡特

1　*The Political Economy of Development in India*，pp. 50-51.

（Tikat）的农民领导了 BKU 运动，在一次抗议中，他带领 10 万名农场主到密拉特城发动了为期 3 周的运动，他们包围政府办公楼，使整个城市实际上陷入瘫痪。他们的要求包括提高农产品价格，提高对诸如电力、化肥投入的补贴，勾销农村所欠的贷款，在制定农业政策的过程中具有更多发言权等。BKU 运动宣称在北方邦有 1 000 万人的追随者，相似的运动在印度更发达的农业地区力量更为巨大。[1]1991 年，当新上台的拉奥政府宣布减少化肥补贴时，立即引起农场主们的强烈抗议，最终迫使政府让步。

尽管这些运动和群众集会展示了农场主们对邦政府乃至中央政府施加压力的能力（由于他们人数上的优势，所有政党都必须认真对待他们的诉求），他们的潜力却由于缺乏一个关键性的组织而未能充分激发出来。有人也曾做出努力要在全国范围进行整合，但各种群体仍然紧密地围绕一个地区、一个邦等局部的利益而集合在一起。此外，他们不能打破种姓和阶级之间的界限，形成一种团结一致的农村运动。

但新富农的崛起改变了原有的农村社会机制。在英国人统治时期，印度农村已经发生某种变化，只是变化的幅度有限，传统的大家族共有制、村社内的种姓分工制基本保存下来。独立后，随着柴明达尔制的废除，绿色革命、工业化、城市化的进程，农村社会变动的步子加快了。废除柴明达尔制使得许多大家族失去了共有财产，包括限制土地最高占有额在内的土改政策使得许多有地家庭只能通过分户析产来保住自家的土地。占有土地的家庭不一定长住在村庄

1　Robert Hardgrave, *India Government & Politics in a Developing Nation*, 1993, p. 197.

中，他们很可能在城市里有工作和住所，但他们不愿放弃土地，因为土地是保值的。他们要么雇工进行耕种，要么宁愿抛荒。这样就破坏了印度传统村社的内聚性。在传统村社中，每人按照种姓身份从事自己的工作，不同种姓按照等级形成垂直的保护人—被保护人的互惠关系。而在现代，互惠关系被冷冰冰的金钱雇佣关系所取代，从而导致冲突的发生。"新战略产生了三类冲突，即农场大农和小农之间、所有者和佃农之间、雇主和雇工之间的冲突。"[1] 这样，绿色革命就从内部颠覆了印度传统的农业生产组织形式——村社，加快了印度传统的村社制度的瓦解。

四、印度资产阶级队伍的扩大与"改革共识"的形成

伴随印度工业化进程和经济的发展，印度工商业资产阶级队伍扩大，力量不断增强，由此出现一些独具印度特色的现象。首先是资本积聚与集中的同时，继续存在小店主、小企业主的"汪洋大海"。其次，老的财团雄风犹在，继续发展，同时，具有地方基础的新财团快速崛起。

由于受甘地思想的影响，国大党政府从独立时就将扶持城乡小型企业发展作为工业化纲领的一部分。1948 年的工业政策指出："家庭工业和小型工业在国民经济中占据重要位置，为个人、村落和合作企业提供机会，为重新安置难民安排出路。它们特别适合于更好地利用地方资源，以及实现某些日用消费品，譬如食品、布料、农用器械等的自给自足。"1956 年工业政策决议再次提到小型工业问

---

1 《印度经济》下册，第 182 页。

题，指出：印度政府将重视家庭工业、乡村工业及小型工业在国民经济中的地位，因为它们对一些亟待解决的问题提供了独特的贡献：迅速创造大量的就业机会，确保国民收入公平合理地分配，动员闲置的资金技术资源——希望通过在全国范围建立小工业中心，避免无计划城市化导致的问题。

该决议还肯定政府过去为扶持家庭工业、乡村工业及小型工业的发展所采取的诸如限制大型工业部门的产量、对大小工业部门实行差别税收以及直接资助等措施，表示今后将继续施行。同时，宣称政府今后要努力帮助小企业更新生产技术，提高竞争能力，使它们与大型企业一道发展。尼赫鲁去世后，国大党失去一党独大的局面，无论哪个党都必须更加关注选民，而城乡中小企业涉及很大数量印度人的生计，因此，历届政府都高度重视，1977 年上台的人民党政府甚至提出"凡是小型部门能够生产的就交给它们来生产"，当时的工业部长甚至扬言要"打断大工业家族的脊梁骨"。即使在1990 年代的改革中，印度政府也专门制定了新的小型企业发展政策，其目标在于为小型企业部门注入更多的赢利和增值动力，通过提高效率来促进产量、就业和出口额的全面增长。在半个多世纪中，印度的小型企业享受着许可证免除、财政支持、为其保留生产领域、提供基础设施、帮助其拓展市场和工业延伸服务等许多优惠政策。从 1967 年到 1987 年，小型工业公司的绝对数量在 20 年中由 4万多家增加到 8 万多家；所吸纳的就业人数由 172 万增加到 261 万；产值由 262 亿卢比增加到 2 927 亿卢比。到 1997 年，小型企业部门就业人数已突破 1 600 万人，小型工业部门生产 8 000 多种产品，产值占全国制造业产值的 40%，出口额占全国总出口额的 35%，在国民经济中扮演了极为重要的角色。如果将商业部门的小店主也计算进来，小型企业的影响力和重要性更是不容忽视。总之，印度工业化过程中资本的集中和积聚没有以牺牲中小企业的发展为代价，这也是独立运动领导者们尤其是甘地主义者们所期盼的。

印度工业化进程中另一个值得重视的现象，是以地区为基础的工商业资产阶级的成长。新一代的工业企业家自独立以后已经形成，并且成功地向根深蒂固的老财团提出挑战。"一个越来越引人注目的现象是：今天，在印度 500 强私人企业中，有将近 1/4 是属于第一代企业家的。"[1] 20 世纪 80 年代的工业扩张促进了新一代企业财团的成长。例如，在安得拉邦，大部分大型的制造业企业创办于 20 世纪 50 年代和 60 年代之间，它们或为公营部门或为全国性的老财团像比尔拉（Birlas）、塔帕尔（Thapar）、斯里拉姆（Shriram）等所有。然而，到 20 世纪 80 年代，在水泥、制糖、药品和电子工业中，相当大的份额是由地区性的第一代或第二代商业家族比如拉朱（Raju）家族所控制。同样，在古吉拉特、马哈拉施特拉和旁遮普也是如此。新一代地区性资本家们满怀信心地转向那些受邦政府和公共财政支持的新的投资渠道，并且他们的行动能力极强。当然，老财团的惰性、家族内部的纠纷以及对失去在公共领域的支配权的忧虑，也使它们在这场竞争中放慢了脚步。[2]

如果说塔塔（TaTa）财团和比尔拉财团是印度老财团的龙头老大的话，那么安巴尼（Ambani）家族的发家史则代表新一代财团的

---

1 Sanjaya Baru, "Economy Policy and the Development of Capitalism in India: the Role of Regional Capitalists and Political Parties", in Frankel（ed.）, *Transforming India*, Oxford, 2000, p. 214.

2 Ibid., p. 215.

成长。安巴尼家族经营信实集团（Reliance），50年前靠500美元起家，如今资产总额已达180亿美元，超过塔塔财团的150亿，成为印度规模最大的财团。该财团不仅能够掌控国家电力、石油勘探、金融、生物技术以及电信领域的发展方向，而且在很大程度上能左右整个印度商界。[1]

印度的经济学家这样解释印度经济中新财团崛起的现象，并将之界定为"资产阶级扩展"。

在印度的特定条件下，有相当多的有利于资产阶级扩展的因素。在任何社会中，当国民的收入突然迅速增加时，他们不是简单地扩大对一系列原先已有产品的需求，而是更有可能产生对新的产品的需求。理论上讲，新产品可以并且经常是由老的资本家生产，但事实上许多因素却不利于老资本而有利于新兴资本。首先，这些产品的生产技术在大多数情况下被处于世界范围的技术变革前沿的少数跨国公司控制。这类跨国公司往往宁愿和那些较小的财团合作，这些较小的财团既有相当的值得合作的实力，能够动员必要的资源以便建立获得必要经济规模所需要的工厂，又没有大到让跨国公司感到难以驾驭的程度。其次，有些产品生产规模不大，技术上又易被复制和模仿，大公司往往不愿冒险进入。再次，在那种新产品是老产品的改良的情况下，如汽车行业，除非不得已，老的生产商总是不愿转产新产品，因为这会影响老产品的市场。最后，地位稳固的老财团，既不愿扩大既有的经营规模，也不愿进入新领域，这些新领域的回报率尽管也是积极的和显著的，但相对于那些提供"最大"程度回报率的领域还是"不充分"的。

---

1 钱峰：《安巴尼家族左右印度商界》，《环球时报》，2004年3月24日。

除了经济因素外，非经济因素可能起更大的作用。例如，20 世纪 80 年代早期，当印度政府决定在安得拉邦向一种新的肥料生产设备发放许可证时，拉朱财团发现自己正在同比尔拉财团为此竞争。拉朱于是同意大利的斯那姆普罗盖蒂（Snamprogetti）公司在财政和技术方面进行合作，这才确保他能够获得这项许可证！围绕化肥设备生产许可证而展开的竞争表明：比尔拉，一个全国性的大财团，在开始时本占得先机，并争取到安得拉邦首席部长钱纳·雷迪的支持，然而拉朱通过和斯那姆普罗盖蒂公司的联合，以及通过英·甘地的家庭成员（英·甘地的儿媳妇索尼娅·甘地来自意大利）得以接近英·甘地，从而打败了比尔拉。化肥生意对拉朱公司极为重要，该产业使该家族加入外资、政治势力"大联盟"中；与此同时，该事件向人们展示，地区性的商业集团是如何在一系列新的政治势力的支持下逐渐有能力对抗全国性大商业集团的。[1]

尤其应该指出的是地方财团与邦一级政府所形成的联盟关系。例如，20 世纪 50 年代，在马哈拉施特拉，邦政府对帕西和古吉拉特的资本抱有歧视态度，积极鼓励马拉塔人在新兴工业部门大显身手，同时向制糖业和纺织业这样的传统工业部门发展。同样在北方邦，1969 年，查兰·辛格要求对非本地制糖业资本进行调查，要把他们的资产强制实行国有化，以转移到本地的资本中。本地的工商业财团逐步强大起来，将触角伸向邦政权。

在今日印度工商界还活跃着一个特殊的群体——非常住印度人。他们利用自己的资产、知识、社会关系参与印度经济活动，一些人

---

1 "Economy Policy and the Development of Capitalism in India: the Role of Regional Capitalists and Political Parties", p. 217.

投资办厂，更多的是起中间人的功能：制订计划，修改合同，从事贸易，甚至是军火生意，作为跨国公司特别是军火商们的先遣队。由于他们的成功与否取决于他们能否得到合同，因此他们所关注的就是如何与政客和政府部门工作人员建立并发展亲密关系。

　　资产阶级实力的壮大必然对印度政治和经济产生影响，独立以来，尤其是 20 世纪 80 年代以来，随着资产阶级实力的壮大，在原有的老财团的身旁站立起新财团，加上汪洋大海般的小企业主和小商店主，还有进进出出的非常住印度人，政府同资产阶级的关系变得复杂多了，大中小资产阶级的矛盾使得原有的工业政策受到越来越严厉的批评。总体说来，许可证制度被认为是不公平的，只对大财团有利，这项制度以及笨拙烦琐的官僚主义程序，成了新财团崛起的障碍，同时也增加了政府的财政支出。因此，地区性的工商业集团越来越反对这种许可证制度。当然，大财团们也对终止这种许可证制度怀有兴趣，因为它也限制了它们自身的发展。而一旦这一制度被终止，那么许多被大财团所拥有或控制的公司就可以自由地扩展生产力，这有助于他们应对来自地方的、隶属于地区性商业集团的较小型公司的竞争。因此，许可证制度的终结对全国性和地区性的大财团都有利，为达成经济发展共识、启动经济改革进程提供了社会基础。

五、"车夫"还是"车主"：印度政府的角色

　　在发展中国家的工业化进程中，一个值得注意的现象是政府在制定政策、执行政策乃至创办经营关键性工业部门中的支配作用，而一些亚非新独立国家由于民主与法制不健全，缺乏行之有

效的对执政党和政府职能部门的监督，在一个政党一个领袖的机制下，往往形成以统治家族为核心的垄断财团，印尼的"苏哈托家族"、菲律宾的"马科斯家族"都是典型的例证。这些家族不仅实行政治上的独裁统治，更在经济上巧取豪夺，通过自己的家族成员经营的各种企业和金融机构，掌控了国家命脉。这种政治和金钱的二元一体必然导致政治上专制独裁的加强，使民主制度遭到摧残。这些官僚资本由于凭借政治权力垄断资源，缺乏资本主义经营的规则和活力，同时挤占了私营企业的发展空间，必然影响该国经济的长远发展。因此，在考察印度独立后的工业化进程时，在对其成果和问题进行考察时，有必要分析国大党政府与垄断财团之间的关系。

自由党从印度政治舞台上淡出，并不意味着印度大资产阶级对印度政治影响的减弱，只不过改变影响的方式而已。财团通过资助政党影响政局，通过资助政党左右政府决策。据计算，"1977 年大选国大党从企业界得到 11.3 亿卢比的捐款，这些资金绝大部分来自大资本家的捐赠。如，1966 年北方邦选举，比尔拉财团捐赠 1 000万卢比支持英·甘地在该邦的选举。大资本财团除了向国大党捐赠外，有时也向反对党捐赠。"1969 年国大党内部的斗争和分裂，表面上是英·甘地同辛迪加的矛盾和斗争，背后则分别有以比尔拉为首的东部财团和以塔塔为首的西部财团的支持。 1977 年国大党的下台和人民党的上台，也是各有其财团背景的。1979 年 7 月查兰·辛格组阁后不到 24 天就被迫辞职，从经济背景来说，是因为查兰·辛格代表新兴地主富农和农业资本家的利益，不受财团的欢迎。英·甘地 1980 年东山再起，则是由于工商界希望有一个"强大而稳定的中央政府"。[1]

不过，总的说来，尽管存在腐败现象，印度工业化进程中尚未出现官僚资本化或资本官僚化的现象。官僚与资本之间维持着良好的合作关系，矛盾冲突是次要的，和谐合作是主要的。一些西方学者以"社会主义的国家，资本主义的社会"来概括独立后印度的特征。80% 的印度国民收入由私营部门生产出来，甚至比美国还高。[2] 同时，政府官员与私营资本之间保持了一定的距离。孙培钧教授说得很对："印度财团还没有同国家主权结合起来，不同于旧中国的'蒋、宋、孔、陈'四大家族，因此他们不属于我们中国学者所讲的那种'官僚资本'。"[3]

1　《印度垄断财团》，第 231 页。

2　Robert Hardgrave, *India government & Politics in a Developing Nation*, 1993, p. 386.

3　陈翰笙、孙培钧：《印度财团的发展过程及其前途》，《南亚研究》，1983 年第 4 期。

现代都市与传统社群：印度的城市化进程

一、印度城市化进程总体趋势

印度城市的历史可以追溯到印度河流域文明时期。历史上，印度的城市先后受到三种文明的影响：早期的印度教文明、中世纪的伊斯兰教文明和现代的基督教文明。在很长时间里，印度的绝大多数人生活在农村，在过去100年里印度才缓慢地发生城市化进程。下表显示1901—2001年百年间印度城市化的总体趋势。印度的城市人口从1901年的2 580万增加到2001年的28 540万。城市人口每十年增加比率从1911年普查到的0.3%增加到2001年的31.4%，相比独立前，独立后城市化的步子有所加快。

印度城市化的趋势（1901—2001）[1]

普查年份	城镇数目	城市人口		
		人数（百万）	占总人口比率	每十年增加比率
1901	1888	25.8	10.8	—
1911	1875	25.9	10.3	0.3
1921	2012	28.1	11.2	8.4
1931	2145	33.5	12.0	19.2
1941	2329	44.2	13.8	32.0
1951	2924	62.4	17.3	41.2
1961	2462	78.9	18.0	26.4
1971	2643	109.1	19.9	38.3
1981	3425	156.2	23.7	43.2
1991	4689	217.2	25.7	39.0
2001	5161	285.4	27.8	31.4

　　就印度城市人口的绝对数量而言，在世界各国中已经名列前茅，实际数量排在中国和美国之后，名列第三。但若依据城市人口在总人口中的比率，情况就不是那样了。从居住在城里的人口的比率看，印度仍是世界上城市化水平最低的国家之一。依据1991年普查数据，只有25.7%的印度人住在城里，而在美国、日本和西欧发达国家，城市人口的比率在66%—85%之间。即使在亚非地区不太发达的国家中，城市人口的平均比率也在34%左右。因此，与其他发展中国家比较，印度的城市化水平是偏低的，有些研究者认为印度仍然是一个农村社会。[2]另外，依据三个产业在国民生产总值中的比重，2001年印度的农业产值在国民生产总值中不到20%，而农村

1　M. S. A. Rao（ed.），*A Reader in Urban Sociology*，Orient Longman，1991，p. 78.

2　Judge. P.，*Strategies of Social Change in India*，New Delhi，1996，p. 59.

人口却超过总人口的70%，其他国家当经济发展到这一水平时，通常有更大比例的城市人口。[1]因此相对于其他国家，印度城市化的速度是较慢的。

二、印度城市化的主要动力

推进印度城市化进程的动力主要有工业化、农业现代化、教育的发展和人口流动。

独立后的印度政府将迅速工业化作为发展经济的指导方针。经过几十年的发展，在工业结构上，印度已从一个主要生产消费品的国家变为轻重工业全面发展的国家，成为世界第十大工业国。印度的工业，无论是公营还是私营，无论是旧有的还是新建的，基本集中在城市地区，工厂主要坐落于城市，从而促进城市的发展。

现代农业的发展是城市化的另一个动力。印度的农业现代化进程同绿色革命紧密相关。绿色革命在增加粮食产量的同时，为活跃城乡商品经济做出了贡献。由于农业和工业的发展，在城镇中商业活动增加了几倍。绿色革命地区的农业发展产生出巨量的剩余产品，由附近村庄的农民们卖到城镇中心。同样的，农民收入的提高又为城镇区域的商人的货物提供了市场。绿色革命大大增加了农业的投入，为工业品找到了销路，从而强化了城乡间的贸易活动。这是20世纪六七十年代印度城市化进程加快的主要原因。

影响印度城市化进程的第三个动力来自教育的发展。独立以来，历届印度政府都强调教育，民间对子女教育也抱有颇高的热情。

1　Rakesh Mohan，Shubhagato Dasgupta，"The 21st Century：Asia Becomes Urban"，*Economic and Political Weekly*，Jan.15，2005，p. 215.

不少学者的研究表明，能在城市中找到工作的多是受过良好教育、生活条件较好的年轻人，许多人迁移是为了让孩子能上个好学校。城市学校一般比农村强，考上大学的机会大得多；孩子考上大学后，高昂的学费又迫使父母不得不寻求外出打工的机会。在印度，让孩子接受更好的教育被绝大多数村民认为是外出的最大动力。[1]

最后，人口流动既是以上三个因素的结果，也是城市居民增加的一个重要因素。城市工商业的繁荣将各种各样的农村人口吸引到城市来。劳动力流动加快城市化进程。

那么又如何解释印度城市化的速度缓慢问题呢？答案是：独立几十年来印度社会变迁的步子不够快，因此仍维持了很大程度的城乡之间差别巨大的宏观社会结构。城市化既是社会变迁的动力，又是社会变迁的结果，城市化缓慢的原因在于社会变迁的动力不足。如前面分析提到的，在独立以来的五十余年里印度在通信、工业、教育等部门已经迈向现代化，但工业的增长率同东亚邻国相比仍很低。据 2002 年一项统计数字，印度的 IT 和外包产业，吸纳了 320 万从业人员，但制造业仅吸纳 620 万劳动力。[2] 绿色革命的成果仅限于某些地区、某些作物和一部分农户，失业和就业不足问题十分严重，农村存在大量的剩余劳动力，城市却无力吸纳。

城市化速度取决于社会经济发展的程度，但这并非解释印度城市化步子为什么如此缓慢的唯一因素，我们还应该从印度社会文化结构上寻找原因。

1 Jean-luc Racine（ed.），*Peasant Moorings*，*Village Ties and Mobility Rationales in South India*，Sage Publications，p. 330.

2 《中国软件业应该从印度学什么》，http://www.ciweekly.com/A20020110059196。

三、种姓制度对城市化的影响

在印度，农村劳动力流动模式主要有三种：第一种是男性劳动力周期性地到异地农村打工，属于季节性流动；第二种是男性劳动力较长时期地到较远的城市打工，将妻子儿女留在村中，自己在节假日回乡探亲；第三种则是在城市中有了较稳定的工作和收入后，将自己的妻儿接到城市一道生活，实现核心家庭的城市化。[1]无论何种模式的流动，种姓观念和种姓因素在其中起重要作用。虽然独立后印度宪法宣布歧视贱民为非法，但种姓的隔阂是难以消除的。很难想象让村里一个婆罗门带领一群贱民出外打工，或者让一个婆罗门为贱民老板打工。一般说来，婆罗门和贱民外出打工的工种是不同的。贱民往往承担城市的环卫工作，婆罗门力图挤进公务员的圈子。婆罗门是不会为了生存而去打扫厕所的。因此，印度研究者一般认为：印度农村劳动力进城后，所从事的并不像一般文献认为的那样是城里人不愿从事的职业，更大的可能是做由社会结构决定的工作。农民们移往何处，移到多远，主要取决于他们所认识的人，人际关系的纽带而不是其他因素在起作用。[2]

一般说来，大规模的人口从农村移往城市会带来社会结构和文化的重大变动。农村社会强调血缘和地缘关系，城市社会重视社会经济地位。但由于印度城市化进程中强大的种姓因素，在一定程度上减缓了社会变动。独立后，印度的商业种姓仍活跃在工商业领域。他们大多从事世袭的商业活动，也有些人是自己建立事业。有些人不再经营祖传的生意，但他们分享了父辈的经验，得到家人金钱上

---

1 *Peasant Mooring*，*Village Ties and Mobility Rationales in South India*，p. 332.

2 Ibid.，p. 353.

的支持，还从家族的社会关系网络中得到帮助。而非商业种姓缺乏足够的资本和合适的社会网络来建立一项新的事业，因此他们大部分人只能做点小生意。

不过，现代工商业的发展也产生出许多新的职业门类，这些门类同传统工商业没有多少联系，这为广大非商业种姓中很大数量的人进入与他们的种姓多少有关的工商业领域提供了条件。如贾特是印度北部的传统务农种姓，随着印度农业的现代化，他们在田野操作农机具时获得初步的技术知识，后来主要从事农机具、拖拉机、抽水机和收割机的修理工作。

一些高级种姓，如婆罗门和拉其普特虽已从原来的种姓职业中脱离，但他们仍从事与他们的种姓地位相一致的高度受尊敬的职业。典型的是印度软件业，随着软件业的发展，一批新的财团迅速崛起，电脑软件同传统印度工商业任何行当都没有多大的联系，而被认为同印度人的英语水平和数学能力有关，这两项被认为是高种姓婆罗门的领域。因此，今天在印度软件业中执牛耳者大多不是传统的工商业种姓，而是传统的高种姓。[1]

总之，当前印度社会种姓和族群的关系正由于经济和其他领域中的变化而变得越来越复杂。政府为落后种姓制定的优惠政策、技术进步、不断完善的通信网络都在进一步缩小不同种姓之间的差距。但种姓和族群的差距没有在印度城市化进程中消失，有时甚至出现强化的趋势。为了垄断某个行业，获取利益，各个进入城市的种姓或族群总会努力形成某种利益群体。在印度，由于移民从进入移入

1　*Strategies of Social Change in India*，pp. 57-80.

地的第一天起就获得了当地的选举权和被选举权，他们也成为当地政治势力努力争取的对象，如果他们显示出足够的内聚力的话，不仅外人不敢随意欺侮，而且可以积极参与移入地的政治。

为了加强内聚力，增强安全感，来自同一地区或同一族群的移民们往往选择住在一起，久而久之，在城市中，出现独特的居住区域。在首都德里，孟加拉人、旁遮普人、比哈尔人是重要的社群。孟加拉人的移入，同殖民时期英国人将首都从加尔各答移往德里有关，他们许多人是随着中央政府搬迁，作为官员和公务员而来。旁遮普人主要由于印巴分治，大量锡克教徒从今天的巴基斯坦移居首都德里。而比哈尔人大量进入德里是近二三十年的事，比哈尔是印度最为贫困的地区之一，首都是比哈尔人流动的首选。在德里，旁遮普人大多从事公务员或白领工作，比哈尔人则大多从事非正式部门的体力劳动。他们各有较集中的居住区。

城市化进程中往往同时带来人际关系的疏离，城市居民们对自己的邻居一无所知是现代都市的常态。但某些印度城市却呈现出不一样的特征。多西（Doshi）的文章《现代阿哈麦达巴德的传统邻居：pol》考察了印度古吉拉特邦第一大城市阿哈麦达巴德中 pol 的重要性。[1] Pol 是由街道居民组成的邻里组织，将居民联结在一起的是社会-政治网络，它反映了共同体或社区生活的特征。Pol 的同质性源于共同种姓，其成员全部或大部分同属于某一种姓。在 pol 非正式的亲密人际关系的背后，多西发现了某种根深蒂固的正式结构，这些结构在现代城市的背景中组织和调节人们的生活。各个 pol 有

---

[1] Harish Doshi, "Traditional Neighbourhood in Modern Ahmedbad: The Pol", in *A Reader in Urban Sociology*, pp. 179-210.

自己的董事会，除了维护 pol 的规范外还管理当地事务。Pol 也有效地防止了不安全和心理无助等现代城市的共同问题。它不仅具有防卫取向的有形结构，四周有坚固的墙和有人防卫的大门，也要求邻里间相互合作相互帮助。虽然不断有年轻人搬出 pol，居住到现代化程度更高的居住区，但他们总是愿意保留自己在父母 pol 中的成员资格，并参与 pol 的社会和宗教活动。

这种现象在印度很普遍，有研究指出：

> 日益增加的人口和村庄中教育的推广已经导致受过教育的年轻人不断地从村庄移往城镇和城市。表列种姓和表列部落的成员作为农场佃户和雇佣劳工季节性地或永久地移往城镇区域。这些群体的成员倾向于生活在他们城镇区域中属于自己族群的排他性的地带。虽然他们在收入、职业、语言、种姓、宗教和社会阶层上产生分化，但在习俗、行为模式、价值观和生活方式上保持同质性。[1]

总之，种姓为印度的城乡联结提供强劲的纽带。这种纽带为某些种姓的人口流动提供了方便渠道；促使城乡的居民之间产生亲戚关系，并频繁进行金钱与其他形式财物和服务的交换；这种关系纽带还有利于城乡之间交换信息和观念，从而使得无论是居住在城市还是居住在乡村的个人可以通过城乡间的种姓纽带参与地方和全国

1　Harshad R. Trivedi, "Towards a General Theory of Urbanization and Social Change", in A. M. Shah（ed.）, *Social Structure and Change*, Vol. III, Sage Publication, 1996, p. 257.

政治（城市既是政治中心也是种姓活动的中心）[1]。同时我们也应该看到，种姓因素也妨碍许多农村种姓进入城市，尤其是那些弱势种姓群体。

四、城乡矛盾对城市化的影响

农村人进城后，很快发现城市并不是乐园和天堂。

失业，就业不充分，以及低收入是印度人贫困的主要原因。第三世界一个值得注意的现象是城市中收入的两极分化，资源分配、社会服务和就业机会的极端的不平等，这些可能仍然在加剧，并一代又一代地持续下去。

贫民窟或棚屋已经成为印度城市风景不可回避的一部分。数千万城市居民在贫民窟栖身。这些贫民窟的条件是恶劣的，缺乏自来水供应、电力、洗澡房和厕所等基本的设施。

1980 年代的一项研究表明，在加尔各答，2/5 以上的家庭只有一间房，甚至没有，大约 20 万人在其生命中的某个时段曾居住在公共人行道上，估计 175—200 万人住在被称为贫民窟的单层棚屋中。在孟买，60 万人住在棚屋中，更多的人住在多层的出租屋中。印度城镇总人口的 1/5 住在贫民窟或私搭乱建的住房中。印度大部分城市的贫民窟人口大约占城市总人口的 20%—30%。[2] 进入 90 年代后，这种状况并没有得到有效的改变，有研究显示，到 1990 年，在印度四个大城市孟买、德里、加尔各答、钦奈（马德拉斯）中，居住在贫民窟的人口竟分别高达 42%、40%、38% 和 39%。2000 年的一项

1　A. M. Shah，*The Rural-urban Networks in India*，p. 29.

2　Ibid.，p. 307.

研究表明，大城市中的贫民窟人口仍高达 3200 万。[1]

城市中大片贫民窟的存在成为发展中国家城市化进程中的共同问题，它是发展中国家城镇发展计划的一个主要障碍，也是影响社会安定的因素。印度政府也曾做出过种种努力来遏制贫民窟的进一步扩散，措施之一是为贫民窟居民在其工作地点附近或者城市的边缘提供替代性的住房或房基地，但收效不大。Rao 在对位于印度南部一个城市的名为 Peta 的贫民窟进行实地考察后发现，贫民窟居住者接受或反对该措施的态度很大程度上取决于他们的社会经济状况和政府所提供的资助条件的吸引力。虽然某些工作群体或种姓群体准备从贫民窟移走，但有相当一部分人抵制这种迁移，因为担心失去他们的职业性基础。作者提出只有通过协调的计划、恰当设置工业和商业区域以及控制农村人口的移入才能有效地解决贫民窟问题。[2]

进城农村人口还遭遇城里人的抵制和反感。城市与农村在各方面存在巨大差距。印度社会总是有一部分人世袭地是城市居民，他们一代又一代地生活在城市中心，从事与农业无关的职业，疏离于农村。他们是城市文化的载体，具有独特的生活方式、习俗、制度、组织，以及思维方式。因此，这部分城里人，无论贫富都与乡下人存在隔阂与距离。[3]

进城的农民往往被过分边缘化，使得该群体产生了强烈的被剥夺感，对城市主流社会产生心理排斥，很容易激发起报复性心理和

---

1 孙士海：《印度政治五十年》，《当代亚太》，2000 年第 11 期，第 11 页。

2 *A Reader in Urban Sociology*，p. 309.

3 *The Rural-urban Networks in India*，p. 25.

过激行为。尽管城市居民完全知道进城农民给他们日常生活带来的种种便利，但还是歧视甚至欺负他们，认为这些乡下人进城造成了城市的种种问题，如交通拥堵、治安和卫生状况恶化。

城乡矛盾往往与族群冲突纠缠在一起。印度城市中城里人和乡下人的冲突时常表现为"本地人"与"外地人"的冲突。旁遮普曾出现要外地人回家的运动。在旁遮普，84%的锡克人生活在农村地区，仅仅16%居住在城市地区。在42个旁遮普城镇中，印度教商人占主导地位，旁遮普十大公司中只有1家属于锡克人，其余9家都属于印度教徒。锡克人担心过多的印度教徒的移入影响自己在当地政治中的地位。在印度东北部，大量移民涌入阿萨姆挤占了原住民的生存空间，加剧了该地区阿萨姆人与孟加拉人之间的矛盾。在马哈拉施特拉邦，城乡矛盾与族群教派矛盾纠缠在一起。湿婆军被认为是印度教教派主义极端组织，其在80年代的崛起同印度的城市化进程有关，工业化和城市化促使大批外地人涌入孟买这样的大城市寻求发展，使得当地马拉塔种姓感到在求学、就业、提拔等方面的巨大压力，他们因而很容易成为印度教教派主义组织的社会基础，孟买周期性爆发"当地人"反对"外地人"运动，并引发教派冲突。

城市的贫困，基础设施建设的滞后，城里人对乡下人的敌视，以及与之相混杂的种姓与族群矛盾使得大量农村劳动力即使进了城，也不想将城市当作自己的最终落脚点，在相当长时间里，他们只能是城市的匆匆过客。下面印度学者所观察到的现象有一定的普遍性：

在印度，外出打工只是年轻人生命历程的一部分。例如，单身汉们在十来岁时到孟买谋生，数年后他们从自己的家乡找姑娘结婚，按照传统由家中老人安排。因为在他们以及家中老人看来，孟买姑娘只会讲究时尚，不愿干活。他们在孟买也只是与自己或相邻村庄的人住在一道。自己的家乡仍是最终的养老之地。因而在家乡娶亲与购买土地在他们看来是一种理性选择。总之，人们离开村庄只是为了最终能在村庄待下去。[1]

五、土地制度对城市化进程的影响

进城农民选择回乡除了以上所说的城市的"推"力外，还有来自农村的根深蒂固的"拉"力。印度没有户籍的限制，但是存在土地私有制，这种土地私有制与其他传统社会制度结合在一起，对城市化产生消极的影响。

众所周知，印度未经历过废除土地私有制的社会革命，土地私有制度得以保存下来。同时印度盛行大家族共有制度和多子平分制。多子平分制意味着每个儿子都有权平均地获得一份祖上留下的田产。经过数代人的不断析产，如果不买进新的土地的话，每户拥有的土地数就会出现递减的趋势，以致土地产出根本无法养活一家子人。因此，为了维持生计，家中的男劳动力不得不外出谋生。尽管青壮年男性劳动力外出，家中的土地一般也不会出卖或转让，而是采取如下几种办法处置：一种是由家中女性平时照管农田，农忙时节男性回乡帮忙。一种是将土地交由家中其他兄弟打理，收获时自己会

---

1 *Peasant mooring*，*Village Ties and Mobility Rationales in South India*，p. 350.

得到一份产品或其他东西作为补偿。还有更普遍的一种是，土地实际上根本就不进行分割，仍保持大家族共有。无论采取何种方法，都能够避免土地集中于某一农户，从而打破土改政策中土地占有额的限制，又不会因为外出打工而失去土地所有权。同时，外出打工者一旦在城里挣了钱就会在村子里买地。所以，外出打工的结果不是失去土地，而是为了保住或扩大土地。[1]

博卡罗钢铁厂是印度 50 年代兴建的大型现代钢铁厂，在对该厂 250 名工人的一项抽样调查中，发现竟有 223 名工人同村庄保持各种各样的联系。这些工人属于第一代工人，他们都受过中学或中学以上教育，出身于村庄中较富裕的家庭，不愿意务农，然而却有占有土地的强烈欲望。他们将占有土地当作类似城里人买股票或储蓄的投资方式，而且认为这种投资方式既安全又能提高自己在村里的地位和威望。他们的人生哲学是，在外头尽力地挣钱、攒钱，然后寄回家买地，退休后回到家乡，当地主，雇佣工人为自己种地。[2]

同时，由于科技交通的进步，过去那种泾渭分明的城乡差别被模糊了。富人们在村庄中也能享受城市品质的生活。他们在外边挣钱，然后在家乡过起舒适的生活。一位受访者这样解释他为什么要最终返回家乡："作为家中长子，我可以从家族田产中得到生计，到外头去，我可能挣得一些钱，但在村子中，我有许多亲戚朋友，有

---

1 *Peasant mooring*, *Village Ties and Mobility Rationales in South India*, pp. 332-335.

2 Sharit Kumar Bhowzik, "Social Comparation of Industrial Workers: Rural-urban Links of Workers at Bokaro Steel Plant", in K. L. Sharma, Dipankar Gupta（eds.）, *Country-Town Nexus: Studies in Social Transformation in Contemporary India*, Rawat Publishers, 1991, pp. 166-178.

许多关系，钱与关系二者都是重要的。"[1]

　　值得注意的是，有土地的人不愿放弃土地，那些没有多少土地的人同样也不愿或不能离开土地。印度几十年土地改革，虽然没有实现"耕者有其田"的目标，但也使一般农民至少有一块房基地，数量越少越珍贵，不愿放弃。另外地主们不愿放弃土地，又不愿亲自耕种，于是就想尽各种办法将农民束缚在土地上。这些与土地有关的因素使得许多印度人不愿居住在城市，或者说不愿割断与农村的联系纽带。

　　长期以来，亚洲是世界城市化水平较低的地区。但这种状况正在发生变化。亚洲的人口大国中国、印度、孟加拉、巴基斯坦、印度尼西亚已出现城市化进程加快的势头。尤其是中国和印度，随着近些年经济的快速发展，出现人口大规模流动现象，城市化进程的加快必然带来许多问题与挑战，如何应对这些问题与挑战，成为值得认真研究的课题。

　　印度目前城市人口仅占 1/4，3/4 仍属农村人口，要达到城市人口过半的目标，需要将相当数量的农村人口移往城市。要实现这一目标，必须强化城市化的动力，工业化、农业现代化和教育科技事业必须加快发展步伐。同时，城市的基础设施投资必须加大，城市应该成为更适合人们居住的区域。人们的种姓观念和对土地的依恋应有所淡化。这些都不是一朝一夕能解决的，因而可以预计，印度的城市化进程仍将是漫长和艰难的。

1　J. L. Racine ed., *Peasant Mooring, Village Ties and Mobility Rationales in South India,* New Delhi: Sage, 1997, p. 348.

印度如何打造和谐社会

任何社会都存在矛盾与冲突，矛盾与冲突既可能导致社会动乱，也可能成为推动社会发展的动力。因此，建设和谐社会并不意味着回避或否认矛盾，而是要建立和维护有利于解决或缓和矛盾的机制。在二战后新独立的亚非拉国家中，印度是社会矛盾最多样化的国家，一般国家存在的矛盾——阶级矛盾、民族矛盾、地区矛盾、宗教矛盾——印度都有，印度还有其他国家没有的矛盾如种姓冲突。那么，在独立以来近 60 年中，印度是如何通过综合运用文化、政治、经济三种机制，调和社会的矛盾与冲突，从而实现和谐发展的目标的呢？

一、"印度教"与"种姓制度"——印度社会冲突与调和的文化机制

印度是个全民信教的国家，不仅世界上许多宗教在印度都有其信徒，而且许多宗教还起源于印度。其中，印度教的信众最多，占总人口的 80% 以上；然而，印度教作为一种多神教，其教内派别

林立，相互的差异与对立并不亚于不同宗教之间的冲突。这种印度教教内的差异与对立，在很大程度上还同印度社会的另一个重要特征——种姓制度——相连。每个印度人都有自己的种姓身份，种姓制度作为一种等级制度，规定了不同种姓之间在社会交往中的严格界限，不同种姓有不同的生活习惯、禁忌，崇拜的神祇也各不相同。高级种姓不希望也不允许低级种姓同化于自己的生活方式和价值观，这样做自然是为了维护其特权地位，但客观上也造就了印度文化的多样性。

在很长一段时间里，现代化理论的鼓吹者们将印度的文化多样性视为妨碍印度民族国家建设的负面因素，认为印度要现代化就必须克服宗教与种姓因素造成的印度人民之间的隔膜。印度的开国总理尼赫鲁打出世俗主义的旗号，试图以此来解决印度的千年痼疾，将印度带入世界先进民族之林。

确实，宗教的对立与冲突曾给印度人民造成巨大的灾难。远的不说，仅1947年的印巴分治及相伴随的教派仇杀，就给印度人民带来了永久的伤痛。印度独立后，宗教与种姓对立及仇杀仍然不断，直到1990年代还发生了印度教徒与穆斯林的冲突，造成数千人的伤亡。

不过，当教派和种姓冲突危及整个社会安定时，印度政府并非无能为力，而是出面干预，派出大量军警镇压暴乱分子，或者营造一种气势，使得动乱分子不敢轻举妄动。比如，阿约迪亚是北方邦一座只有3万人口的小镇，独立以来印度教极端主义分子一直要求将原有的清真寺拆掉，在原址上建印度教神庙，从而引发全国性的教派冲突，因此阿约迪亚是全印最敏感的地区。2002年，在印度西部的古吉拉特邦发生教派冲突时，印度政府为防止事态扩大，在阿约迪亚竟然部署了 1.5 万名军警。此外，在必要时，印度政府会取缔参与暴乱的教派组织，比如，印度教大会和国民志愿团在独立后先后三次被取缔。

印度政府在展示强硬一面的同时，对宗教与种姓组织采取相当宽容的态度，而且后者是主要的一面。印度的政治家和学者们公开以自己的宗教与种姓属性为骄傲，以各种方式直接或间接地参与宗教和种姓组织的活动。即使是一直推崇世俗主义反对教派主义的尼赫鲁本人也不得不承认："我们说反对教派主义、种姓主义、地方主义，然而你们清楚地知道，我们在骨子里受了它们多大的毒害，我们中有谁，是你还是我，是完全摆脱了这些东西的？"所以，像前面提到的两个印度教教派组织尽管先后被取缔了三次，但每次取缔后不久即恢复。自 20 世纪 80 年代末以来，印度教教派主义的势力得到了极大的发展，带有浓厚教派主义色彩的印度人民党甚至取代国大党成为印度第一大党，多次上台执政。

事实说明，印度教和种姓主义在印度现代化进程中具有高度的调适性，不仅没有随着现代化进程而消失，反而获得了进一步发展的机会。现代化进程充满变动，工业化和城市化迫使原先居住在一个个村庄的农民出外谋生。打工的农民需要熟人介绍才能找到工作，在新的城市环境里，只有生活在同宗教信仰同种姓的群体中他们才能获得安全感。有研究发现，在印度现代城市阿哈麦达巴德，很多居民区就坐落在带有种姓和宗教特征的"pol"里。（Pol 是由街道居民构成的邻里组织，由一条街和四条分明的界线圈起的一片房屋组成。将这些房屋的居民联结在一起的是社会—政治网络，其成员全部或大部同属于一个种姓。各个 pol 有自己的董事会，除了维护 pol 的规范外还管理当地事务。）

笔者 1993 年在印度某研究所做访问学者时，应邀参加了该所一位博士生的婚礼。该学生属于当地的名门望族，父亲是当地的官员，当天参加婚礼的客人在千人以上，其中大部分是穷人，但都是印度教徒和同种姓的人——很难想象，在印度，不同宗教信仰、不同种姓的人会出现在同一传统仪式场合。可以看到，无论是 "pol" 的居住方式，还是婚礼中穷人和富人共餐，都在一定程度上淡化了种姓区隔，这有利于社会和谐。

现代化进程中急剧的社会变动容易导致人们心态不平衡，产生仇富心理，这对社会形成了严重的威胁。在这方面，传统的印度教和种姓制度的价值观无疑是一剂良药。为了使各种姓严格遵守本种姓的行为规范，印度教律法把 "达摩"（dharma，即种姓行为规范）的履行规定为每个种姓最高的人生和宗教价值。正是为了确保每个种姓对 "达摩" 的履行，印度教发明了与 "达摩" 密切相关的另一个观念—— "业报轮回"：人死后灵魂摆脱了原来的肉体，可以在另一个肉体躯壳中复活或再生。人的这种生生死死的不断循环，就是所谓的 "轮回"。而人死后灵魂将在什么样的躯壳内再生，完全取决于一个人生前的行为——又称为 "业"。人的任何行为，即 "业"，都会引起 "果报"。人死后，善业将有善报，恶业将有恶报——这就是所谓的 "业报"。对于每个人说来，灵魂每转移一次称为一世，因此，人除了有一个可感觉的现世之外，还有感觉不到的前世和来世。每个人特别是低种姓成员只有在现世严格地履行了他的 "达摩"，在来世才能进入高等种姓；否则，在来世就会降低到更低的种姓等级，甚至堕落为牲畜或昆虫。而在现世，对任何一个种姓成员来说，与生俱来的种姓等级和地位都是无法改变的，他只能希望通过今生对"达摩"的严格遵守在来世提高自己的种姓身份。这样，通过印度教中"业报轮回"这一观念，"达摩"变成了每个种姓及其成员的最高价值，而对"达摩"的履行也变成了他们的最高义务。

这种教义用现代人的眼光看来似乎是鼓吹消极的人生态度，但从某种意义上说，对印度社会的和谐和安定有一定的作用。人的欲望是没有止境的，如果一味地追求财富和权力，以竞争的心态对待身边的一切人和事，必然会导致心态的失衡甚至扭曲，导致社会的混乱和动荡。

总之，印度人现在已经普遍接受了这么一个道理：现代化并不是去宗教化，宗教能够在现代化进程中调适自己，发挥建设性的作用。只有当教派主义和种姓制度走向极端从而危及国家安全时，印度政府才采取必要的强制措施；而在平时，政府更多的是利用长期形成的印度特有的文化机制来维护社会和谐。

二、"保留制"与"整体发展"——印度政府扶持社会弱势群体的两大政策

文化机制虽然能在一定程度上缓和社会矛盾与冲突，但它不是万能的，许多矛盾与冲突是经济因素造成的——现代化进程往往伴随着社会两极分化的加剧，造成社会的分裂——处理不当非常容易激化社会矛盾，甚至导致内乱，近代欧洲历史上有大量这样的事例。为了避免这样的局面发生，自独立以来，印度政府先后采用了

"保留制"和"整体发展"政策以维护弱势群体的利益，调和社会矛盾。

1. 保留制

保留制，是针对印度贱民和表列部落的一项保护和优待政策。印度贱民是种姓制度的最底层，约占印度人口的 15%。表列部落大多居住在经济落后、生存环境恶劣的山区和边缘地区，约占印度人口 7% 以上。他们从古至今一直是印度社会中最贫困、最落后、最受压迫和欺凌的社会弱势群体。在近代，英国人的殖民统治不仅没有改善这部分人的社会状况，反而使他们与高种姓的差距加大了——无论是受教育机会，在政府机关任职机会，还是从事工商业机会，几乎全都被中高种姓垄断。他们是真正的"失去了旧世界，但又没有获得一个新世界"的社会群体。

独立后不久，在印度国大党政府主持下，一项旨在优待和保护贱民和表列部落的政策写进了印度宪法第三编"基本权利"下的第二章中，从第 14 条到第 17 条都涉及贱民和表列部落问题。1955 年，印度政府颁布《惩办侵犯贱民尊严的法令》，规定：凡是阻止贱民进入公共场所的将判处 6 个月监禁，或处以 50 卢比罚款，情节严重的既要处以罚款，又要坐牢；对那些不为贱民提供服务的商店，政府可以吊销其营业执照；对屡教不改者加重处罚。

更具体地讲，国大党对贱民的优待政策主要有以下四个方面：

1. 鉴于绝大多数贱民是文盲，政府推行一些有助于贱民子女入学受教育的措施，中央和各邦政府每年拨出一定的款项，帮助解决贱民学生住宿、学费、吃饭等方面的困难。在大学招生尤其是一些热门专业招生中，为贱民学生保留一定比例的名额，他们的入学分数比其他种姓学生的入学分数可以稍低些。

2. 根据印度宪法，从中央到地方，各级政府都将一定比例的工作岗位留给贱民。

3. 政府每年拨出一定款项改善贱民的生活状况，比如，为贱民打井，修筑街道，培训贱民青年掌握各种谋生的技艺。

4. 根据印度宪法规定，政府为贱民在印度各级政权机构中保留一定比例的席位。

尽管上述政策并不能从根本上改变贱民和表列部落所处的社会弱势群体的地位，尽管政策实施的结果主要是改善了这一群体中精英分子的状况，但还是受到广大贱民的欢迎。该政策最初决定只实行 10 年，但由于贱民和表列部落的坚持被不断地延长。1999 年，印度通过第 49 宪法修正案，将保留制再顺延 10 年——延长到 21 世纪。

2. 农村整体发展计划

现代化进程往往导致城乡差距与工农差距加大的趋势，形成"三农"问题——农业发展滞后、农村萎缩凋敝、农民收入增长缓慢。而解决"三农"问题就成了构建和谐社会的关键——农村安则印度安。

从 20 世纪 80 年代开始，印度政府实施了农村整体发展计划（integrated rural development program）。所谓整体发展指的是：将农村发展问题看作不仅仅是农业一个部门的事情，而是涉及各个部门的方方面面的问题，必须集中各方面的力量来解决；不仅要继续支持先进地区、灌溉地区的农业发展，还应该花大力气改善那些干旱地区、山区的耕作条件，提高那里的粮食产量，改善那里的生存条件；不仅要关注经济增长，而且要注意社会公平，不能等待"滴漏效应"的自然过程，而是要在政府的主持下对贫困采取直接的进攻；发挥社会各方面的力量参与扶贫济困工程，不仅要有政府行政官员参与，要有各行各业的专家们参与，还要有广大民众自下而上的参与。以上精神最初体现在印度政府制定的"六五"计划（1981—1985）中。该计划明确宣布："应当结束过去那种由不同部门机构制定实施不同农村计划的做法，代之以一个统一的在全国实施的计划。"

伴随这一新政策，印度政府自1980年以来先后实施如下具体措施：1980年1月，将原来的以工代赈计划调整并更名为全国农村就业计划；1983年8月15日起实施农村无地劳动者就业保证计划；1989年4月28日，拉吉夫·甘地总理宣布开展以其外祖父名字命名的贾瓦哈尔就业计划。上述计划认为，印度农村最严重的问题是一部分人的绝对贫困——没有土地、找不到活干，为这些人提供就业机会成了扶贫计划的核心。比如，农村青年职业培训计划规定，从全国年收入不到3 500卢比的家庭中，每个乡挑选40名农村青年参加技能培训，挑选时贱民和表列部落家庭有优先权，女性必须占1/3。根据这一计划，从全国5 000个乡中选出了20万名青年参加培训。再比如，农村无地劳动者就业计划规定，全国每个无地农户在一年里至少要有一名成员获得100天的就业保障，由中央政府出资，邦和地方政府制定计划，政府以粮食或现金的付酬方式雇佣无地农民从事一些农田基本工程建设工作，这些工程的建成将有利于农村经济的发展。除就业计划外，印度政府还制定了干旱地区发展计划、沙漠地区发展计划，以及针对贱民和表列部落等社会弱势群体的扶助计划。

印度政府在中央财力不充裕的情况下，抽出大批款项来执行以上计划，并取得一定的成果。在"六五计划"期间，每个乡得到大约350万卢比的扶贫款，中央和邦各出50%，目标是使每个乡中600个贫困家庭能得到救助，惠及全国贫困线下的1 500万个家庭的7 500万人口。"七五"计划期间（1986—1990），印度政府进一步加大了扶贫的力度，仅就全国雇佣计划一项，中央和邦政府的总支出就达250亿卢比。进入21世纪后，随着经济的发展，印度的国力大大增强，其扶贫力度进一步加强。

当然，无论是保留制还是整体农村发展计划都存在着局限性，难以根本性地改变印度农村人口和社会弱势群体的状态。但不可否认的是，这些政策和措施对维护印度社会的和谐具有积极的意义。

三、"趋中"的政策——构筑印度社会安定的政治机制

对发展中国家来说，影响社会和谐的最重要因素是是否有一套有效的现代政治制度。在这方面，印度作出了自己的尝试。

凡是到过印度的人都会对今日印度各式各样的群众运动留下深刻的印象。无论是在长期动乱的阿萨姆、纳萨尔巴里、那加兰、米佐兰、克什米尔，还是在相对安定的古吉拉特、喀拉拉、泰米尔纳杜，都可以看到各式各样的群众运动：工人罢工、游行示威要求增加工资；环保分子反对砍树、建大坝；农民要求提高粮食收购价；原来远离政治的女性也参与到各种运动中。这些游行示威，加上印度人对各级选举的积极参与，使人不得不承认：今天的印度已是个十分重视自己政治权利的民族。甚至有人断言："印度已从一个崇尚

权威的民族变成热衷政治运动的民族。"

由于民众通过各种方式积极参与政治，人民争取自己权利的意识增强了；同时，越来越多的人谴责暴力，主张和平对话相互妥协解决矛盾分歧，不仅左派、中派政府是这样，就连被认为是右派的带有教派主义倾向的印度人民党政府也是如此。虽然，20 世纪 80 年代以来，印度的政治光谱发生了重大的变化：右翼的教派主义势力急速膨胀；国大党为了同右翼争夺群众，也软化了原有的反教派主义立场，向右的方向倾斜；教派主义政党在上台前往往持激进的教派主义立场，但一旦上台后，为了国内的安定和应对国际社会的压力，也软化了激进的教派主义立场，采取更为温和的态度。

所以，有些研究印度政治的学者得出了这么一条结论：独立以来几十年里，印度政党政治有一种"趋中"的趋势，这对印度社会的和谐具有重大的意义。二战后一些新独立的亚非拉国家之所以社会动荡，重要原因就在于政府政策的不稳定——忽左忽右——有时政策偏左，挑动贫民斗有钱人；有时又转而站在富人一边，依靠军警，残酷镇压民众。这样的社会怎么可能实现稳定？而国内政策的不稳定也必然影响到国家发展的外部环境：无论是极左还是极右，都容易在国际上一边倒，招致反对的声音。而印度由于长期在国内国际问题上采取"趋中"政策，不仅获得了国内的社会和谐，而且赢得了对自己十分有利的和谐的国际环境。

综上，就打造和维护和谐社会而言，印度的历史经验是——文化建设是基础，经济发展是动力，政治文明是根本。独立以来，印度成功地维护了社会的和谐与稳定，这一点也反映在印度犯罪率远较世界其他国家低这一客观标准上,更反映在印度人民对自己文化和制度的自信上。文化的多样性和宽容性特征,政府重视公平与效率相协调的经济政策取向,以及政府的"趋中"政策都在为建构印度和谐社会做出贡献。随着经济进一步发展,国力日益强大,印度政府和人民打造和谐社会的决心和实力必将进一步增强,这也是人们对21世纪印度的发展抱有乐观态度的重要原因。

附录：社会科学理论范式与当代印度问题研究

第二次世界大战后，印度成为世界各国学者研究发展问题的热点地区。"印度作为一个前进中稳定的社会，由于其独特的条件，成为一个特别重要的政治发展和社会变迁的实验室。在几乎每一部重要的有关发展问题的著作中，印度都为相关的科学范式扮演了重要的经验主义案例的角色，它或者成为支持性证据的来源，或者向多少类似于印度这样的国家提供参考。"[1] 围绕独立后印度发展问题的研究出现一大批文献，为各种发展理论范式的形成做出贡献。同时，各式各样的发展理论也对印度的发展问题研究产生深刻的影响。有些学者甚至强调，是"当代发展经济学的支配观念影响了印度计划的逻辑，相应地，发展理论也曾受印度个案的巨大影响"。[2] 总之，发展理论范式与印度当代发展问题研究二者水乳交融，不可分离，直到今天仍然如此。因此，梳理有关发展理论范式与当代印度问题研究相互影响的关系，对我们了解发展理论和印度发展问题研究都是十分有益的。

一、现代化理论视角

近 50 年来，发展研究大致经历了三次浪潮，吸引了三代人的关注。它们分别为：关注传统、现代性和现代化的现代化理论研究的第一次浪潮，关注社会阶级结构和国家阶级性质的马克思主义革命化理论的第二次浪潮；重新关注国家与社会在发展问题中的作用的第三次浪潮。

现代化理论是 20 世纪五六十年代初由美国的一批社会科学家

1　Babulal Fadia, *Pressure Groups in India Politic*, New Delhi, 1980, p. 3.

2　Sukhamoy Chakravarty, *Development Planning: the Indian Experience*, London, 1987, p. 4.

首先创立的。现代化理论的出现同二战后的国际形势有关，二战结束后，大批亚非国家摆脱欧洲殖民统治获得独立，美国作为世界超级大国出现，这两个全球性事件使得发展问题成为美国学术研究的热门话题。战后的美国希望新独立国家能够接受自己的民主政治理念，走上资本主义发展道路，现代化理论应运而生。美国成了现代化理论的制造国和发源地，而印度则成为检验现代化理论的最大实验场。

战后初期印度问题研究的一个突出特点是研究者队伍中美国人取代欧洲人成为主要力量，他们中许多人采用现代化的理论范式。美国学者重视政治制度和政治行为的研究，主要的代表人物和研究有：西尔斯（Shils）运用发展的范式来研究印度的选举；费尔德（Field）研究印度的现代化和民主巩固之间的关系；哈德格内夫（Hardgrave）重视民主参与准则的传播和政治竞争与政治交易；艾尔德斯威尔德和艾哈迈德（Eldersveld and Ahmed）研究选举竞争及政党政治制度化之间的关系；史密斯（Smith）讨论宗教现代化；魏乃尔（Weiner）研究利益集团和压力集团之间的关系。[1] 这些政治学者往往抱着乐观主义态度，对印度现代化前景期望甚高。比如，他们想象的现代印度，不断扩大的经济差距和不断加快的城市化步伐将会导致种姓认同的衰退，其结果是政治文化更大程度地世俗化。

同美国学者重视政治制度和政治行为的研究有所不同，印度学者更多地讨论社会结构以及文化在社会变迁中的作用。在 20 世纪五六十年代，运用社会学结构功能理论研究印度社会问题的印度著

1　Subrata K. Mitra, *Democracy and Social Change in India*：*A Cross-section Analysis of the National Electorate*, New Delhi, 1999, p.30.

名学者是斯里尼瓦斯（M.N.Srinivas）教授。他 20 世纪 40 年代末毕业于牛津大学社会学系，先后受教于布朗、埃文斯－普雷查德等结构功能主义大师门下。50 年代初回国，在 50 年代和 60 年代成为印度影响最大的社会学家之一，先后发表了《一个卖索尔村庄的社会结构》（1951）、《南印度寇格种姓中的宗教与社会》（1952）、《梵化与西化》（1956）、《现代印度中的种姓》（1962）、《现代印度的社会变迁》（1966）等论文和专著。其中，他提出的"梵化"和"西化"一对概念反响很大。

斯里尼瓦斯观察到，近代以来，印度社会出现两种变化趋势，一部分人接受西方的文化和价值观念，从事新型的职业，模仿西方的生活方式，努力挤入以西方人为中心的上流社会。但这种人毕竟是少数。还有一些人，在商品经济活动中获益，寻求另一种方式来提升自己的社会地位，他们通过模仿比自己更高的种姓的生活方式，声称自己原本就属于更高种姓，期望能得到社会上其他种姓的承认。他将前一种变化方式称为"西化"，后一种称为"梵化"。梵化与西化的二元概念力图将近代以来印度发生的所有社会变化都涵盖在内。斯里尼瓦斯的理论遭到许多批评，批评之一是他受结构功能主义的影响，注重社会的调适与平衡，忽视了社会冲突和阶级斗争。比如，所谓的梵化指社会上一些经济状况得到改善的种姓集团，力图通过模仿高种姓和支配种姓的生活方式来提高自己种姓地位的过程。但实际情况并非完全如此，许多梵化运动的发生同经济状况改善与否没有必然联系，发动运动的种姓集团也不是为了模仿高级婆罗门种姓，他们开展运动，恰恰是因为不甘忍受婆罗门高级种姓的压迫和剥削。"梵化仅仅为这一过程提供一标签，它有时是与经济状况改善有关的上升的社会变动的一种表达，有时则可能是反抗社会——经济压迫的展示。"[1] 因此，后者意义上的梵化不应该被视为传统的加强，而是"现代化"的社会运动。同样，西方化在印度并不是完全现代化的单一内容，印度实际发展绩效展示出另外一种景象：现代通信方式的产生、不断增长的财富和识字率的提高以及流向城市地区的移民，在很多情况下导致了梵化思想和传统价值观的传播。许多学者的研究表明：城市化、教育普及和大众传媒的扩散，只是代表一种技术性的现代化，其发展的结果是使"大传统"民主化，以使人们更容易接近它。按照现代化的理论，随着经济发展、社会进步、文化提高，传统的观念会被现代理念取代。但在印度，人们乘坐现代交通工具去朝圣，大学物理系教授出门照样选吉日，传统事物在现代社会中照样具有很高的适应性，种姓观念被用来组织现代政党，印度教与现代民族主义结盟形成印度教民族主义。斯里尼瓦斯自己后来也承认："在政治和文化领域，西方化不仅仅诞生了民族主义，而且也诞生了复兴主义、教派主义、种姓主义、地方主义。"

鲁道夫（Rudolph）夫妇试图用"传统的现代性"（modernity of tradition）概念来解释传统与现代性之间的辩证关系。他们强调传统在现代化中的作用，认为内源性文化具有很高的弹性，传统文化具有无限的适应和存续能力。"如果传统和现代被认为是连续的而非被鸿沟隔绝，如果人们把它们辩证地而非对立地联系起来，并且如果人们严肃地关注和处理其内部变化，那么，来自传统社会中那些支配性规范和结构性约束或表现变化可能性的那些部分，对理解

---

1 S. Bhattaeharya, "Social History of Modern India：A Trend Report", in R. S. Sharma（ed.）, *Survey of Research in Economic and Social History of India*，Delhi，1986，pp. 182-183.

现代化的本质和进程就变得十分关键。"[1]这种观点，比起梵化与西化二元对立的模式更接近历史实际，更容易为人所接受。运用"传统的现代性"概念，能在一定程度上解读印度近代以来历史上许许多多的矛盾现象。比如近代时期，像维韦卡南达、提拉克、甘地等人的活动，有人界定为传统取向的，有人界定为导致现代性的，还有人偏向于认为是传统与现代性的综合，莫衷一是。依据鲁道夫"传统的现代性"概念，这些人起一种过渡性工具作用，将印度带入更接近西方化的现代性中。

鲁道夫运用"传统的现代性"概念来解释种姓在印度现代政治中的作用。他认为："种姓协会是社会的结合器，暂时现成地联结两套社会和政治形式，它通过继续使用种姓作为社会组织的基础来帮助调和传统社会的价值与新秩序的价值；但同时引进新的目标——教育和跨地方的政治权力。例如，为了种姓组织的目的，它力图将传统的地理单位——婚姻网络和小酋长部落——与由于变动中的经济、改善了的交通和更紧密的政府控制等而发展起来的更广大的单位联系起来。因而，种姓协会的兴盛是一种转变中的现象，如果它不被彻底放弃的话就将遭遇两种命运，要不作为慈善机构存在下去，要不演变为一个政党。"[2]

鲁道夫的"传统的现代性"概念，虽在一定程度上克服了现代化理论中传统与现代二元对立所带来的困境，但仍无法解释独立后印度的社会经济变迁。萨伯瓦尔（Saberwal）这样评价"传统的现

1　T. V. Sathyamurthy（ed.），*Social Change and Political Discourse in India*：*Structures of Power*，*Movements of Resistance*，Vol. I，London，1996，p. 235.

2　*Survey of Research in Economic and Social History of India*，p. 185.

代性"理论：五六十年代围绕"传统的现代性"的思考和探索实质上是乐观的，也可以说是随意或幼稚的。总而言之，它倾向于鼓吹来自传统的因素，这种传统被认为有助于政治过程，能在民主制度下有序地运作；它在整体上夸大典型个案，忽略事物状态中与民主不太合拍的方面，这表现在两个方面：一个方面是殖民秩序的极权遗产与印度遗产的合拍问题；另一方面是两种传统——欧洲的和印度的合拍问题，它们的历史前提相互之间是不相关的。而后一方面在 70 年代以来变得更加鲜明突出。[1]

最终使现代化理论失去解释力的，是战后新独立国家最初虽然努力向西方学习，走资本主义道路，但从 60 年代开始，政治经济发展却陷入困境。"自 1966 年以来，除农业以外的所有领域，印度现代化的努力都处于停滞状态。到 70 年代中期，甚至在 60 年代后期取得惊人成绩的印度农业，此时也驻足不前，整个 1974 年和 1975 年初，都有关于全印度经济混乱的报告。"[2] 这种变化导致 1975 — 1977 年间印度停止民主制度运作，转而实施威权主义的紧急状态。印度陷入亨廷顿在 60 年代所论述过的那种两难境地。印度政治现代化名誉遭到损害，而对印度现代民主制度提出挑战的恰恰是现代化进程中受益的群体。因此，当时就有研究者指出："总的说来，功能主义观点在解释传统社会制度与现代政治过程的相互调适是有效的，但它们在解释有关印度在过去 20 年中所见证的政治断裂和制度性失

1　*Social Change and Political Discourse in India：Structures of Power，Movements of Resistance*，Vol. I，p.188.

2　Ibid.，p. 231.

败这一基本点上是较为薄弱的。"[1]

80 年代以来印度政治的发展进一步使现代化的范式遭遇困境。现代化理论曾自信地预测:随着现代化进程的开展,宗教的功能将衰退,宗教、种姓、地方等原初认同将被公民对统一国家的忠诚所取代。但 80 年代以来,印度宗教、种姓、地方势力急剧膨胀,犯罪率上升,使人们产生今不如昔之感,人们甚至开始怀念独立之初尼赫鲁时代的政治家们的道德感和责任心。

总之,独立后印度现代化进程所遭遇的挫折,促使一批学者质疑现代化理论的正当性,并连带对印度的民主政治感到失望。批评尤其来自左派学者,他们批判西方及受西方影响的现代化理论。如比潘·钱德拉认为,所谓社会经济的现代化不过是"殖民化"过程。为什么殖民地国家的现代化没有获得发达资本主义国家所享有的成果呢?是"传统"因素在阻挡经济的发展呢?还是在帝国主义的支配下产生的扭曲的"现代化"模式?如果说现代化论者将印度近代以来的历史解读为现代化过程的话,在马克思主义者看来,则是帝国主义一步步将剥削的经济结构、文化社会制度、政治过程和民族形态强加在印度身上的相应过程,所谓的"进步范式"只不过是将印度纳入世界资本主义体系中,"民族复兴觉醒"不过是民族资产阶级霸权地位的演进,现代化与西方化因而是与资产阶级霸权相伴随的殖民化。[2] 另一位印度著名社会学家德赛(I.P.Desai)对印度现代化理论家们作如下评价:斯里尼瓦斯和他的同道们信奉"有限的"

1　*Social Change and Political Discourse in India*: *Structures of Power*, *Movements of Resistance*, Vol. I, p. 231.

2　*Survey of Research in Economic and Social History of India*, p. 186.

现代化，他们相信印度和其他欠发达国家将走与西方发达国家相同的历程；他们对在此现代化过程中的大量被剥夺者毫不关心。在此意义上他们甚至糊弄了自由主义，特别是激进的自由主义。[1]

到 70 年代，对现代化理论的批评已经成为印度学术界的主流，他们对发展中国家能否采用西方式民主的发展道路产生深刻的怀疑，革命化的话语开始占了上风。

二、革命化理论视角

印度研究中持革命化理论视角的学者许多信奉马克思主义的思想与方法。独立后印度学术界和思想界一个有趣的现象是，尽管印度不是社会主义国家，但在很长一段时间里持马克思主义话语的左派学者具有支配性的影响力。

马克思主义在印度社会科学界具有广泛而深远的影响，属于马克思主义范式的关于当代印度问题研究的文献十分丰富。印度有两类马克思主义学者，一类是参加共产党组织活动的马克思主义学者，比如已故的印共（马）主席南布迪里巴德，另一类是不参加共产党任何组织，但在研究立场、观点、方法上站在或接近马克思主义立场的学者。两类人有一致的地方，也存在很明显的差别。

印度的马克思主义者普遍重视社会阶级结构和国家阶级性质的分析。值得指出的是，印度的共产党人关于国家性质的分析未能形成一致意见，它反而成了印度共产党人分裂的基础。1964 年，印共发生第一次分裂，分裂后新成立的印共（马）认为国家仍然是资产

---

1 I. P. Desai, "The Western Educated Elites and Social Change in India", in A. M. Shah（ed.）, *Social Structure and Chang*, Vol. I, New Delhi, 1996, p. 94.

阶级和地主阶级的统治机关，它由大资产阶级领导，在资本主义发展道路上，大资产阶级逐渐同外国金融资本结合。而印共则改变了自己的立场，认为地主阶级不是印度的统治阶级，国家是民族资产阶级实行阶级统治的机关，它整体上支持并发展了资本主义的生产、分配和交换关系。1969年，印度共产党再次发生分裂，新成立的印共（马列）将印度国家性质界定为一个大地主和买办官僚资产阶级统治的国家，对外依附于美帝国主义和苏联"社会帝国主义"。除了国家性质问题存在分歧外，他们对印度政体的观点也不同。前两派承认印度的民主制度是有效的，共产党人可以通过合理、合法、和平的议会斗争来赢得政权，而印共（马列）则强调国家的镇压性质，只有通过武装反抗斗争才能夺取政权。

不仅共产党人强调社会阶级结构和国家阶级性质的分析，许多组织外的持马克思主义学术观点的学者也运用阶级和阶级斗争的观点来分析印度社会与政治问题。1969年国大党分裂，英·甘地政府颁布反垄断法及银行国有化法，被认为是垄断资产阶级与小资产阶级的权利平衡发生变化的体现。富农和新出现的资本主义农场主的政治要求日渐增多，他们与城市工商业资产阶级的矛盾日见突出，一些组织外的马克思主义者开始将印度国家定性为"中间统治"。"中间统治"这一概念最初被西方一些学者使用，它指出，在一些欠发达国家，由于下层中产阶级具有人数上的优势；大的工商企业被外国资本所占有，本国工商业资产阶级力量较弱；中下层的中产阶级因而和农村新富农结成联盟控制了国家政权。为了维持政权，统治阶级必须保证连续的经济增长，尤其必须制定独立于外国资本的政策，并进行土地改革。这些措施导致：第一，国家在经济发展中起主导作用，同时不危及小企业的生存；第二，国家机关扩大，以聘任尽可能多的有抱负的青年；第三，土地改革明显加强了富农的力量，但没有威胁到中产阶级放债者和商人。总之，这些政策措施在许多方面加强了"中间统治者"的统治。

"中间统治者"的对手或敌人，上面有上层中产阶级同外国资本和封建地主资本家的结盟，下面是无组织的城乡贫民。但是，白领工人和为数不多的大企业工人，尤其是受雇于公营企业的工人被认为是"中间统治者"的同盟军。

"中间统治"理论被一些印度学者用来界定国大党政府尤其是英·甘地政府的性质。这种观点遭到许多批评，主要在两个方面：一是印度是否是这种类型的国家；二是对这种概念本身在理论上是否成立表示怀疑。批评者们认为独立时印度的城市资产阶级已经有实力使其在独立后成为统治阶级，这一阶级有能力利用国家干预来加强自己的地位。正是出于资产阶级的利益需要，印度实行的是"依靠富农"的农村改革路线，这同城市下层中产阶级的利益不相符合。另外，从理论上讲，"中间统治"理论将国家政权的性质同一个社会的生产方式以及阶级结构状态相分离，把政治权力与经济权力分开，既不符合印度的实际情况，也同马克思主义的理论相背离。实际上，印度工人受到的压迫没有减弱，反而加强了。不拥有生产资料的下层中产阶级处于依附地位，不可能成为统治阶级。富农阶级的力量确实在上升，他们开始向城乡工商业发展，因此再称他们为富农是否合适值得怀疑。[1]

---

1 *Social Change and Political Discourse in India*：*Structures of Power*，*Movements of Resistance*，Vol. I，p. 259.

一些学者虽然不是马克思主义者,但印度现代化进程中遭遇到的挫折使他们对印度的民主制能否成功产生严重的怀疑,他们强调对印度社会进行革命化的社会改造的重要性和必要性,他们分析印度问题的视角因而带有较强的革命化理论色彩,他们的一些著作时常也被归入印度研究中的马克思主义文献范畴。例如,美国学者巴林顿·摩尔在《民主与专制的社会起源》(1966)一书中,对社会革命在资产阶级民主制度的产生与存续中的地位给予积极的评价。他从宏观角度提出,迄今为止世界上一些国家在通向现代世界的历程中先后走过三条道路:经过资产阶级革命走上资本主义和议会民主的道路,以英国最为典型;由于缺乏革命冲击波强有力的震撼,经过某种反动的政治形式发展为法西斯主义,这就是德国和日本的道路;俄国和中国的革命道路,革命的发动以农民为主,但也不排除其他阶级,从而有可能实现向共产主义的转变。而印度"缺乏一场通向现今时代的声势浩大的运动,印度的自由民主面临着稽延时日的落后和极度的困难"。[1] 在作者看来,印度独立后虽然选择民主制度,但很难归于以上任何一类,"这个国家既未经过资产阶级革命,也未经历自上而下的保守革命,而且迄今没有发生一场共产主义革命,印度能否避免上述三种演进形式的惊人代价而发现一条新的道路,仍是当今印度领导人面临的一个棘手的问题"。[2]

另一位美国学者弗兰克尔的《1947—1977印度的政治经济:渐进的革命》(1978)一书被认为是带有一定马克思主义倾向的研究印度问题的专著。该书力图克服死板的现代化理论范式,提出这样

---

1 [美]巴林顿·摩尔:《民主与专制的社会起源》,华夏出版社1987年版,第349—350页。
2 《民主与专制的社会起源》,第334—335页。

一个问题：尽管国家政治领导人表示了强烈的要将印度建成"社会主义类型社会"的决心，为什么改革和再分配的努力在印度遭遇失败？弗兰克尔的核心观点是印度的宪法和行政框架是为强有力的有产阶级的利益设定的。比如在农村，在诸如土地改革、农业信贷、土地租税的评估等关键事项上，重要的权力被分派给了由有产阶级控制的邦政府，结果使任何彻底改变社会秩序的可能性受到严重的制约。但是，为什么印度政府屈从于有产阶级？弗兰克尔的分析是，甘地（以及大部分国大党精英）偏好非暴力，在意识形态上偏好阶级调和以及向有产阶级和种姓妥协。独立后，印度各项重要决策是由印度的政治领导人与强有力的利益集团经过政治协商作出的，二者组成的统治联盟从根本上限制了独立后国大党改革等级制的社会结构和成功地执行改革纲领的能力。独立后大批有产者进入国大党内，增强了国大党内的保守力量，制约了国大党内甘地主义和社会主义的力量，从而导致新政策偏向城乡有产阶级。弗兰克尔因此发问：在这种状况下，不进行激进的社会革命，印度的民主能调和经济增长目标与社会两极分化之间的矛盾吗？[1]

如果说，现代化理论在 20 世纪五六十年代具有广泛影响力，70 年代的主流思潮带有明显的马克思主义革命化的倾向，那么，进入 80 年代以后，虽然现代化理论和马克思主义革命化理论在印度仍然拥有自己的阵地，但新的理论倾向的出现是不容否认的事实。80 年代后，尤其是进入 90 年代以来，苏联解体，东欧剧变，给印度的思想界带来巨大的冲击，革命的话语开始退潮。一种新的理论范式

1　《印度独立后政治经济发展史》，第 30 页。

逐渐流行起来，这便是国家—社会关系的理论范式。从 80 年代起，学术界研究的兴趣转移到国家与社会关系问题的研究上。

三、国家—社会关系理论的新视角

从 20 世纪 80 年代初，一些人开始关注国家在社会变迁中的作用，最集中反映这一学派观点的是 1985 年出版的由斯考切波（Theda Skocpol）等人编写的《找回国家》（*Bringing State Back in*）一书。该书指出，国家总是社会经济变迁的关键性的和直接的代理人，在 20 世纪尤其如此。国家的重要作用早在 19 世纪黑格尔等人的作品中便被大量提及，即使马克思强调社会经济是基础，也对国家的重要作用多有论及。在许多学者眼中，国家无疑是现代社会的主要组成部分，被认为是惊人的时代变迁后面的驱动力量。"在现代世界仅仅一种形式的政治单位被承认和允许，这就是我们称之为'民族国家'的形式。"[1] 之所以说重新重视，还因为在这些人看来，长期以来，无论在现代化理论还是在革命化理论中，国家的作用都未得到足够的重视，现代化理论强调社会文化功能，革命化理论强调社会经济结构、世界体系、经济依附等，而现在有必要重新强调国家在发展中的作用。

值得一提的是，早在 1970 年，瑞典经济学家冈纳·缪尔达尔（Gunnar Myrdal）发表了 3 卷本的《亚洲的戏剧》，该书主要分析独立后印度的经济发展问题，他将印度无力调和经济发展和再分配的矛盾的原因归之于印度的"软国家"机制。软国家以普遍地缺乏

---

1 Smith A. D. "State-Making and Nation-Making", in J. A. Hall（ed.），*State of the Nation*, London，1998，p. 228.

社会纪律、立法和司法中的无效率、腐败为表征，印度是这种"软国家"的典型，它缺乏制度性的能力和政治决断来推动迫在眉睫的经济发展。在缪尔达尔看来，印度国家的软弱性并不是由于其政治和社会经济结构的原因，而是其文化—宗教传统使然，特别是印度教传统和种姓制度。

在研究印度政治问题的学者中，美国政治学者科里（Kohli）强调国家在印度发展中的作用："如果印度国家在印度发展中的作用是极小的，如果国内的许多紧迫问题可以由社会自行解决而无须国家帮助的话，那么国家的相对无效率并不会导致危险的结果。但是印度国家对社会生活的各个方面是高度干预的，它控制了印度的各种资源和具有创新潜力的主要部分。在这种前提下，国家日益严重的无效率是一件极应关注的事。印度的问题在增多，但国家解决问题的能力却没能增强，这可能是印度积累性统治危机的症结所在。"[1] 在他看来，国家缺乏能力同印度实行的民主制度有关。印度不能实现分配性的增长根源在于民主政权的软弱性。他认为只有一个具有强大和稳定领导力量的国家，一种倾向穷人的意识形态，一个纪律严明的组织结构才能够有利于印度的再分配性的经济发展。[2]

鲁道夫也是一位鼓吹国家在印度现代化进程中起关键作用的学者。在他看来："印度国家是一个政治和经济的矛盾体：它既强大又软弱；既富饶又贫穷；它同印度社会的关系在自主与反射之间更替。说印度国家是强大的，是因为它实行的政治的调和主义将社会经济和政治的冲突弱化了，说它日益变得软弱，或者说它无力明智和完

1　Atul Kohli, *India's Democracy*, Princeton University Press, 1990, p. 333.

2　Shalendra D. Sharma, *Development and Democracy in India*, London, 1999, pp. 42-43.

美地治理国家，则是由于权力的个人化和集权化，尤其在英·甘地实行紧急状态时期。因此，解决经济停滞和日益严重的治理危机的前提是要重建民主国家的合法性和有效性。只有一个拥有负责任的领导和强大基层组织，并服膺于自由——议会民主规范和治理程序的政权，才能调适社会中所有群体的政治意愿和经济需要，才能够维护政治稳定。"[1]

国家中心论逐渐遭到一些学者们的质疑，他们从战后发展中国家的历史出发，认为国家不是万能的，一些国家领导人竭力运用国家权力来改造社会，但往往以失败告终。国家权力有影响决定社会力量的一面，同时社会力量也在决定着国家政策的制定和执行。如果现代化理论的错误和依附理论的错误在于往社会经济决定论一边倒的话，国家主义理论的错误就在于倒向政治决定论一边。他们因而主张采用更为平衡的国家—社会理论视角。

进入 90 年代后，一些学者提出，不应将国家与社会绝对地对立起来，在现代世界中，不论及国家是无法理解"社会"概念的，国家的形成再造激活了社会。米格代尔（Migdal）提出一种"社会中的国家"（state in society）的理论视角来取代"国家中心论"。他认为应将国家作为社会的组成成分并与其他社会力量结合起来考察。虽然国家领导人力图表达他们自己不同于社会，并位于社会之上，事实上，国家仍是社会中的一个组织。并且，作为许多组织中的一个组织，它服从于社会区域中的推动和拉动力量，这种社会区域会在它和其他社会力量之间变动界线。[2]

1　Shalendra D. Sharma, *Development and Democracy in India*, p. 45.

2　Migdal J. S., *State Power and Social Forces*, London, 1994, p. 4.

他在《社会中的国家》一书中表述了如下观点：第一，各个国家根据它与社会的联系而在效率上十分不同，那种将国家对社会的自主性视为国家效率的资源的观点是错误的，一个国家与社会脱节在某些情况下可能加强国家的力量，在更多的情况下会削弱整个国家的力量。因此，一个国家的效能的高低同国家与社会关系相互交织的形式有关。第二，国家有不同的组织结构，从最高层到地方各级，不仅要关注位于首都的国家中心的活动，还应关注位于边缘的国家机关与当地社会的互动。第三，社会群体的政治行为和权力能量是耦合的，也就是说一个社会群体的政治行动和影响并不是完全由该群体在社会结构中的相对位置先天决定的。由经济活动决定的阶级属性并不必然决定该群体的政治行为。第四，国家与社会力量可以相互加强。国家与社会之间不是博弈关系。国家成分与社会成分的互动可以产生更大的力量。[1]

调和的国家—社会关系理论对最近 10 余年来印度问题研究产生重大影响。一向重视国家作用分析的科里现在也认为："分析印度民主进程最好集中于印度国家与社会的相互作用。"[2]

由弗兰克尔主编的论文集《印度情境的民主》体现出这种研究取向。该书主张从特定的历史—社会情境出发，来分析印度民主制度的建立、发展和表现，力图理解在印度的等级社会和多元文化中引进政治民主所激发的转变。也就是说努力关注在印度的历史—社会背景中如何塑造印度的民主制度，以及社会等级和对集体权力的偏好，如何为平等主义和自由主义的治理原则的引进所影响。她用

1　*State Power and Social Forces*，p. 1-4.

2　*India's Democracy*，p. 6.

"情境式的民主"这一概念来界定这种宏大的分析方式。

使用"印度的民主"这一概念,也就是认同情境式民主。印度的民主并不完全等同于西方的民主,印度的民主同自己的历史文化、自己的现代化进程相联系,通过对印度民主的演进过程的分析,有利于我们把握印度的政治与社会的特征与性质。

以上三种理论范式研究印度问题的路径虽然不同,但都涉及对印度民主的评价。简单说来,现代化论者和革命化论者的重大区别是前者主张通过西方的民主方式推动新独立国家的发展,后者怀疑和平渐进的西方民主道路在印度的有效性。国家—社会关系的研究视角则在承认国家在发展中作用的同时,强调社会的主体性,因而它具有反对国家强制、强调社会民主的理论取向;同时,与现代化论者将西方的民主当作普世性的教义不同,它强调情境式的民主,即由于各国国情不同,各国有自己的民主的模式与道路。值得指出的是,90年代以来,研究印度问题的思想界和学术界有趋同的趋势,越来越多的学者认同这种调和的国家—社会关系理论范式。

编者后记

    时光荏苒，不经意间王师红生离开我们众弟子已一年有余。犹忆去年3月5日清晨6点46分，罗智国学兄在"燕园南平王门"微信群中哀痛地通知大家："老师五点钟已经走了。"甫闻噩耗，群中的每个人都顿感深深的伤感和不舍，对先师满怀无限的追忆和怀念。先师一生疏于世故，却勤于学术，著述颇丰，生前留下了大量未及出版的珍贵文稿。记得是张弛学兄首先提议整理先师留下的文稿，出版一部文集，作为对先师的追思。张弛的提议得到大家一致的赞同和支持，认为这是对先师在天之灵的最好慰藉。经过众同门一年多的不懈努力，先师文集终得编纂完成，并以《印度会崛起吗？》之名由北京大学出版社出版，实为先师逝世一周年之际献给先师的最好纪念。

    先师给我们印象最深刻的是他对学术孜孜不倦的追求，是他学贯中西的国际化视野，是他对时代之问的深切体察。王师虽常年身处象牙塔之中，但学术研究却一直充满浓厚的现实关怀。2011年6月1日由社会科学文献出版社出版的《论印度的民主》一书就是王师多年以来勤耕不辍的集大成之作，它既反映了王师对印度历史的孜孜不倦的学理追问，更反映了王师对印度问题的异乎寻常的时代关怀：印度的民主、印度的现代化、印度的国家建设、印度的工业化、印度的社会变迁、印度政治中的危机处理、印度独立后的发展道路，乃至印度的未来和前景，无不是他那个时代的中国知识分子特别是印度研究领域的学者们深切关注和思考的重要问题。现在这部由北京大学出版社出版的著作，将再次成为王师一生智识追求和现实关怀的又一历史见证和纪念碑。它从多个维度、多个层面反映了王师对"印度会崛起吗"这个时代之问的系统探寻：从农业发展、精英与大众、民族之重构到发展之探索，无不透露着时代的智慧之光。

世界上或许鲜有几部著作可以真正历久弥新，永世长存，但每一部有价值的著作只要反映了其时代精神，它就值得人们一再地回味和纪念。我相信，如果假以天年，王师一定会有更多的时代之作问世，也将留给我们更多的精神财富。然而，斯人已去，我们唯有将先生的理想化为我们的行动，才会真正地告慰先师。愿先师红生在天之灵安息！

先师的这部著作凝聚了王立新、刘子忠、张健康、习罡华、罗智国、吴楠、周红江、徐硕、张弛、冯立冰、李晓霞众弟子的辛劳，是他们的无私付出和辛勤工作使得这部文集的编纂成为可能，谨向他们致以真挚的谢意！同时，也向北京大学出版社的闵艳芸编辑致以真诚的感谢，闵编辑既是本书的责任编辑，也是先师《尼赫鲁家族与印度政治》一书的责任编辑。最后，也深切地感谢董师正华先生撰写纪念文章《一生志业如火红——回忆王红生教授》（代序），董师对同窗好友的美好回忆让我们对先师的生平有了更多更好的了解。